# 「おカネの天才」の育て方

MAKE YOUR KID A MONEY GENIUS

ベス・コブリナー 著
関 美和 訳

日経BP社

昔々、クイーンズのベイサイドで、子供だった私と兄弟に
おカネの価値を深く植えつけてくれた両親、
シャーリーとハロルド・コブリナーへ

イントロダクション

# 子供と話そう——おカネについて

　40代になる友達のカレンは、母親に「赤ちゃんはどこからくるの？」と聞いた時のことを、面白おかしく話してくれた。いつもはおしゃべりな母親が椅子からすっくと立ち上がり、「あらローストビーフが焦げちゃうわ」とかなんとかぶつぶつとつぶやきながら、そそくさと部屋を出ていった。その翌日、カレンの枕元には、子供向けの性教育の本がそっと置かれていた。母親は二度とその話題を口にしなかった。

　その話に私は大笑いした。今では3児の母になったカレンなら、「性の話題」をそんなふうに避けるなんて考えられないので、なおさらおかしかった。

　カレンも、私の知っているほかの親たちも、子供に性の話をしても気まずくないどころか、むしろそれが親の務めだと感じている。セックスの話も、ドラッグやアルコールの危険も、シートベルトの安全性も、玄米が身体にいいということも、親は子供に事実を正しく伝えることに心を砕き、慎重に言葉を選ぶ。私たちの親と違って、今の親たちは気まずい質問にもきちんと答えようとするし、子供に対して偽りなく率直でいることを心がけている。

それなのに、おカネの話だけは違う。

子供がおカネのことを持ち出すと、たいていの親はうろたえる。嘘をつく(「ごめんね、お財布忘れちゃったから今は買えないの」)。心配する(「うちの子に奨学金が返済できるかしら？」)。先送りする(「絶対にきちんとお小遣い制を守るって決めたから！　でも来月からね」)。要するに、人生の中のおカネに関する事実を子供に教えることを避けているわけだ。細かい予算の立て方も、クレジットカードと借金の扱い方も、貯蓄と投資の基本についても、親は子供に話したがらない。しかも、親にとってはますます厄介な時代になってきた。今じゃ幼稚園児がｉＰａｄをうまく操る。子供たちは、昔とまったく違うやり方で、世界に向き合っている。あなたの子供が最後に銀行に行ったのはいつか思い出せるだろうか？　そう、そういうことなのだ。

私は大人になってからずっと、パーソナルファイナンス（個人のおカネの計画や管理）について書くことを生業にしてきた。その中で、どうして私たちがおカネの話を避けたがるのか、なんとなくわかってきた。それは、ほとんどの親たち自身がおカネに詳しくないと感じているからなのだ。おカネの話題が出るだけで不安になったり、ビビッてしまう親も多い。もし子供に間違ったことを教えてしまったらどうしようとか、子供が借金漬けの人生に走ってしまったらどうしようとか考えてしまう。親自身が、おカネの扱いが下手すぎることを恥じていて、子供に自分のダメダメぶりを知られたくないと思っていたりする。それなりに経済的にきちんとしていても、おカネについて話すのはちょっと気がひけるという親もいる。おカネについてまったく話さない親も少なくない。

そこが問題だ。子供がおカネをどう扱うようになるかに最も大きな影響を与えるのは親なのだ。それは研究でも明らかになっている。[*1] だから、子供が学校に入学する前に、おカネの話をした方がいい。ケンブリッジ大学の研究によると、おカネの管理に役立つ習慣の多くは、7歳までに決まると言われる。[*2]

この30年間に私は、おカネについて子供とたくさん話をしてきたし、いろんな人の話を聞いてきた。セサミストリートに出演してエルモに貯蓄を教えたり、ウォール街でその道のプロに知恵を借りたりもした。「若者の金融教育に関する諮問委員会」の一員としてバラク・オバマ大統領に助言し、「大人になるための金銭教育」というプロジェクトを率いて、子供の年齢別に必要なおカネの知識を親に教えた。その間も、金融の報告書や研究はもちろん行動経済学や社会心理学の専門書を読みあさり、日々複雑さを増していくおカネの話題に追いつこうとがんばってきた。

そうしながら、たくさんの家族と話をし、親と子の両方から話を聞いてきた。この本の全編に彼らの話が盛り込まれている。その中には友達もいれば、研究で知り合った人もいた（実名や身元がばれてしまいそうな事柄については、変更を加えた。無害な人たちに迷惑をかけないためだ。中にはそれほど無害でない人もいたけれど）。彼らがどうおカネを扱っているかを聞けたことは、学問的な研究と同じくらい役に立った。

そうやって、この本ができた。この本は、親が子供に教えるべきおカネの話だ。あなたの子供が3歳でも23歳でもかまわない。子供の年齢層を6つに分けて、各章で教えるべきことを書いている。就学前、小学生、中学生、高校生、大学生、そして社会人。おカネの基本知識はもちろん、おカネにまつわるさまざまなトピックについての「ここだけの話」もある。

子供に金銭感覚を身につけさせる方法として、どうしてお小遣い制は役に立たないのか？　アルバイトに効果があるとは限らないのはどうしてか？　スーパーのレジで幼稚園児のわがままに負けてしまうと、その子が大人になってクレジットカードの借金を重ねがちになるのはなぜか？　10代の子供に株取引の口座を与えて株式市場について教えるのが、なぜ大間違いなのか？　いくつになったらクレジットカードを与えていいのか？　親が現金を少しずつ使う方が子供へのいい教育になるのはどうしてか？　勤勉で貯蓄のできる子供を育てるためには、具体的にどうしたらいいのか？

そんなことをこの本に書いた。大学の学費について子供にわかりやすく伝えるにはどうしたらいいか、なぜそうした話を高校に上がる前までにしておくべきなのかも、書いている。

リスクはいつになく高まっている。健康保険から年金までほぼすべてにおいて、個人のおカネの管理については、ますます「自己責任」の方向に国全体が向かっている。だから子供におカネのスキルを授けることがこれまでになく重要になってきた。しかも、親たちは次の世代の先行きについて、前向きに見られなくなっている。子供は親よりもいい人生を送れるという期待が、アメリカンドリームの礎だった。だが、今どきの親の大半はそう思っていない。子供たちの人生が自分たちよりも良くなるとは思えないのだ。[*3]そんな中で、賢いおカネの習慣を身につけることが、経済的に安定した人生を送るか、いつもおカネの心配ばかりの人生を送るかを分ける。[*4]

読者の皆さんは、こう考えているだろう。ハイハイ、わかった。賢いアドバイスをくれるってわけね。それはいいとして、子供を「おカネの天才」にするって？　金銭感覚をしっかり身につけて、賢くお金と付き合える人に育てるって？　それはちょっと無理じゃない？

いえいえ。あなたの子供もおカネの天才になれる。ちょっと説明させてほしい。

パーソナルファイナンスに関して、ほとんどの人が知らないことがある。それは、学ぶべき大切なことはほんの少ししかない、ということだ。賢いお金持ちにはそれがわかっている。問題は、一般の人（とその子供）に、必死にその教えを忘れさせようとする輩がいるということだ。子供たちに最新のスニーカーやビデオゲームが「必要だ」と売り込むマーケターも、おカネのない大学生の目の前にクレジットカードをぶら下げる企業もそうだ。そんな詐欺師まがいの人たちが、おカネを上手に管理するための常識から私たちを遠ざけている。これだけは心に留めてほしい。彼らは自分の懐を潤すことしか考えていない。あなたの懐はどうでもいいのだ。

でも、いい知らせもある。

親がおカネの天才でなくても、子供をおカネの天才にすることはできる。家計や金融に詳しい人にもそうでない人にも、この本は、将来役立つおカネの原則を伝える助けになる。子供たちが長い人生でずっと使い続けられる、おカネにまつわる秘訣やスキルの指南書と言ってもいい。大人になった時、ほとんどの人よりも、賢くおカネと付き合えるようになるための、ガイドブックになるのがこの本だ。

ここで、この本のダメな使い方を教えておこう。子供の枕元にこの本を置いておけば、勝手に自分で読んで教えを身につけてくれるなんて期待しない方がいい。この本は対話のきっかけだ。そしてその対話を始めるのは、あなたなのだ。さあ、今すぐに始めよう。

# 目次



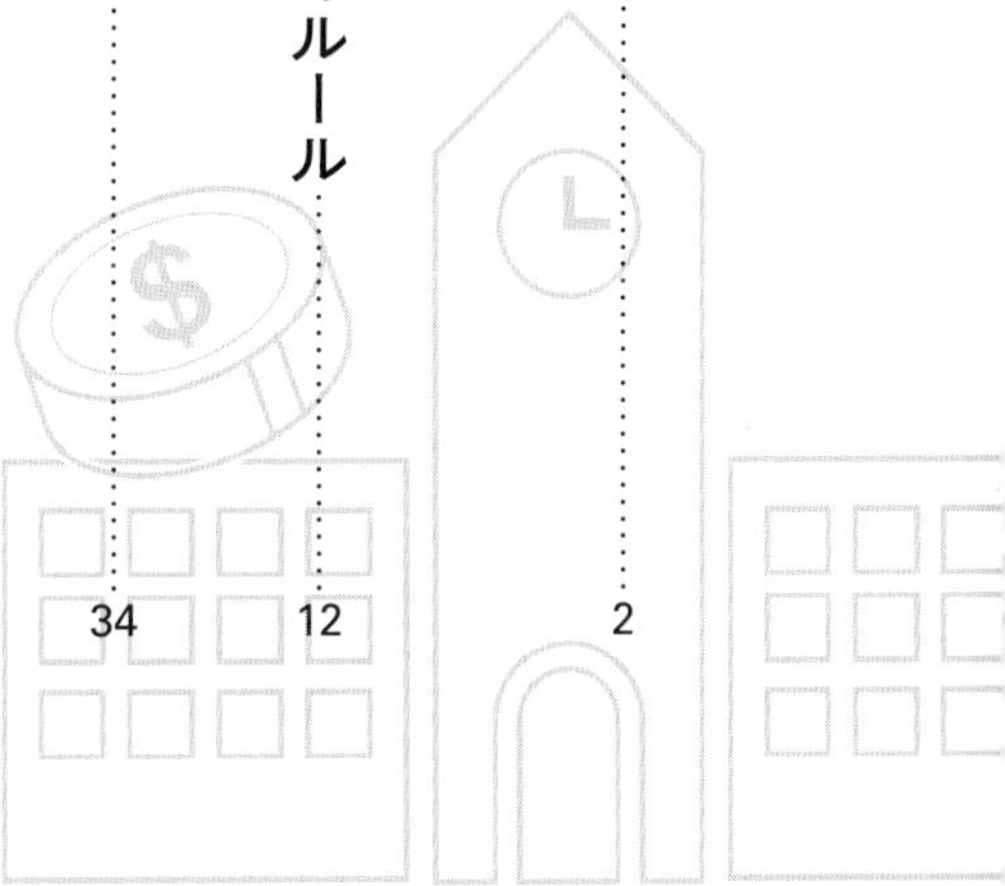

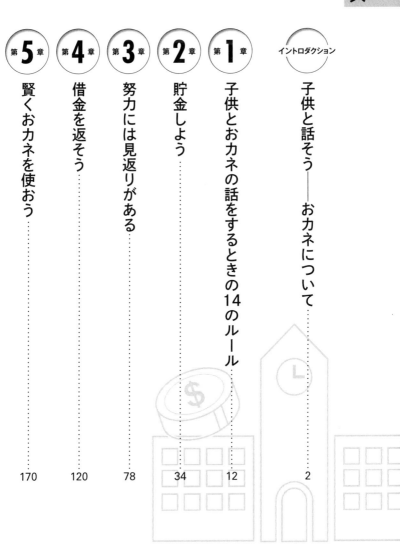

## 「おカネの天才」を育てるコラム

# 第1章 子供とおカネの話をするときの14のルール

この本を読んでいるということは、あなたは子供とおカネの話をした方がいいと思っているのだろう。おカネの話題にビクビクしている人も、ワクワクしている人も、どう切り出したらいいか迷っている人もいるだろうが、とにかく話してみようと思うだけでもいいことだ。すごい！

この章について一言。章題を見ると、鬼軍曹の訓練マニュアルみたいだが（「複利計算問題、20問はじめ！」みたいな）、そんなことはない。ここではやわらかい話をするつもりだ。子供におカネへの興味を持たせるために役立つような、大まかな考え方とその内容を紹介する。子供の年齢や興味や性別によって、役立つこともあれば役立たないこともあるだろう。暗記したり、必死に抜き書きしたりする必要はない。マーカーを置いて、ただ読んでほしい。

始める前に、もう一言付け加えたい。おカネの話は、さあ話しましょうとあらたまってするものではない。ごちゃごちゃとした日常生活の中で、さまざまな時にポンと浮かんでくるものだ。ありきたりな言葉だが、日々の「教えの瞬間」に、人は何かを学ぶ。この章で、またこの本を通して書き記した教えが、そんな機会にポンと浮かんでくれればいいと思う。

では、始めよう。

## 1 まだ早いと思う時期から話を始める

子供は3歳にもなると、おカネの概念を理解できるようになる。すごく幼稚な理解ではあっても、価値や交換といった概念がわかり始める。ウィスコンシン大学マジソン校の研究がそれを示している。[*1] また、3歳になると目の前のものを我慢できるようになる。これらは基本的だが、日常生活でのおカネの役目を理解するのに重要な知識だ。子供にクラシック音楽をやさしく教えてくれる「ベビー・モーツアルト」のように、子供向けにおカネのことを教えてくれるビデオはない。ギュッと抱きしめると、「安く買って高く売れ」と話しかけるウォーレン・バフェットのぬいぐるみもない。だからといって、小さな子供におカネの話をしなくていいわけではない。

小さな子供はなんでも知りたがり、それを理解する力がある。子供がクレジットカードを読み取り機に通すまねをしたり、ATMでボタンを押したがったり、あなたの財布の中を見たがったら、この本の教えのいくつかを伝え始めるといい。「まあ、子供ってかわいいわね」とクスクス笑いを漏らす代わりに、おカネがどこからくるのか、どうおカネを支払うのかを教えるきっかけにしてほしい。幼稚園児はすべてを飲み込めなくても、あなたが何か大切なことを伝えようとしていることや、大人が気にかける何かを教えようとしていることに気づくはずだ。そして、おそらくあなたが思う以上に子供はあなたの言葉を吸収している。

## 2 年齢に見合ったことを教える

おカネについては、本当のことを言うのがいい。だが、その子供のレベルに合わせて教えてほしい。もし仕事をクビになったら、小学生の子供には「外食は高いから、これからはもっとおうちでゴハンを作ろうね」と言えばいい。年金を取り崩さなければ食べていけないほど追い詰められているなんて打ち明ける必要はない。

同じ状況でも、子供が高校生なら、収入が減ったので大学の学費に影響が出ると言うのは許されるし、おそらくその方が賢い。大学の学費をこれまでのように貯めることができなくなるかもしれないと話してもいいが、それと同時に、以前よりも奨学金をもらいやすくなるとも教えた方がいい。子供に生々しいおカネの話をするときには、たいていは本当のことを話すべきだが、かならず家族は大丈夫だと安心させてほしい。

## 3 エピソードを話す

親が説教モードに入るとだいたい、子供は話を聞かなくなる。しかも、上から目線で「あなたのためよ」とでも言おうものなら、子供はたいてい逆のことをしたくなる。

それよりも、たとえ話で要点を伝えよう。私の友達が自動車ローンを借りようとした時、その前年に一か月も豪勢なヨーロッパ旅行をしてクレジットカードの借金がかさんでいたために、まともな金利でローンを借りることができなかった。その話を子供たちに詳しくしたことがある（友達の名前は伏せて）。ちょっとしたおカネのしくじりがあとで大変なことになるという実際のエピソードを話してあげると、子供の心に刺さる。

前向きな教えも同じだ。10年間、毎月給料の1パーセントをコツコツと貯めていたお隣さんが、とうとう夢だったボートを買ったというような話である。身の回りのエピソードでいい。

## 4 数字を使う。数字嫌いでもかまわない

具体的な数字を示すと、おカネの話は理解しやすい。子供には、「若いうちから確定拠出年金におカネを入れることが大事なんだよ」と言うより、例を挙げた方がわかりやすい。「22歳から毎月315ドルを確定拠出口座に入れておくと、65歳の時には100万ドル以上（1億円以上）になるんだよ」と言えばいい（子供はみんな、「100万ドル」にハッとするようだ）。

どこから数字を引っ張ってきたらいいかわからないときは、この本の例を使うといい。もっとガンガン数字を使いたいなら、オンラインの金利計算機を使ってもいい（私は、さっきの例を出すのに複利計算機を使った。そうすれば、すごく簡単だ）。

## 5 自分のおカネのしくじりについてウソをついてはいけない。ただし、あけすけすぎてもいけない

ほとんどの親は、過去の一時期におカネでしくじったことがある。クレジットカードで買い物をしすぎてしまったり、残高不足で引き落としができなかったことだって一度や二度（か十度くらい）はあるだろう。罪の意識から、または自分のいい加減さを償うために、おカネの失敗を洗いざらい話したくなったとしても、控えた方がいい。子供は親の金融アドバイザーではない。ましてや神父さまでもないのだ。

最新の研究によると、ドラッグについて子供と話すときには、過去にドラッグにハマっていた親は細かいことを話さない方がいいとされている。[*2] 子供に聞かれたら、どの失敗を話すかを慎重に選んだ方がいい。元カレと貧乏旅行に出てスッカラカンになってしまった話とか、年金を取り崩して怪しげなビジネスに投資してしまった話は武勇伝に聞こえるかもしれないが、長い間立ち直れなかった失敗や愚かな判断が美化されてしまう。

## 6 いくら持っていても、ごまかさない

子供からしつこくつつかれると、どんな親でも一度や二度はごまかしてしまうものだ。財布の中身がパンパンでも空っぽでも、子供と言い合いになるとちょっとしたウソをついてしまうことはよくある。子供のお気に入りの店を通りすぎるときや、レジの前に並んでいるときに、子供のダダを抑えるためにごまかしてしまうのだ。

できるだけごまかさない方がいい。小さな子供に、「今はおカネがないから、グミは買えません」と言っても害はなさそうだが、それよりも「今グミにおカネを使わなくてもいいとママは思う。歯医者さんからも、グミみたいな甘いものは食べちゃダメって言われたでしょう」と言う方がいい。

率直な物言いはいいお手本になるし、もし本当の理由が別にあるのなら、子供に打ち明けた方がいい。子供が欲しいものが予算外なら、そう伝えて理由を説明すればいい。買わない理由がほかにあるなら（たとえば、デカい水鉄砲を抱えて近所を走り回ってほしくないとか）、そう説明するといい。

子供は賢いし、「買えません」では納得しない。いずれにしろ「買えません」と言われ

ても、子供は信じていない。[*3] 今は手元におカネがない、と言っても通用しない。現金がなくても、いくらでも買い物ができることくらい、子供にもわかる。おカネがないと言ったすぐあとにクレジットカードを使えば、たちまちウソがばれる。一度ウソがばれれば、子供はずっと親の言葉を怪しみ続ける。そんなウソはつかない方がいい。今あえて言いにくいことを言っておけば、あとでしまったと思わずに済む。

## 7 おカネに関わる親の弱みは脇に置く

30代のニーナは昔、聞いてくれる人には誰彼かまわず、自分の子供にも、親がおカネの管理ができなかったので自分も「カネ勘定ができない」と言っていた。「両親は家計の管理にまったく無知で、貯金もなかったし、すごくいいかげんな生き方をしていた」とよく言っていた。逆のことを言う人もいる。自分がおカネに疎いのは、親がケチでおカネにうるさすぎたからで、自分は親みたいな生き方はしたくないと思ったからだ、と。

ここがポイントだ。親がおカネをどう扱っていたか、それが自分の行動にどう影響しているかを自覚するのはいいけれど、だからといってそれを自分がおカネに弱い言い訳にしたり、子供におカネについて教えることを避けたりしてはいけない。前向きにおカネに取り組もう。少なくともはじめは前向きなふりでもいい。おカネに後ろ向きな態度を子供に受け継がせてはいけない。

## 8 夫婦の間のおカネのもめごとは、子供に見せない。子供を間に立たせない

大学生を対象にした調査では、子供の頃に親同士がしょっちゅうおカネのことでもめていた人たちは、おカネでもめていない人たちよりも3倍の確率で、クレジットカードの借金が500ドルかそれ以上あった。[*4] 配偶者とおカネのことでいさかいがあっても、深刻なおカネのいさかいはできるだけ子供に隠した方がいい。子供の前では一致した態度を見せるよう努力してほしい。親の間で話し合うために「タイムアウト」を設けるといい。ティーンエイジャーの子供に「友達とコンサートに行くためのおカネを出すかについては、ちょっと考えさせてほしい。パパとママで話し合ってから、どうするか教えるから」と言えばいい。

配偶者や元配偶者としょっちゅうおカネのことで言い争っている場合は、どうしたら落としどころが見つかるかをふたりで話し合う必要がある。親が離婚して、養育費や親の収入といったおカネの問題に巻き込まれた子供は、金銭支援を愛と思い込む傾向があり、片

方の親を悪者にしやすいと言われる。[*5] 息子に、養育費の支払いが遅れているから地元のサッカーチームに入れてあげられないし、ユニフォーム代も支払えないと言えば、息子はおカネのことで心がかき乱されるだろう。両親が別れていると難しいかもしれないが、おカネのことで「声をひとつに合わせる」のが、子供のためには最善だ。

離婚していようといまいと、子供は親を天秤にかける。そんなときに、自分が勝ちたいという誘惑に抵抗してほしい。なんとかふたりで意見を合わせ、子供に両親の判断としてそれを伝えよう。

## 9 子供におカネばかり与えていると、おカネのスキルは身につかない

ダニエルとミンディは献身的な親だ。3人の息子が小学生の頃には毎晩宿題を見てあげ、中学の時には家の手伝いより宿題をさせ、大学に行くために家を出る時にはすべての支払いができるようにとクレジットカードを渡した。長男は大学を卒業するとすぐ実家に戻り、『ザ・ソプラノズ 哀愁のマフィア』から始まってケーブルテレビのドラマをすべて一気見していた。ある日、長男がTシャツを洗濯機に入れてくれと母親のミンディに頼んだところで、ミンディも切れた。「いい加減にしなさい！ もう大人でしょう。来月家を出てちょ

うだい！」と怒鳴りつけた。ミンディは癇癪を起こしてしまったことを後悔したが、ダニエルは息子には「愛の鞭」が必要なんだとミンディを慰めた。

親ならミンディとダニエルに同情してもおかしくない。でも、どうだろう。息子と同じくらい、このふたりの親にも責任がある。長年甘やかしてきたあとに何の訓練もせずいきなりカネを打ち切るというのは、言葉も習慣も法律も知らない外国に子供を置き去りにするようなものだ。おカネも、ほかのしつけと同じく、少しずつ心構えをさせなければならない。ゼロからいきなり及第点を期待するのは無理だ。

## 10 みんなが会話に参加する

研究によると、子供はたいていの場合、母親におカネの質問をするらしい。[*6] とはいえ、ビジネスの世界で成功している超優秀な女性が、おカネのこととなると「パパに聞いてね」という例の古臭いセリフを口にするのを、私は聞いてきた。ママは忙しい一日に疲れていたのかもしれないし、仕事のことが頭から離れなかったのかもしれない。病気のペットのことを考えていたのかもしれないし、換気扇が壊れたことを気にかけていたのかもしれない。でも、「パパに聞いて」が口癖になると、おカネのことは男のなわばりだと思われてしまう。私は違うと思う。

家族の構成がどうであれ、両親が揃っていても、片親でも、母親がふたりでも、父親がふたりでも、両親と養父母が二組いても、全員が自分の役割として子供と積極的におカネの話をしてほしい。「ママの方がおカネの扱いがうまい」とか、「パパはおカネの達人」とか言わない方がいい。もちろん、「そこは自信がないから、あとで答えるね」と言うのはいい。それから答えを探せばいい。実際に答えを探して子供にきちんと伝えてほしい。

## 11 男女格差を作らない

数学の成績に男女差があることについては、多くの研究で記録されているが、[7] おカネにも明らかに男女差がある。問題の一因は親にある。おカネの話となると父親も母親も、娘より息子とよく話す。[8] 投資の話は特にそうだ。[9] さまざまな調査やアンケートからもそれは明らかだ。

するとどうなるだろう? 男の子は女の子よりもおカネに自信を持つようになる。親もまた、息子の方が娘よりもおカネの価値を理解していると思うようになる。[10] それでなくても女性は男性より収入が少なく、[11] 引退のための蓄えも少ない。[12] そのため女性が金銭面で男性に追いつくにはかなり努力しなければならない。だからこそ、女の子は早くから頻繁に事実を聞く必要がある。男の子も女の子も、おカネのことを知っておくべきだ。

## 12 セレブのリアリティ番組を見せない。子供にそんなライフスタイルを真似させることになってしまうから

誰でも他人と自分を比べてしまうものだし、それは現代生活の一部になっている。モノを追いかけ、目の前の満足を欲しがり、メディアに踊らされる文化の中で生きていると、ますますそうなる。いずれにしても、自分の家庭のおカネの使い方を他人の家と比べるのはやめよう。

これは、言うは易しではある。誰もが友達や近所の人たちと自分を比べて、相手を見下したり、自分たちの判断を疑ったりするものだ。そうして嫌な気分になってしまうことは多い。あなたが、古いキッチンを改装するよりネパール旅行のおカネを貯めたいと思ったとしよう。あと一年くらいは古びたカウンターの天板や床のタイルの欠けも我慢できる。お隣の家は地下のプレールームに大枚をはたく代わりに、遠出といっても市民プールくらいに抑えているかもしれない。それは生き方の違いだ。

他人の家のおカネの使い方や価値観に、勝手な思い込みを抱いたり、決めつけたりする

のはやめよう。特に子供の前ではやめてほしい。それは悪いお手本になるし、自分と他人を比べても結局幸せにならないことは、研究からも明らかだ。[*13] おカネの使い方は人それぞれ。友達や周囲の人に追いつきたい、または見下したいという誘惑にハマらない子供にしたいと思ったら、まずはあなた自身が行動で示してほしい。

## 13 時と場所を選んで話し合う

子供は、特にティーンエイジャーは、何を言っても親の思い通りにはしてくれない。説教すれば、逆効果だ。だから、この本にあるおカネについての教えを、日常生活の中にうまく織り込んでほしい。息子がおばあちゃんからお小遣いをもらったら？　一緒に銀行に行って、前から話していた貯蓄預金口座を開き、お小遣いを貯めさせよう。それが、金利と選択について話し合うきっかけになる。

たとえば、譲渡性預金と普通の預金口座はどう違うのか？　自宅用に新しいノートＰＣを買うとしたら？　子供にノートＰＣ探しを手伝ってもらおう（地元の電機店の値段と、ネットで見つけた安い値段の差額の一部を子供にあげてもいい）。そして、大きなものを買うとき、たとえば自動車を買うときには、子供をディーラーに連れて行き、交渉のテクニックについて話し合おう。

## 14 子供の前で大盤振る舞いをしない

「私の言う通りにしなさい。でも私の真似はしちゃダメよ」ことおカネに関しては、そんなふうに流れやすい。だけど、自分を抑える努力をしよう。もちろん、あなたがおカネの天才でなくとも、子供をおカネの天才にすることはできる。でも、わざわざ子供の目の前で悪い習慣をひけらかす必要はない。

子供にクレジットカード負債の危険を話しながら、両手いっぱいにデパートの袋を抱えていたら、子供は納得しないし、そんなのは口だけだと思われる。だから、小さな一歩でも行動してほしい。子供の心に強く訴えるには、まずあなたがおカネをきちんと管理するよう努力しよう。

## 子供に教えなくていい7つのこと

子供に何でも打ち明けるのがいいと思っている人はいる。私はそうは思わない。おカネについては、子供、特に幼い子供がまだ理解できないこともあるし、率直に言って、知らなくていいことがある。教えない方が都合のいい場合もある。

たとえば、子供に親の収入を教えれば、どうして海辺のバカンスに行けないのとか、映画館で8ドルのポップコーンを買ってもらえないのとか、しつこくつきまとわれることは間違いない。親の収入を子供が友達にばらしてしまうことも多い。

要するに、親には時として、子供に次のように伝える権利と、おそらく義務があるということだ。「これはパパとママの間だけに留めておきたいの。すごく大きな秘密ってわけじゃない。ただ、もっと大きくなるまでは親が子供に伝えなくていいこともあるっていうだけよ」

子供が知らなくていいことをいくつか、ここに挙げてみよう。

## 1 収入

収入が5万ドルでも、15万ドルでも、50万ドルでも、親がいくら稼いでいるかを子供に教える必要はない。とはいっても、背景は説明してもいい。

たとえば、アメリカの世帯所得の中間値（ちょうど真ん中）がおよそ6万5000ドルで、それに比べて自分たちがどのあたりにいるかを教えることはできる。その金額をすごく大きいと思うか、小さいと思うかは、子供の年齢や、子供がモノの値段をどのくらい知っているかによって違う。それが、おカネの使い方や貯め方を子供に話すときの出発点にもなる。

## 2 どちらの親がより稼いでいるか

フルタイムの共稼ぎ夫婦の場合、どちらの親が多く稼いでいるかは子供に言わなくていい。パパとママの働きを金額で教えると、特に幼い子供は、どちらかの親の方がエラいと思ってしまう。どちらがより稼いでいるかが重要でないなら、子供に伝える必要があるだろうか？

もちろん、ティーンエイジャーにもなれば、渉外弁護士が教師よりも稼ぎが多いことはわかる。子供がその話題を持ち出して、どうしてあなたの社会福祉士の仕事は配偶者の銀行員の仕事よりも給料が低いのかを知りたがったら、そんなときこそ、仕事のやりがいや、望んだ人生を送るためのトレードオフについて話し合ういい機会になる。

どちらかの親が家に入り、もう一方の親が外で仕事をしている場合には、フルタイムの子育てもひとつの仕事だということや、その価値について話し合うといい。詳しい話はさておき、たいていは両親が子供の前で一致した態度を見せるのがベストだ。私たちはチームだし、力を合わせている。だからどちらがどれだけ稼いでいるかは関係ない、と言っていい。

## 3　退職年金口座の貯蓄額

私が10歳の時、隣に住んでいたスーザンが、親の退職年金口座に１００万ドルの貯金があると教えてくれた。はじめはウソだと思った。１００万ドルも持っている人なんて、思いつかなかったからだ。その話が本当だとしてもそうでなくても、私がそんなことを知っていていいことは何もない。

あなたの年金、貯金、投資はあなただけのものだ。このおカネは、今手をつけるべきものじゃないということや、かなり長い期間にわたって取り崩していくものだということは、子供にはなかなか理解できない。

## 4 親戚の誰それがケチだとか金持ちだとかヒモみたいだとかいう話

どんな家族にも変人がいる。実のところ、家族のゴタゴタの大半は、おカネをめぐるもめごとだ。この手の話は子供の耳に入れてはいけない。

お人好しだけどいいかげんな弟が、あなたに借りた1000ドルを期日までに返さずに海外旅行に出かけてしまったら、ムカつくはずだ。でも、子供が周りにいるときにそれを口に出してしまえば、おじさんを嫌いになるし、借金が返ってきたあとでもずっとそれを覚えているだろう。しかも、弟がおカネを返したことを子供に言うとは思えない。家族や友達におカネを貸すのはよくないと教えたいなら、知り合いでない人の話をしよう（あるいは、名前を変えるだけでもいい）。

## 5 ベビーシッターやお手伝いさんや家庭教師にいくら払っているか

ジェナは、子供たちの大好きな、いつも明るいベビーシッターのジェニファーが実はおカネをもらっていると知って、子供たちがものすごくショックを受けたと話していた。子供たちは、ジェニファーがママにわざわざおカネを払って、自分たちと遊んでいるのだと思っていた。

幼い子供に、ベビーシッターもほかの仕事と同じで、オシゴトだと教えるのはかまわない（それに、私にとってはこれまで雇った中で一番大切な仕事だ）。でも、いくら払っているかは教えなくていい。教えると子供たちが、自分が上だと勘違いする。それは困る。親がいないときに子供たちの上に立つのがベビーシッターの仕事だ。その力を奪うようなことをしてはいけない。

## 6 プレゼントにいくら使ったか

プレゼントのたびに値段を口にしていたら、贈り物の喜びが失われてしまう。息子でも、娘でも、ほかの誰かでも同じだ。そもそも、贈り物の価値は値段じゃない。パパと作るピザや、ママとソファで作る秘密基地といった最高の贈り物は、たいていタダだ。でも、贈り物の季節にはよく、子供が動転してしまうこともある。その時が、贈り物の精神やおカネについて話すいいチャンスになる。すべてを隠す必要はないし、事実を知っていた方がいいこともある。

10歳になる友人の甥っ子は、誕生日パーティで、前の年よりプレゼントの数が少ないことに気づいて泣き出してしまった。母親は、その子が少し大きくなって、欲しいものが少し高くなったからよと説明した。だから、安いものをたくさん買うより、親戚が一緒におカネを出し合って、その子がすごく欲しがっていたiPadを買うことにしたのだと教えた。

## 7 学費の不安

普通の親は、いつか大学の学費を払うと考えただけで、恐ろしくなる。9章では子供が高校生になったら大学（の学費）について話し合うべきだと書いたが、目的のある対話とただ不安を煽ることとは違う。

大学にどれほどおカネがかかるかや、学費を払えるかどうか心配で仕方がないといった、あまりにも後ろ向きな話はしない方がいい。一般論を話しているときでさえ、親の愚痴を子供は誤解するかもしれないし、大学が高すぎて親に迷惑をかけたくないと思ってしまうかもしれない。

もちろん子供に、どこに入っても大丈夫だから任せておけと、自信もないのに空手形を切るのはよくない。それでも、大学も含めて高等教育は何より大切で、子供の未来のために貯金しておくのは親の喜びだと伝えることはできるし、そう伝えるべきだ。

# 第2章 貯金しよう

のんびりした親でさえ、あの有名なマシュマロテストには戦々恐々とするものだ。おそらく皆さんもご存じだろう。このテストでは、幼児にマシュマロを与え、もしすぐに食べないでとっておけば、もう一個あげると言う。研究者はマジックミラーの後ろで子供たちを観察している。すぐにマシュマロを飲み込んでしまう子供もいる。辛抱強く待っている子供もいる。研究者はその子供たちを何十年と追跡した。2個目のマシュマロまで待てた子供たちは、そうでない子供たちより大人になってはるかに成功していた。いい人間関係を築き、きちんと教育を受け、ＳＡＴ（大学進学適性試験）ではなんと、平均で210点も高い得点を取っていた。[*1]

そう聞いただけで、今すぐ近くのスーパーに飛んでいってマシュマロを買い、自分の子供に試してみたくなる親もいるし、マシュマロの袋を抱えてベッドに丸まって、頭まで布団をかぶり、口いっぱいにマシュマロを頬張って、落ち着きのない自分の子供の人生はもう終わったと悲観する親もいるかもしれない。

いや、ちょっと待ってほしい。5歳児が甘くてふわふわのお菓子を我慢できなかったとして、それが何だって言うんだろう？　それに、もっと大切なことがあるはずだ（少なくともこの本の読者にとっては）。マシュマロが貯金に何の関係があるわけ？

実は、大いに関係がある。研究によると、自制心が強い人は、蓄えも多い。50組のカップルを対象にしたペンシルバニア大学の調査では、長期目標に向かって諦めず努力できる力があるとされた人たちの貯蓄額は、アメリカの平均的世帯を20万ドル以上も上回っていた。[*2]

もちろん、辛抱強く待てる人が貯金も多いのは、当たり前といえば当たり前だ。おカネに手をつけず、衝動買いを控え、コツコツと蓄えを増やす能力は、おいしそうなマシュマロを我慢する力とそう変わらない。

そのことは正面から受け止めるとして、今内心やばいと感じている人には、ちょっとした慰めがある。子供に待つことを教えることはできる。その教えはユーチューブの爆笑ビデオほどは子供に受けないにしろ、待つことは教えられる。それに必要なのはいくつかの単純なテクニックだ。

幸い、きちんと待てるということは、自分をうまく騙せるという意味ではない。ほとんどの子供はモノを欲しがる。それはごく普通のことだ。２個目のマシュマロも、ｉＰｈｏｎｅも、車も。親としてのあなたの仕事は、買ってあげないこと。はっきり言って、それが時には一番簡単な道だ。子供に待たせ、おカネを貯めさせ、自分で買わせよう。この章は、その助けになるはずだ。

子供の目をずっと先のご褒美に向けさせるよう子供に教えるには、あなたが思うほど大変な努力は必要ない。ここでは、貯金を励ます方法を子供の年齢別に挙げている。待てる子供にもそうでない子供にも、この方法は使える。どこに貯金すべきか、またどうやったら賢く貯金できるかも、具体的に教えよう。

そして、親のあなたにも待ってほしい。少なくとも、期待を抑えてほしい。子供は成長し、変わる。小学1年生の息子が目の前のことしか見えないタイプだとしても、大人になるにつれて待つことができるように、それとなく手を貸すことはできる。遺伝的な性質は貯蓄する能力の3分の1でしかないと科学者は言う。[*3] 貯蓄力の3分の1がＤＮＡだとしたら、あなたの教えの方が大きな影響があるということだ。だから、あなたが子供をいい方に導く力になってほしい。

## 待たせ、おカネを貯めさせ、欲しいものを買わせるように子供を導くための6つの心得

子供に修道士のようにすべてのモノへの煩悩を断ち切れと言っているわけではない。超がつくほど我慢強くなくてもいい。ただ、無駄遣いをせず、本当に欲しいものを買えるように、おカネを貯めるためのスキルを知ってほしい。ここに6つの賢い心得を挙げた。そのもとになったのは、数十年前にマシュマロテストを発明した心理学者のウォルター・ミシェルらの研究だ。[*4]

### 1 前もって準備する

誘惑の多い場所に行くときには、あらかじめ作戦を立てておこう。子供が小さい時は、シンプルな作戦がいい。店に入る前に、こう伝えよう。「今日はお兄ちゃんの下着だけよ。いい？ もし何か欲しいものがあっても、今日は買わないって思い出してね」ママも我慢するね、と付け足してもいい。

何を期待するか、どう反応すべきかを子供に教えることが、買い物の衝動（や、ダダを

こねること）を抑える準備になる。お菓子やおもちゃに釣られそうになったらどうするかを教えておくことで、子供はだんだんと（ゆっくり）心を鍛えて誘惑を無視できるようになる。

## 2 先のことを考える

レジに並んでチーズスナックの袋を見つめていると、おカネを貯めて買いたいと思っていた憧れのモノを忘れてしまう。先になって欲しいものが手に入らなくなることを思い出させると、驚くほど効果がある。「ここでチーズスナックを買うと、本当に欲しかったレゴが遠のく」、と。

子供が迷っているときに、大人も欲しいものを我慢するのはすごく難しいと教えてあげ、以前に自分が何かを我慢した時のことを話してあげるといい。子供が我慢できたら、褒めてあげよう。

## 3 気を散らす

子供がレジのところで「ガム買ってくれなきゃ死ぬ、ガムがほしい、ガム買って、ガムガムガム」とダダをこねたら、作り話でも、ジョークでも、おかしな猫の動画でも、恐怖のローラーコースターの動画でも、絶対誰にも話しちゃいけないふたりだけの秘密の話でも、何でもいいので話を逸らそう。お店から出たら、お菓子が欲しかったのによく我慢したね、すごくえらかったねと褒めてあげよう。その時点でまだ子供が少しふくれていても、気が散って衝動がおさまったことに気づくはずだ。

## 4 想像力を使う

これはちょっとひねった作戦だが、効果は証明済みだ。子供が何かを欲しがったら、それを本物ではなく写真か絵のようなものだと考えなさいと教えるといい。心の中の「フレーム」にそれを収めるように励ますといい。マシュマロテストで最後まで待てた子供たちの数人は、自然にそうしていたことがわかった。

もうひとつの作戦は、欲しいものにアリや毛虫が群がっている姿を想像することだ。お店の中で、欲しいおもちゃを不良品やガラクタだと思わせたり、お菓子が辛かったり鼻くそで覆われていると想像させてもいい。これはうまくいく。

## 5 習慣にする

自動的に貯金する習慣をつけよう。「現金を手にしたらすぐに、お小遣いでもお駄賃でも、とにかく貯金箱に入れる」と決める。これをやり続ける。意志の力に頼ってはいけない。意志はあてにならない。習慣にしてほしい。そのいつもの習慣にちょっとした楽しみを入れよう（「金曜の放課後はアイスを買いに行こうね。そしたら水曜にチョコを買っていいか聞かなくて済むよね。買わないから。ご褒美はいつも金曜ね。それで残りのおカネを貯めたら、もっと大きなものが買えるでしょ」）。

## 6「賢い子はどうするかな？」と自問させる

子供が、何かがほしいという状況から「外に出て」、ほかの人ならどうするか、と客観的に自問できるように助けるといい。その「ほかの人」を誰にするかは子供に決めさせよう。同級生でも、好きなアニメヒーローでも、架空の賢い少年でもいい。子供はアドバイスをあげたがるものだ。このテクニックは子供たちに、衝動的に行動する代わりに自分の選択を客観的に考えさせるものだ。

## 就学前

6か月の赤ちゃんでさえ、最低限の自制心を働かせ、自分を落ち着かせるような行動ができることは、研究で示されている。[*5] たとえば、指しゃぶりがそうだ。3歳になるまでには、大変なことをやらかしてしまいそうな衝動を抑えられるようになる。次のポイントを子供に教えてあげよう。まだ自分しか見えない小さな子供でも、貯金の習慣につながる土台を身につける助けになるはずだ。

### 待つのはいいこと

待っている間は時間の無駄だ。渋滞にはまっているときも、小児科の待合室でただ待っているときも、店で列に並んでいるときも。子供は特にイライラする。でも、待たなくちゃならないことに変わりはない。そんなとき、トンネルの向こうに光があることを子供に教えるといい。何かを待つときは、たいてい何かすごく望んでいることがあったり、行きたい場所があったり、前から目をつけていた欲しいものがあったりする場合だ。だから、待った先にどんないいことがあるかを教えてあげよう。

遊び場でブランコの順番を待つときは、順番待ちがどれほどみんなに公平なシステムかを話し合ってもいい。「あなたも順番を待たなくちゃいけないけど、あのちっちゃな男の子もあなたが終わるまでずっと待ってるのよ」ふたりで気を紛らわしていたら、待ち時間が短く感じることも教えてあげよう（「ママが1から10までのどの数字を考えているか、当ててみて」はいつでも使える）。誕生日や祝日などのまだずっと先のことを話すのもいい。その日が来たらどれだけうれしいか、話してみよう。誕生日に何をするか、お誕生日会に誰を呼ぶか、どのゲームをやるか、テーマは何にするかを話すのもいい。その日が来たら、待っててよかったねときちんと口に出して確かめよう。

## おカネを安全な場所に貯める

赤ちゃんや小さな子供は、コインを飲み込んでしまう危険があるし、紙幣を面白がってビリビリに破くこともある。それでも、3歳になる頃には、おカネには価値があるという基本的な概念を理解できるようになる。[*6] 私の知り合いのちょっとませた女の子は、学校に入るずっと前に「金属のおカネ」より「紙のおカネ」を欲しがるようになったそうだ。紙幣の方が価値があることをわかっていたわけである。

小銭や紙幣を家中に散らかさないよう子供に教えよう。昔から効果抜群なのは、ビンを

3つ用意して、子供にラベルを張らせる方法だ。ひとつめのビンは、将来買うものに使うおカネ。ふたつめは、今すぐ買うものに使うおカネ。3つめは、助けが必要な人にあげるおカネ。ビンが透明だとなおいい。手を突っ込んでくすねたいという誘惑が減るからだ。貯金箱やコーヒーの缶を使ってもいいし、そのための封筒を引き出しに入れておいてもいい。あるいは金庫を使ってもいい（子供は金庫が大好き！）。

どんなふうにおカネを分けるかは子供に任せていい。3等分してもいいし、分け方をあらかじめ決めておいてもいい。幼稚園児にとっては、どう分けるかは象徴的な意味しかない。大切なのは、貯金を習慣にし、一定のおカネを脇に置いておくことだ。おじいちゃんからのお小遣いでも、床に落ちていた小銭でも、ママからの誕生日プレゼントでも、かならず一部を貯めておく習慣をつけさせよう。

## 家族の貯金箱におカネを入れる

家族の貯金箱は、子供との共同プロジェクトになる。貯金の価値を説教するのではなく、むしろ実例を見せてあげられる。靴の箱かクッキー缶を、居間かキッチンかそのほかの誰にでも見える場所に置いて、家族全員におカネを入れさせる。まずは、達成しやすい金額と小さな子供が喜ぶ目標を決めておこう。

たとえば、ピザパーティを開くとか、海辺の遊園地に行くとか。もちろん、幼稚園児はお小遣いから(貯金箱については54ページを見てほしい)ほんの少しの額を出すか、クッションの間に挟まっていた小銭を入れるくらいのものだろう。金額は関係ない。おカネを貯めるための創意工夫を話したり、家族の貯金箱をよく話題にすることが、子供のためになる。「スーパーにお買い物にいったら、お釣りがこんなにたくさんになっちゃった!貯金箱に入れておこうね」ご褒美の日には、いくらおカネが貯まったかを子供に数えさせて、ピザのトッピングを豪華にできるくらいの金額か、遊園地でアイスを買えるくらいの金額かを考えさせよう。

## 親への注意:子供が列に割り込む手伝いをしない

昔、空港のトイレで列に並んでいた時、母親が小さな子供にこう言うのを聞いた。「これも人生だから。待たなくちゃならないときもあるのよ」シンプルな言葉だけど、すごく深かった。子供に待つことを覚えてほしければ、あなた自身が辛抱強くなければならない。子供が待ちくたびれなくて済むようにと、たまにルールを曲げるのはよくない。たとえば、子供がシーソーで遊んでいる間に、あなたがブランコの列で順番を待ってあげるとか、スーパーのレジ待ちの列にあなた自身が子供と一緒に割り込むとか、そういうことはやめよう。

「世界一最悪な親」の栄冠を手にするのは？　身体の不自由な「ガイドさん」を雇って、ディズニーランドの乗り物の列の先頭に健常な子供を連れて行ってもらう親たちだ。ディズニーはこれを見とがめて、身体の不自由な人たちの順番待ちの方法を変えなければならなかった。もちろん、これは明らかにやりすぎだ。でも、まともな親でも子供を思うあまりに判断を間違うことはあるし、ちょっとだけならルールを曲げたくなってしまうこともある。そうすると、子供はごまかしてもいいと思ってしまい、結局は我慢のできない子供に育ってしまう。

## 親への注意：数と小銭について教える

息子が幼稚園児だった頃、近所に住んでいた双子とよく遊んでいた。その双子は、1セント硬貨、5セント硬貨、10セント硬貨、25セント硬貨の違いがわかっていて、私は感心した。自分を振り返って、なんとなく恥ずかしくなった。おカネのコンサルタントである私が、自分の子供にはそれを教えていなかったからだ。5か月くらいの赤ちゃんでも、直観的に数がわかるし、それがおカネについての理解を助けることは実験でもわかっている。[*7] たとえば、仕切りの後ろにお人形を2体隠して、片方だけ出して見せると、赤ちゃんは大人と同じように驚いた様子を見せる。

ちょっと考えれば、数遊びはどこでもできる。お洗濯のあとにソックスを取り出すときも、バナナを数えながら買い物かごに入れるときも、公園のお池でカモの群れを見つけたときも。幼稚園の年長さんなら、「お店やさんごっこ」をするのもいい。子供がお客さんになって、硬貨や紙幣で「お買い物」をしてみよう。最初はおカネを数えるのを手伝ってあげてもいいが、すぐに口を出して計算してあげないように。子供に時間を与えて、自分でやらせよう。そして、数遊びをかならず繰り返してほしい。親の方は飽きてしまうかもしれないが、反復こそ学習の基本だ。

## 親への注意：言ったことはかならずやる

子供を貯金上手にしようと思えば、いろいろな工夫ができる。だがもし親が約束を守らなければ、何をやっても無駄になる。もちろん、完璧な親はいない。でも、何かをやると言ったら、かならずやらなければいけない。それが正しいことだし、そうすることで子供との信頼が築かれ、おカネを貯めれば先々欲しいものが手に入ると子供が思えるようになるからだ。

これがどれほど大切かは、ロチェスター大学の研究でもはっきりと示されている。[*8] この研究では、子供を14人ずつ2つのグループに分けた。使い古しの折れたクレヨンを両方のグループに渡して、もっといい画材を持ってくるからちょっと待っていてねと伝える。片方のグループには、すぐに新品のペンやクレヨンを渡す。もう片方のグループには、ごめんなさい、なかったのと言って何も渡さない。次に、両方のグループにもっと大きくて素敵なシールを持ってくるから待っててねと言う。片方のグループにはそれを渡す。もう片方のグループにはくたびれた小さなシールを渡す。最後に、子供たちはマシュマロテストを受ける。

すると面白い傾向が現れた。最初のグループ、つまり「信頼できる大人」がいたグループは、2番目のグループよりはるかに待てるようになっていた。最初のグループでは14人中9人が15分待っていた。2番目のグループでそれほど長い間待てたのは1人だけだった。

つまり、こういうことだ。約束を反故にすると、子供のやる気をくじく。

## お菓子を食べなかった男の子：小銭を貯金して大金にした話

ハロルドは1930年代に育った。当時は誰もが貧しかったが、ハロルドは特につらい子供時代を過ごした。大恐慌の間、ハロルドの父親が経営していた八百屋が潰れ、父親は深刻な鬱になり、母親がお針子として働き4人の子供を育てた。

ハロルドは10歳にもなると家計を助けるために近所の駄菓子屋で使い走りをすることに決めた。学校が終わると毎日、公衆電話の前に座って、貧乏長屋の住人のために電話を待っていた。自宅に電話がある人はほとんどいなかったので、近所の人はみんな、この公衆電話を使っていた。電話がかかるとハロルドはそれを知らせてあげて、小銭をもらっていた。そして毎週末、母親に誇らしげにそのおカネを渡し、生活費の足しにしていた。

駄菓子屋で過ごす時間は長かったけれど、稼いだおカネでお菓子を買うことはなかった。一度もなかった。自分の持ち帰るおカネが家計を助けることがわかっていたし、ハロルドにとってはそれがご褒美だった。

それからしばらくして、17歳になったハロルドは最愛の人に出会った。16歳のシャーリーだ。数年後、ふたりは結婚した。シャーリーは化学の教師になり、歴史の教師になったハロルドはあっという間に出世して中学校の校長になった。夫妻はまもなくふたりの男の子とひとりの女の子に恵まれ、住宅ローンを借り入れ、シャーリーは教師を辞めて家庭に入った。

ある日、ハロルドは、新しい退職年金制度について聞きつけた。当時3万ドルほどだった収入の半分を、税額控除の口座に取り置くことができるという。

妻はその話を聞いて、動転した。「ハロルド、そんなの狂ってる。年に1万5000ドルで3人の子供を育てるなんて無理よ」

ハロルドはこう返した。「シャーリー、そうしない方がおかしいんだよ」

結局ハロルドの言い分が通った。今80代のふたりは、その退職年金のおかげで幸せに暮らしている。

どうして私がそんな話を知ってるかって？　ハロルドとシャーリーは私の両親だからだ。父がもともと持っていて、母がすぐに身につけた能力は、ご褒美を後回しにする力だ。父はつつましい生活を送ることで、ずっと先にくる退職に備えて、自分と妻のために健全な蓄えを確保した。その恩恵を受けたのは両親だけではない。若い時から貯金を始めることで、年をとって子供に頼らなくていい人生を確保したのだ。私と兄弟に迷惑がかからないように。

## 小学生

7歳にもなると、子供は目標に集中できるようになる。[*9] そして目標達成に必要なことを受け入れる。そんな子供のほとんどは、おカネについての自覚があり、お小遣いやちょっとしたお手伝いでおカネを稼いで（手に入れて）いる。貯金の習慣をつけさせるには、子供に次のように教えるといい。

### 大まかなルールを決めて、それを守り抜く

私のお気に入りは「手に入れたおカネの4分の1を貯める」というルールだ。理由は、簡単だから。子供が数字好きなら、この機会に割合について話してもいいし（4ドルもらうごとに1ドル貯めようね）、パーセンテージを教えてもいい（1ドルにつき25セントということは、25パーセントね）。複雑な説明や計算式よりも、大まかなルールの方が効果がある。歯を磨くこととやシートベルトを締めることと同じで、貯金を自動的な習慣にしてほしい。

## 「機会損失」について考える

あるママは放課後に毎日地元の雑貨店で、息子に1ドルのスナックを一袋買ってあげていた。その息子が15ドルの飛行機の模型セットを欲しがったので、2週間はスナックを買わずにママが作ったお餅とピーナッツバターで済ませることにした。その時には、子供に「機会損失」の概念を教えてあげているなどとは思わなかった。

機会損失とは、何かを得るために何かを諦めるということだ。子供にこの言葉を教えよう。スナックの例を使って、こう言うといい。「もしスナックに1日1ドル使っていたら、もっと素敵なモノのためにおカネを使えなくなるの。それが機会損失よ」

## 銀行か信用組合が一番安全

子供が幼稚園の頃にビンに貯めた小銭を、学校に入ったら安全な銀行に入れるといい。はじめは、政府が保証する金融機関の貯蓄預金口座が一番安全だ。ほとんどの銀行と信用組合は政府の保護対象になっている。[編注1] FDIC（連邦預金保険公社）か、NCUA（全国信用組合管理機構）を通して預金保険が提供されている。金融機関の窓口では、政府機関の保証を表示することが法律で定められている。銀行に行ったら子供にその表示を見せて、それが必要な時にいつでもそこにおカネがあるという意味だと説明してあげよう。

その際にちょっとした歴史を教えてあげるといい。FDICは1933年に生まれたこと。当時はいわゆる大恐慌時代で、たくさんの人が失業し、多くの会社がつぶれたこと。銀行が閉鎖され、多くの預金者が貯めていたおカネを失くしてしまったこと。そこで、貯金を失う人がそれ以上増えないように、アメリカ政府はFDICを作り、それが今でも続いていること。もし銀行がつぶれても、25万ドルまでなら政府が保証してくれること（そこまで貯まるのはまだまだ先のことだけどね、と教えてあげるといい。ただし、あなたの子供が起業して大金持ちになれば別だけど）。

銀行に行く前に電話をかけて、子供と話すのが得意な窓口係がいるかどうかを聞いておくといい。以前、前もって電話で確かめずに銀行に行って、8歳の息子に窓口でおカネを貯金させた。息子が窓口の人に、「ボクの43ドルはどこにいくの？」と聞くと、その男性は黙って預け入れ書類に書いてある口座番号を指さした。もちろん、小学2年生の息子はまったく意味がわからなかった。銀行の顧客担当者に頼みこんで金庫を見せてもらってからやっと、息子は自分のおカネが安全な場所にしまわれるとわかって満足していた。

## 金利は「タダでもらえる」おカネ

銀行におカネを預けたいと子供に思わせるには、ふたつのいいコトを教えてあげるといい。まず、おカネを安全な場所にしまってくれること（あの金庫、覚えてる？）。そして金利を受け取れること。つまり、銀行は貯金をしてくれた人にちょっとだけ余分なおカネをくれるということだ。

もちろん、このところは残念ながら1パーセントのほんの数分の一しかもらえない（1980年代には、預金口座には2ケタの金利がついていた。しばらくそんな時代に戻りそうにないが、どこかの時点で金利は次第に上がり始めるはずだ）。だとしても、こうした概念を今のうちに教えておけば、あとで役に立つ。100ドルの1パーセントは1ドルで、小学生にとっては1ドルだってタダでもらえれば、スゴイことだ。

## 親への注意：子供の貯金額に上乗せする（マッチング制）

現在の銀行の預金金利は極端に低いので、もし家計に余裕があれば、子供が貯金するたびに親が金額を上乗せして、子供を励まそう。企業の掛金に個人が上乗せできるマッチング制は、確定拠出年金への大きなインセンティブになっている。子供も同じだ。たとえば、子供が1ドル貯金するごとに親が50セントを上乗せしたり、できれば同額を上乗せするといい。ただし、上乗せ額に限度があるなら、あらかじめきちんとひと月の上限を決めておこう。

ある男性が教えてくれたのだが、その人の友人ですごく気のいいパパが、息子に貯蓄預金口座を開いてあげた。銀行金利が0．3パーセントとあまりにも低かったので、息子は貯金する気になれなかった。そこで父親は「1ドル貯金するごとに、5パーセントの利子をあげる」と約束してしまった。数か月後、そのパパにうまくいっているか聞いたところ、「とんでもない！」という答えが返ってきた。「うちの子は手に入ったカネをがめつく全部貯金に回すから、こっちが利子の支払いにヒーヒー言っているよ」

## 親への注意：子供の貯金に手をつけない

子供のおカネに手をつけないなんて当たり前だと思われるかもしれないが、これは言っておきたい。私の友人の夫は昔、現金が足りなくなると子供の寝室に忍び込んで貯金箱をあさっていた。そして、1日か2日後、子供が気づく前におカネを返していた。一度返し忘れたことがあって、娘がアイスクリームを買うために貯金箱を開き、泥棒に入られたと思ってギャーと叫び始めた。

親の中には、ATMで現金を引き出し忘れたときに、子供の部屋に忍び込んで10ドルだけネコババしようかと思ったことがある人もいるだろう。実際、あるアンケートによると、親の3分の1は子供の貯金箱からおカネをくすねたことがあるらしい。[*10] でも、もし子供に見つかったら、あなたの教えようとしていることが台無しになってしまう。貯金はいいことだし、貯金箱におカネを入れておけば安全だ、という教えを裏切ってしまうことになる。家族が何にいくら使うかは全部親が決める。だから子供にとって、自分の貯金が本当に自分だけのおカネだと思えるのは大切なことだ。それによって子供は独立心を持ち、大人に近づいたと感じる。その気持ちを子供から奪わないでほしい。

もちろん、ピザの出前を頼んでチップをあげようとしたとき、子供の貯金しか現金がないような場合があるかもしれない。そんなときには、子供におカネを貸してほしいと頼んでもいい。だが、かならず翌日返してほしい。そして「利子」として子供に1ドルあげてほしい。

## お小遣い制がうまくいく5つのポイント

「私たち、ほんとにだらしないのよね」

私がお小遣いについてたずねると、ほとんどの親は申し訳なさそうにそんな感じのことを言う。きちんとした習慣がないことを認めて、自分たちを最悪の親だと愚痴るのだ。「はじめの4週間はうまくいってたの」3児の母のキャシーはそう言っていた。「でもそのあとは決まった時にあげるのを忘れちゃって、そしたらすぐに夏休みがきて、誰にどれだけあげたらいいかわからなくなっちゃった」

安心してほしい。お小遣いをあげるかどうかはそれほど重要じゃない。20件以上の研究を読んで出した結論がそれだ。研究の結果はバラバラだった。たとえば、カナダのある研究によると、[*11]お小遣いをもらっている子供はもらっていない子供よりクレジットカードとおカネについてよく理解していた。だがイギリスの研究では、[*12]お小遣いをもらっている子供は、お手伝いやアルバイトでおカネを稼いでいる子供に比べて貯金が下手だった。私はこう思う。この本のアドバイスに従って賢いおカネの扱い方を教えればいい。お小遣いについてはそれぞれの親が正しいと思うようにするといい。

その上で、子供に少しずつおカネを与える方法として、お小遣い制は役に立つと思う。ただし、ここに書くルールに従うことが条件だ。お小遣い制にするからといって、アプリをダウンロードしたり、サイトに登録する必要はない。無料サイトもあるが、課金されるサイトの方が多い。コインや証書のような「通貨」を発行するサイトもある。それを使って買えるのは特定のモノだけだったり、特定のオンラインショップだけでだったりする。私はこうしたサイトはあまり好きじゃない。子供が本当のおカネを扱ってないからだ。子供に合うやり方を見つけられればいいけれど、サイトを使っているからといってお小遣いをきっかけにした本当に大切なおカネの会話がなくならないようにしてほしい。

## 1　明快でわかりやすいルールにする

単純で現実的な決まりにしよう。お小遣いで買っていいのは何かをはじめから子供に知らせておこう。家庭の事情はそれぞれに違うので、親がルールを決めてほしい。大まかな指針をここに書いておく。子供が小さいうちは、本当に基本的な決まりに留めよう。親は食べもの、洋服、友達の誕生日プレゼントを買ってあげ、映画代も出す。おしゃれな髪飾り、映画館のお菓子、iTunesのアイテムといったものは、お小遣いで買わせる。

中学生になっても必需品はほとんど親が買ってあげるが、中身を決めておいた方がいい。たとえば学校に着ていく50ドル程度の安いジーンズなら親が払って、たとえば100ドルのジーンズがほしいなら、差額をお小遣いから出す。

高校になると、子供の払う分が多くなる。お小遣いを増やす代わりに、責任も重くする。友達へのプレゼントや仲間との外食はお小遣いから払わせる。大学生になると、ルールが変わる。具体的には9章を見てほしい。

どんな取り決めにしても、その決定が気まぐれでないことを子供にはっきりと理解させよう。子供のお小遣いは、もっと大きな家計の中の一部だと伝えよう。

## 2 一貫性を持つ

実際には、「正しい」ルールを作るより、決めたことを守り続ける方が重要だ。もちろん、『サウンド・オブ・ミュージック』のトラップ一家の子供みたいに、親が笛を吹いて子供を整列させ、毎週同じ時にお小遣いを手渡せれば、一番いいのだろう。でも現実には親があげるのを忘れてしまったり、子供がもらうのを忘れてしまったりする。そうなっても、すべて台無しというわけじゃない。また元に戻って、渡し忘れたお小遣いをあげ、スプレッドシートかワークシートを使って忘れないように努力しよう。

## 3 子供に任せる

使い道のルールを決めるのは親でいい。お菓子は買いすぎないとか、おもちゃの拳銃は買わないとか、口紅はダメとか。だが大枠では、何を買うかは子供の自由に任せよう。特に中学生になったら子供にある程度任せていい。

親が決めることの中で大切なのは、いくらあげるかだ。常識の範囲を知りたければ、ほかの親にどのくらいあげているかを聞いてみよう。年齢と同じ額を毎週あげるのがいい、という話もたまに聞く。10歳児に毎週10ドルあげる親もいるが、思春期前の子供に年間520ドルもあげるのはバカげている。それが予算オーバーだとしても、当然だ。もしそれだけのお小遣いをあげられるとしても、こまごましたものをしょっちゅう大量に買ってあげているようなものである。お小遣いをあげることは、子供にそのおカネの使い道を決める力を与えるということなのだ。10歳の子供には任せられないと思う親もいるだろう。でも、おカネがなくなって欲しいものが買えないのがどういうことかを経験するには、これが一番いい。そして、先ほどの一貫性がここで本当に大切になる。

## 4 現金を使う

クレジットカードやそのほかのオンラインの決済を使うときは、気持ちが大きくなってしまうことは数々の研究で示されている。[*13] つい使いすぎてしまうのは、支払いの痛みが先延ばしされるからだ。だからこそ、子供に現金を与えることが大切なのである（もちろん、この現金をiTunesやそのほかのオンラインショップの支払いに充てる場合には、親が手を貸してあげていい)。デビットカードを使う人も多いが、私は大学に入るまでは使っていなかった(その理由は4章を見てほしい)。

子供にお小遣いを渡すときに、全部を使ってしまわずに一部を貯めることがどれだけ大切かを話そう。お小遣いをきっかけにおカネについて子供と話すことが、お小遣いそのものよりも大切だということは、さまざまな研究でも明らかになっている。

## 5 お手伝いとお小遣いを切り離す

お手伝いは、他人を助けることの大切さと責任を子供に教えてくれる。[*14] ただし、お手伝いをおカネに結びつけない方がいい。お皿を洗ったり、洋服を片付けたりするたびに子供と交渉するのが嫌なら、お手伝いをしたらお小遣いをあげるという取り決めはやめた方がいい。お手伝いは日々の家庭生活の一部だ。日常的なお手伝い以外の仕事をやらせるときには、それにおカネをあげてもいい。でもそれは仕事に対するおカネで、お小遣いではない(この点については、80ページで詳しく書いている)。

お小遣いで子供を釣って、お手伝いやそのほかの親が望む行動をさせようとしても、逆効果になりかねない。多くの親はどうにかしたいと焦って、お小遣いを餌やご褒美にしてしまう。「ベッドメイクしなかったの？」バーン！ お小遣いなしよ！ 子供が、別に10ドル損しても、ベッドをきちんとしたくないとか、門限を守るつもりはないとか言い出したらどうする？ 問題はおわかりだろう。しつけはお小遣いを餌にしない方法でやろう。お小遣いは別の問題として扱ってほしい。

## 中学生

貯金を習慣にさせるのに、中学時代は最適だ。中学生にもなれば子供の時と違って貯金についてよく理解できるし、高校生と違ってまだ親の話を新鮮に受け止めておカネを差し出してくれる。それに、この頃はおカネを貯めなくては買えないような、ちょっと高いものを欲しがり始める時期だ。貯金を習慣にさせるには、次のような言葉で説得するといい。

### スッカラカンはよくない

ちょっと変な言い方かもしれないが、これには理由がある。具体的なモノのためにおカネを貯めるのはすごくいいことだし、それがこの章のポイントだが、スッカラカンになるまでおカネを使い切ってはいけない。もしその買い物で一文無しになってしまうようなら、もっとおカネを貯めてからそれを買うべきだ。言い換えると、貯金のために貯金してもいい。

もちろん、せっかくがんばっているのに水を差すつもりはない。でも、いつおカネが必要になるかわからないのが現実だ。絶対に必要なものが出てきたり、欲しいものが出てきたりする。たとえば、大好きなバンドが地元に来ることになって、チケットを入手したくなるかもしれない。その時にスッカラカンだと、どうしようもない。そうでなくとも、緊急の事態に備えていくらかのおカネを置いておいた方がいい。

## 一番金利の高い安全な口座を選ぶ

中学生の子供と一緒に銀行か信用組合に行って、超安全な口座の一覧表を見せてもらい、子供に口座を選ばせよう（64ページのコラムに口座の概要を紹介している）。このところ、こうした口座は超低金利だが、それでもかまわない。ポイントは子供のおカネを守ることで、これらの口座はその目的に合う。

また、子供と一緒にそのほかの口座を調べるのもいい。バンクレート・ドットコムやデポジット・アカウント・ドットコムといったオンライン口座を調べたり、子供と近所の銀行に立ち寄ってどこの銀行の金利が一番高いかを見てもいい。たとえ金利にほとんど差がなくても、値段を比べてお買い物をすることを、子供に教えてあげられる。

特に、口座維持費には要注意だ。ほとんどの金融機関は、口座残高が最低額を下回ると口座維持手数料を取る。10ドル貯金したのに、利子を受け取るどころか毎月5ドルの維持費を取られたら最悪だ。地銀や信用組合は、最低預金額が低く、子供の口座には特別な割引があったり、親の口座に紐づいている場合には子供の口座は維持費をタダにしてくれる場合もある。残念ながら最近では預金通帳を発行してくれる口座（パスブック口座）がほとんどなくなったので、おカネの動きを示す形のある証拠がなくなってしまったが、預金口座におカネを入れればオンラインかスマートフォンで残高を見せてあげられる。

### 親への注意：オンライン銀行は避ける。だが、子供がすごく興味を持っている場合はオンラインにしてもいい

オンライン銀行は、預金金利が高い場合も多い。比較サイトに行けばすぐにわかるだろう。それでも、中学生ならおそらく店舗のある銀行と取引する方がいい。とりあえず、ここでは昔ながらの銀行をお勧めする。その方が子供が現金を窓口で手渡したり、ＡＴＭを使うことで、金融の世界に参加している実感が得られるからだ。

もっと大きくなったら店舗のないネット銀行で金利の高い口座を開設してもいい。あなたの子供がもしネット口座の抽象的な経験でも実感を得られるなら、高校生の部に飛んでオンライン銀行について読むといい。

## 3種類の超安全な貯蓄口座

### 1 預金口座

銀行におカネを入れて、ほんの少しの金利をもらう、一番単純なやり方がこれだ。月額手数料を避けるには、普通は最低残高を維持しなければならないが、口座維持手数料や最低残高の条件がない子供向け口座もたまにある。ただし、預金口座からの引き出しは月6回までと法律で決められている。

### 2 マネーマーケット口座（MMA）

預金口座とかなり似ているが、MMAの方がわずかに金利が高い半面、最低残高も少し高い。よほど条件がいい場合を除いて、昔ながらの預金口座で十分だろう。

### 3 譲渡性預金（CD）

譲渡性預金は、一定期間おカネを引き出せないが、固定金利がつく。満期以前に引き出すと罰金がかかるが、金利は預金口座より高い。最低預入額は500ドルなので、ほとんどの子供には無理だが、預入れ額が増えるほど金利が高くなると聞けば、子供のやる気が湧く。

## 高校生

高校生になると、おカネの使い道をもっと子供に任せていい。ただし、子供が高校卒業後の目標を頭に置いて貯金するように、親は導かなければならない。

### 大学進学のために貯金する

大学の学費をすべて親が負担している子供の評定平均は、自分が少しでも負担する子供よりも低い。[*15] なぜそうなのかはわかっていないが、大学教育に子供自身がおカネをつぎ込んでいれば、そこからなるべく多くを得ようとやる気になるのだろうと思う。その点からも、子供に少しでも大学の学費を負担させる方がいい。

多くの親は子供にも大学の学費を少しは負担してほしいと思いながら、子供にそれを教えるのが遅すぎて、子供は満足な貯金ができていない。親の85パーセントは子供も負担すべきだと考えているのに、子供に貯金させている親はわずか34パーセントだ。中学3年生になったら、大学進学のためにおカネを貯め始めるように、子供にはっきりと伝えてほしい。アルバイト代や親戚からもらうお小遣いの一部を貯めさせよう。

学費のための預金には、いろいろなやり方がある。家庭に対する奨学金の金額が減らないような場所に、子供のおカネを置いた方がいい。大学が各家庭に与える奨学金の額を決める際、学生の預金口座を見て、残高の2割を学費への拠出として計算する。親の場合はその割合が低く、預金口座の5・6パーセントを学費として組み入れる。もちろん、親はほかの子供に使うおカネも必要だし、住宅ローンや自動車ローンなど、さまざまな費用を負担しているからだ（大学は、学生の現在の収入からもっと大きな割合を学費として見込むが、それについてはあとで話そう）。それでも、このルールを迂回する方法はいくつかある。たとえば、529プラン（学資貯蓄制度）の口座に子供のおカネを入れる手もある（こうした口座については9章で詳しく見ていく）。

いずれにしろ、子供が大学に備えて貯金をしても、結局は奨学金が少なくなるだけだから、貯金する意味はないと思わないでほしい。そういう側面があることはわかるけれど、いくつかの理由で間違っている。まず何より、おカネがいくらかあることは、まったくないよりいい。たとえ奨学金をもらえたとしても、一部はおそらく貸与型だし、貯金があれば借金を減らすのに役立つ。しかも、奨学金の制度は極めて流動的なので、今後とも銀行に預金がない方が有利とは限らない。

## ネット銀行に貯金する

この時点での子供の目標はおカネを守ることであって、それを増やすことではない。とは言っても、安全な預金口座の中で一番高い金利を探すには、今がいいタイミングだ。

ネット専業の銀行は店舗のある銀行より高い金利を提示する。高校生なら、小さい頃と違ってネット銀行のコンセプトも理解できる。金利比較サイトで一番高い金利を調べさせよう。このところ、預金口座の金利は低く、違いと言っても0.05パーセントから最高1パーセントがせいぜいだ。絶対額で言えばほんのちょっとだが、子供に高い金利を探す習慣をつけさせるのはいいことだ。いつかは金利が上がるはずだし、その時にどこに預けるかで大きな違いが生まれる。

ポイントは、預金口座にあるおカネは安全だということだ。だから、ネット銀行を使うならＦＤＩＣのロゴや「ＦＤＩＣ会員」または「ＦＤＩＣ保証」の表示があることをサイトできちんと確かめよう。

## 「余分なもの」に備える

子供が望むものすべてにおカネを出してあげられないことを心配したり、恥ずかしく思ったりする親もいる。そんな気持ちは捨てよう。子供の頼みを断った方がいいこともあるし、もし本当に欲しいものなら少しは子供自身に負担させるか、全部を子供に払わせた方がいい。親にその余裕があるかどうかは関係ない。

おカネを貯めずに待つこともなく何でも買ってもらえる子供は、人生の大切なスキルを身につける機会を奪われている。今度、子供が何か余分なものを欲しがったら、親がいくら出して、子供が貯金からいくら払うべきかを話し合おう。フェンダーの電子ギターを買うおカネをかき集めるために、子供はあの手この手で工夫するかもしれない。なにもかも買ってあげられないからといって、子供に謝る必要はない。あなたの子供は、欲しいもののために貯金することを学べて、幸運なのだ。

## 子供が大きな額のおカネをもらったとき

16歳の誕生日。最初の聖餐式。バル・ミツヴァ（ユダヤ教の成人式）。卒業式。成人式。友達や家族が集まるそうした祝いの席には、ご祝儀がつきものだ（もしご祝儀をはずまない親戚がいたら、親はいつまでも覚えているものだ。絶対に忘れない）。

家族の祝い事がある場合には、子供がたくさんのお小遣いを手にする前に、そのおカネをどうするかをきちんと話し合っておこう。祝いのあとで、今宝くじに当たったみたいに子供が自分の部屋でお札を床に並べている時に、きちんと話し合おうとしても無理だ。そのおカネを大学の学費に取っておくか？　チャリティに一部を寄付するか？　欲しかったものを買うか？（ドラムセットか、春休みの旅行か）祝い事の費用に充てるのか？（私たちの場合はそうだった）それとも（だいたいはそうだが）そのおカネを分けていろいろなことに使うのか？

もちろん、どう使うかは家庭の事情によるし、金額にもよる。子供にそのおカネを「自分のもの」と考えさせるなら、その大部分を先の備えに、たとえば大学のために貯金させるべきだ。また、その一部を社会的意義のある活動やチャリティに寄付させてもいい。「子供の」おカネとはいっても、まだ親として賢い計画を考える手助けはできる。大人になってボーナスをもらったときや、税金の還付がきたときのための練習になるだろう。

## 大学生

大学時代には、子供自身が将来のために大きな蓄えをする余裕はない。子供が貯めたおカネのほとんどは学費や大学での生活費に消える。それ以上の蓄えとなると？　卒業後になる。それでも、次のアドバイスは役に立つはずだ。

### 貯金の一部を大学の学費に充てる

先ほども書いたように、子供に教育費の一部でも支払わせると、勉強に励む可能性が高くなる。[*16]自分がそれに投資し、参加しているという意識が高まるからだ。本代でも、寮の部屋代でも、学費の一部でもいい。子供が自分の貯金を充てるといい。先ほどの高校時代のアドバイス通りに子供が大学生活に向けておカネを貯めていたら、ほんの少しだとしても学費の足しになるだろう。

### 夏休みに貯める

夏休みこそ稼ぎ時だ。夏休みに貯めておけば、学期が始まって勉強に集中しなければならない時にアルバイトを減らせるし、学資ローン[編注2]の金額を減らせるかもしれない。夏休みにおカネにならないことをする場合には（無給のインターンなど）、その機会損失を自覚させた方がいい。夏休みに稼いでおかないと、学期中に働かなければならなくなる（アルバイトについては3章で話そう）。

## 社会人

この後に及んでおカネを貯めない、という選択はない。経済的な自由を手に入れるには、大人になったら貯金して当たり前だ。ご褒美を先延ばしにできるかどうかがここで何より大切になる。あなたの子供にこう伝えよう。

### 「まさかのための」蓄えを作る

社会に出た子供に、まさかの時の蓄えをしておきなさいと切り出せば、やれ家賃が高いだの、給料が安いだの、自分の歳で貯金なんて不可能だのと文句が出るだろう。そうきたら、だからこそ今ほんのちょっとずつでも定期的に貯金を始めなさいと説得するいいチャンスだ。

まさかの時の備えがあるかどうかで、ただ不自由なだけか破産してしまうかが決まることもある。車の修理代がなくてクビになってしまうかもしれないし、家賃が払えなくて部屋を追い出されるかもしれない。もう大人なのだから、親のすねをかじってないで、まさかの時のセーフティネットは自分で作っておくべきだ。

大まかな目安として、6か月分の生活費を貯めておくといい。そのくらいあれば、次の仕事が見つかるまで乗り切れる。まずは、3か月分の生活費を目標にすれば、なんとか達成できそうな気にもなるだろう。どのくらいの生活費を貯めたらいいかの計算に使えるワークシートを、著者のウェブサイト（ベスコブリナー・ドットコム＝bethkobliner.com）に載せている。

## 金利の高いローンを返済するのが、貯金への早道

大学を卒業したばかりで口座に1円もない子供には、こう言っても馬鹿げていると笑われるのがオチだ。でも、これを今理解しておくのは大切だ。大人になってもここがわかっていない人は多い。ここがポイントだ。あなたの子供にもそのうちに蓄えができる。特に

自宅に住んでいる場合はそうだ。そしたら、金利の高いローンの返済を優先すべきだ。

簡単な例を挙げよう。あなたの子供がクレジットカードで1000ドル借りているとしよう。ローン金利は18パーセント。そして預金口座に1000ドル貯めているとしよう。こちらの金利は1パーセントだ。1年経つと子供がクレジットカード会社に支払う金利は180ドル。預金から受け取る金利は10ドル。銀行に蓄えがあっても、170ドルの赤字になる。預金の1000ドルを返済に回していたら、金利の支払いがなくなって、収支トントンになる。170ドルの赤字よりずっといい。

とはいえ、まさかのための蓄えはどうしたらいい？　答えは、時と場合による。子供が親と同居している場合は、高金利ローンの返済を優先させて、それから1か月分の家賃や敷金程度を貯めた方がいい。だから親との同居は、おカネの面でものすごく得になる。ただし、翌月一括で返済できる額以上にクレジットカードの借金を増やさないことが条件だ。子供がひとり暮らしだとしても、貯金の半分は高金利のローンの返済に使い、残りの半分を本当の緊急時用に貯めておくことを勧める。自分の口座に1か月分の生活費が貯まったら、あとは借金の返済に充てた方がいい。全額返済したあとで、まさかのための貯金を増やす方に戻って、3か月分の生活費を目標にするといい。

## 自動引き落としで貯金する

自発的に貯金しろというのは、自分から進んで歯医者に行って神経を抜いてもらえというようなものだ。つまり「たぶん無理」ということ。だから、おカネが入ったときには、貯めようと思わなくても貯まるようにしなければならない。

ちょっとした目くらましを使うといい。最初からその分のおカネが給与口座に入っていなければ、貯蓄口座に送金するときの「失う痛み」を感じなくて済む。給与の一部を自動的に貯蓄口座に振り込んでくれる会社もある。またはあなたの子供が自動引き落としの手続きを行って、給料日に貯蓄口座に定額が振り込まれるようにしてもいい。このほんのちょっとの手間が、ずっと先になって効いてくる。

## 蓄えができるまで買わない

学校を出た子供は、あれもこれも「買わなくちゃならない」ような気になるものだ。この年頃は危険で、特にクレジットカードを手に入れたばかりの頃が危ない。でも、聞いてほしい。これはこの本で一番大切なアドバイスだ。子供にこう伝えてほしい。おカネが貯まるまでは、高価なものを買ってはダメだ、と。それしかない。

今どき、貯めたおカネでモノを買えなんて、まったく古臭い説教に聞こえるだろう。そんなことを書いている私を、いつの時代のオバサンだよと思うかもしれない。でも、これが鉄則だし、親が子供に与えられる最高のアドバイスだ。借金の危険については、4章でさらに語ることにしよう。

## 親への注意：子供を家に戻してあげよう。それでおカネが貯まるなら

大学卒業後に親と同居するのは、子供にとって賢い行動だ。そうする若者の数が記録的に増えているのは当然だろう[*17]。

もし子供が自宅に戻るなら、基本的なルールを決めておいた方がいい。ルールのひとつは、子供がおカネを貯めることだ。生活費だけではなく、まさかの備えになるおカネも貯めるように取り決めよう。そうでなければ、いったん家を出てもすぐにまた舞い戻ってくることになる。

まずは、あなたの望みを書き出して、簡単な契約書を作ろう（真剣に、そうした方がいい）。子供から少しだけ家賃を取るか（でも貯金が残せる程度に）。そのほかにあなたがしてほしいことは（家事、食費、などなど）何か。子供におカネを貸すとしたら、金利を取るか。そうしたルールを書面にしておいた方がいい（親族から金利を取る場合の税務署のガイドラインについては169ページのコラム内を見てほしい）。

## 親への注意：子供が家を買うときの頭金について話し合おう

大学を出たての子供にとって、家を買うなんてはるか遠い話に思えるだろう。自分のインディーズバンドが大きなフェスの目玉になるのと同じくらい、あり得ないと思ってしまうかもしれない。でも、おカネを貯めれば、それが現実に手の届くことになる。だけど、こんなふうに言わないでほしい。「私がお前くらいの歳には、家を買って子供が3人もいた！」そんな話をしてもエラいとは思われない。時代遅れで意地悪だと思われるだけだ。

統計を見ても、今の人たちは親たちの世代より自宅を買うのが遅い。それでも、まさかのための蓄えが十分にできて、会社の確定拠出年金にも加入すれば、自宅の頭金を貯めることも考えられるようになる（子供の最初の住宅ローンに関しては、165ページを見てほしい）。

頭金は1割を目標にするといい。できれば総額の2割あるといい。最初の自宅は17万ドル程度が普通なので、1万7000ドルから3万4000ドルの頭金と、少なくとも諸費用に3000ドルは必要になる。そのおカネは、預金口座か、CDか、貯蓄債券か、マネーマーケットファンドといった安全な場所に入れてほしい（投資については、7章で見ていこう）。

子供が自宅を買うときに、親がおカネを出す必要があるとは思わなくていい。ほとんどの親はおカネを出さない。だが、初回の自宅購入では、25パーセントの人が家族や親類から頭金の一部を助けてもらっている（助けてくれるのは、だいたい両親だ）。

最後にもう一言。子供の頭金を少し助けたからといって、どんな界隈に住めとか、どんな家にしろとかマンションを買えとか口を挟む権利は親にはない。おカネを出すなら、善意で助けること。安全や売却価値について考えるだけにしておこう。そこに住むのは子供なのだから。

# 第3章 努力には見返りがある

子供にどうなってほしいかと親に聞くと、みんなこう口を揃える。「ただ幸せでいてくればいいんです」

まあ、確かに、それはそうかもしれない。

でも、ここに問題がある。子供を幸せにするために、親は子供の欲しがるモノを与えたり、楽しいことをさせてあげたりする。だが、幸せな人生を支えているのは、努力して自分の目標を達成することであり、その努力でしか得られない充実感を感じることだ。[*1]

例を挙げよう。私が子供の頃、父は口癖のようにこう言っていた。「うちでは、やるべきことを先にやってから、好きなことをやりなさい」

当然、我が家ではどんちゃん騒ぎはあり得なかった。

母も私も兄たちも、今では父の口癖を懐かしく笑っているし、そんなふうに育ててもらって本当に感謝している。楽しいことや嬉しいこともたくさん経験したけれど、同時に、何かをきちんとやり遂げたときにはすごく誇らしい気持ちになることを教えてもらった。宿題を終わらせたときも、お皿を洗ったときも誇らしかった。父の誇りは、最高の校長先生であることだった。

父は、努力によって得た本物の達成感が、幸福で実りある人生のカギであることを直感的に知っていた。

そう思っていたのは父だけではない。それから数十年後、ペンシルベニア大学で心理学を教えるアンジェラ・ダックワース教授は同じことを研究していた。マッカーサー財団から「天才賞」を受賞したダックワース教授は、やり抜く力（教育界では「グリット」という言葉で知られる）のある人は学校の成績がいいだけでなく、収入も高く、生涯貯蓄額も多く、人生全般への満足度も高いことを発見した[*2]。

何よりの驚きは、「やり抜く力」が知性よりも子供の成功を左右するという発見だ[*3]。しかも、ここに希望がある。子供に「やり抜く力」をつけさせることはできる、ということだ[*4]。

もともとやる気のある子供にもそうでない子供にも、「やり抜く力」を植えつけることはできる。生まれつき負けん気の強い子供もいれば、のんびりして周りを気にしない子供もいる。どちらも素晴らしい。ただ、親の仕事は、子供に忍耐強く何かに取り組むことを教えることだ。家事でも、学業でも、課外活動でも、アルバイトでもいい。

この章は、子供にがんばることを教えるだけでなく、優先順位をつけるよう導く助けになる。いつ全力を出し切るか、いつ緩めたらいいか、それを子供が自覚できるようになるのが目標だ。この章の教えを子供が身につければ、結局は親が楽になる。それを身につけた子供は、より経済的に安定し、独立し、しかもより幸福な大人になるからだ。

## 就学前

学校に入る前の子供の「やり抜く力」と言っても、たかが知れていると皆さんは思っているだろう。結局、３歳児にどれだけのことができるというのだろう？　でもこのまま読み続けてほしい。勤勉さを身につけさせるには、学校に入る前が一番簡単なのだ。

### 家の手伝いを生活の一部にする

ほとんどの家族が畑を耕していた時代には、子供が家を手伝うのは当たり前だった。誰かがやらないといけなかったし、他人はやってくれなかった。でも今では、ほとんどのアメリカ人の子供はそれほど家事を期待されていない。[*5]テクノロジーのせい、ファストフードのせい、学校の日数が長くなったせい、子供が甘やかされたせい。何のせいにしてもいい。だが、食事のあとで子供にお皿を流しに持ってこさせる必要はないと決めつける前に、少し考えてほしい。就学前から20代の中頃まで子供の成長を追いかけたミネソタ大学の研究によると、学位を取ったり、仕事に就いたりといった人生の大切な節目に到達できるかどうかは、幼い頃に家事を手伝っていたかどうかがひとつの要因になると言う。[*6]

幸い、1歳半の幼児にちょっとしたお手伝いをやらせるのは簡単だ。小さな子供の前でお皿を洗ったりホコリを拭いたりしていると、子供はそれを「楽しいこと」と思ってやりたがる。そんな時期は短いので（残念！）、この時を逃さないように。靴を脇に寄せて置くとか自分のコートをコート掛けに掛ける（コート掛けを低い位置に付けておこう）といった簡単な仕事を与えて、かならず毎日それをさせ、自分からやったときには褒めてあげよう。もう少し難しいこと、たとえば（プラスチックの）お皿を拭いたり、ゴミの分別を手伝わせたりも、一緒にできるときにはやるといい。お手伝いを子供の生活習慣の一部にすることがここでの目標だ。家をピカピカにさせる必要はない。

## 仕事がおカネになることを教える

友達のメリンダは子供の頃、父親の仕事は新聞を読むことだと思っていた。父親が毎朝仕事に出かけるとき、新聞を脇に挟んでいたからだ（実際は中学校のカウンセラーだった）。小さな子供は、何が仕事かもわからないし、仕事に出かけることとおカネを稼ぐことの関係もピンとこない。

ただ、仕事をしておカネを稼いでいることを口で説明することはできる。あなたが仕事をして、おカネを稼ぎ、そのおカネで子供の持ち物を買っているのだと教えてあげてもいい。その姿を見せてあげると、より効き目がある。

できれば、子供を職場に連れて行くか、週末に職場に立ち寄ってデスクや働いている場所を見せるといい。セロテープで遊ばせてもいいし、ワークチェアに座らせてぐるりと回してもいい。わかりやすく仕事を説明し、それでおカネを受け取っていることを教え、家や食事やおもちゃを買えるのは仕事のおかげだと繰り返し伝えよう。

複雑な仕事でも、説明がうまければ、小さな子供でもたいていは理解できる。私の知り合いで、大企業でオンラインコミュニティの管理者として働いている女性がいる。掲示板での議論が穏やかに行われるように努め、セールスマンがきちんと顧客の問題に対応できる状況を確保するのが彼女の役目だ。彼女の4歳の息子に、お母さんのお仕事は？と聞くと、「インターネットから悪い言葉をなくすこと！」と教えてくれた。

## 仕事があるのはいいことだし、その仕事を好きなのはもっといいことだと伝える

息子がまだすごく小さい頃に、幼稚園の先生からとてもいいアドバイスをもらった。その先生は親に、毛虫や昆虫が好きなふりをしてほしいと言ったのだ。その幼稚園で、息子の組は地球科学の実習をやっていた。子供たちはみんな地面を掘って泥で遊ぶのが大好きだった。でも、お迎えの時間になると、「ギャ～～！毛虫イヤ～～～」と叫ぶ親がいた。すると子供の生物への興味が失せてしまう。

子供は小さい頃に親から考え方や偏見を植えつけられる。親自身が仕事をどう感じているか、子供の前で仕事についてどう話しているかが、子供の仕事全般への見方に影響する。もし仕事が楽しいなら、それを口に出してほしい。楽しくなくても、仕事があるのは素敵なことだと伝えてほしい。仕事とは誇りを持てるものだと伝えるのは大切だ。

## 親への注意：身近な人の普通の仕事を教えてあげる

あなたと子供が毎日見かける仕事について話してみよう。レストランのオーナー。お医者さん。先生。テレビで見る仕事以外にも、いろいろな仕事があることを教えよう。そう

すれば、自分の周りのみんなが働いておカネを稼いでいることが子供にわかるし、いつか自分もそうなるのだと考えるようになる。[*7]

あなたが専業主夫または主婦の場合や、配偶者が家に入っている場合には、家の仕事もたくさんあるのだと教えてあげよう。洗濯、料理、送り迎え、家計の切り盛り。家の仕事にはお給料が出ないけれど、仕事であることには変わりない。仕事にはいろいろな形がある。子供にもそれがわかるだろう。

## 親への注意：能力ではなく、努力を褒める

スタンフォード大学で心理学を研究するキャロル・ドウェックは、親が子供に賢いとか才能があると繰り返し言っていると、意外にも勤勉さが育たなくなることを発見した。[*8]生まれながらの才能を惜しみなく褒めていると、少し難しい課題に初めて直面したときに、イライラしやすい子供になってしまうと言う。手軽にできないとわかると、すぐに諦めてしまい、持って生まれた才能もここまでだと感じてしまう。だから、子供には、達成するまでに注いだ努力に対して、具体的に意義のある褒め言葉を与える方がいい。

たとえば、絵を描いて見せてくれたら、「きれいね」と褒めるより、「よくがんばって描いたわね。ふたつの円を結んでるこの線の青色がすごく美しい」と褒めた方がいい。細か

く指摘することで、子供がその絵につぎ込んだ作業にあなたが注意を払っていることが伝わる。そうすれば、その子が次の天才現代アート作家だというメッセージにはならない。仕事がいつも簡単とは限らないが、何かを根気強くやり抜く力があれば人生の困難や逆境を克服できることを子供に伝えてほしい。

## 親への注意：バットマンのふりするように教える

幼い子供は、自分を働き者の誰かだと思い込むと、ひとつのことに根気よく取り組めるという面白い研究がある。いわゆる「バットマン効果」というやつだ。

ある研究で、4歳から6歳の子供たちにお手伝いをしてほしいと頼み、10分ほど退屈な作業を与えた。この時、子供たちに楽しいゲームの入ったiPadを渡して、いつでも休憩していいと伝えた。ひとつのグループは、「ぼく／わたしはがんばってるかな?」と時々自問するように告げられる。もうひとつのグループは、自分の名前を使って同じ質問をする（たとえば、「サマンサはがんばってるかな?」）ように言われる。もうひとつのグループは、バットマンや探検者ドーラなどのキャラクターを選んで、マントやコスチュームや小物をもらい、「バットマンはがんばってるかな?」と自問するように頼まれる。「ぼく／わたし」のグループは一番仕事時間が短かった。「バットマン／ドーラ」のグループは一番長く仕事を続けていた（心理学者はこのテクニックを「脱自己化」と呼んでいる）。

何かやるべきことがあるときに、子供に憧れのキャラクターを選ばせてキャラに入り込ませるのは、それほど難しくない（子供にご褒美を後回しにさせ、おカネを貯める習慣を作る助けになるのがこのテクニックだ。37ページのコラムを見てほしい）。

## 小学生

この年頃の子供は、おカネを稼ぐことに興味津々になる。レモネードを売りつけたり、ガムテープで作った財布を友達に買わせようとするのも、この頃だ。そんな働く意欲を育てるには、こう教えるといい。

### 家のお手伝いは家族の一員として当たり前のこと

家事を手伝う子供の方が大人になって成功しやすいことは、先ほど書いた。それは、仕事をやり遂げたときの達成感や、チームに貢献したときの喜びがわかるようになるからだろう。

子供にやらせる仕事は大変すぎないものがいいし、あなたが何を期待しているかをはっきりさせておいた方がいい。子供をやる気にさせるには、子供と一緒に計画を立てるといい。もしその仕事が終わらなかったらどうなるかを話し合おう。たいていは、子供の方から進んで、驚くような厳しい罰を提案するものだ(「もし犬の散歩を忘れたら、僕がドッグフードを食べる!」)。それを会話のきっかけとして、もっと普通の罰を提案するといい。「ベッドメイクを忘れたら一か月テレビなしだと厳しすぎるわね。週末に一時間テレビの時間を減らすことにしたら?」

お互いに合意できるお手伝いのやり方(家事表を作る家族もいる)を作れば、全員がチームの一員だと感じることができる。「家族のためにほかに何ができるかな?」と聞いて、子供のお手伝いリストに仕事を付け加えてもいい。そうすれば、子供が大きなユニットの一員であることを強調できるし、最低限のお手伝いだけでは十分ではないことも教えられる。そして、何があっても家事にお小遣いをあげてはいけない(その理由は60ページのコラム内を見てほしい)。

## 余分な仕事にはご褒美をあげていい

ここまで、普通のお手伝いにはお小遣いをあげないように、とはっきりと言ってきた。でも、いつものお手伝いではない仕事にはお小遣いをあげてもいい。特に、子供がやってくれないときに誰かを雇ってやってもらうような仕事の場合には、おカネを支払ってもいい。たとえば、ガレージの掃除や、オンラインの写真の整理といったことだ。作家のレイチェルは9歳の時、農場の庭をいつもきれいに掃除してくれたら、何ドルかあげると父親に頼まれた。「その仕事に誇りを持つようになったの」とレイチェルは言う。「弟や妹がおもちゃを散らかしっぱなしにしてたら、ちょっと偉そうに怒ってた」

親が賢く立ち回れば、子供の欲を利用して、いい力に変えることはできる。家の電気代を節約する責任を持たせて（電気を消し、プラグを抜き、室温をチェックする）、節約分の一部を子供にあげてもいい。屋根裏部屋がガラクタで溢れてる？ 子供に整理させて、見つけたものをイーベイで売っていいことにしよう（ただし、あなたが許可したものだけ）。私の子供たちは、母がしまっておいた古いコミック本を売っておカネ儲けができたことに、興奮していた（大金ではなかったけれど、20ドルは子供たちには嬉しいお小遣いだった）。

## 仕事はいつも楽しいばかりではないけれど、仕事があるのはありがたいこと

子供が少し大きくなれば、いつも仕事が楽しいわけではないと教えてもかまわない（し、その方がいい）。上司と意見が合わないこともあると認めていい。子供にも好きになれな

い先生がいるのと同じことだ。それは誰もが人生でいつか出会う現実である。またその時に、どんな場合でも相手を尊重し、嫌な気持を飲み込んで仕事なり勉強なりに励む必要があることも話すといい。

それから、家族の食べ物や着る物、住む場所を確保するだけの十分なおカネを得られる手段があることに、感謝を表すといい。そして、より良い仕事をするためにできることを話してもいい。たとえば、努力して昇進するとか、ほかの部署に異動できないか探ってみるといったことだ。また、これからの自分の教育の計画を話したり、今の仕事に役立つ学位や、まったく別のキャリアに進むための資格について話すのもいい。

いずれにしろ、一貫したメッセージを伝えてほしい。完璧な仕事なんてないけれど、おカネを稼ぐ手段があるのはありがたい、というメッセージだ。

## おカネがすべてじゃない

この言葉は親にとってはきれいごとに聞こえるかもしれないが、小さな子供にとっては新鮮だ。もちろん、親は子供に金銭的に余裕のある大人になってほしいと願う（この本もそのために読んでいるわけだから）が、給料が高いからという理由で仕事や働く分野を選ぶと大失敗しかねない。自分が楽しめる仕事を選ぶのは重要で、おカネがかならずしも価値と同じ意味ではないということを、この機会に伝えてほしい。

トレードオフについて話し合うといい。あなたが、給料のあまり高くない今の仕事を選んだのだとしたら、なぜそうしたのかを子供に話してほしい。金額を話す必要はない。たとえば、アートが大好きだから給料はあまり高くないけれどこの仕事をしている。社会にお返しすることで充実感を得られる仕事を選んだ。教師、社会福祉士、無料の社会貢献活動もできる弁護士などの場合はそうだろう。あるいは、事業経営者なら、どうしてその仕事が好きなのかを話してほしい。人のマネジメントが好きなのか、起業が楽しいのか？おカネ以外で、あなたがその仕事を好きな理由を子供に伝えよう。

## どんな職業の人に対しても尊敬を忘れずに

ちょっと前に野球の試合で、ある子供と父親を見かけた。11歳くらいの少年が、従業員以外立ち入り禁止の場所に入って写真を撮ろうとしていた。係の人が少年を止めようとしたが、その男の子は係員を無視して無礼な態度で、携帯で写真を撮り続けた。その間ずっと、父親はそばに突っ立って、一言も口を開かなかった。ちょっとしたことだが、その子供は無礼な態度が許されると感じ、責任を果たそうとしている誰かを見下してもいいのだと思ってしまっただろう。

ほとんどの親は、「お願いします」「ありがとう」と言いなさいと子供に教える。だけど、親が手本になって、自分たちの生活を助ける仕事をしている人に親切にすることも大切だ。調子の悪い日でも、たとえばウェイターが注文を間違ってしまったときにも、相手に親切にしてほしい。ベビーシッターにも、バスの運転手にも、お店の店員にも、優しく感謝の気持ちを表すのは、おカネがかからないし簡単なことだ。

## 親への注意：子供の活動を親が立派なものにしなくていい

ある友達が週末に海に行く途中に豪華なレモネードスタンドを見つけたと話してくれた。新鮮な絞りたてのレモネードが素敵なガラスの容器に入っていて、ヘーゼルナッツ入りの高級カップケーキが完璧な具合に冷えていた。看板はプロが何日もかけて作ったような見事なものだった。もちろん、スタンドを運営するはずの子供は退屈そうにしていて、その側で両親があれこれと気を遣って動き回っていた。

何が問題だろう？　志の高い親が子供の活動を乗っ取り、子供が得られたはずの楽しみを吸い取って、そのやる気を台無しにしてしまっていることだ。子供がおカネを稼ぎたがったら、助けてあげるのはいい。でも、すべてを完璧にやってあげたら、子供から楽しみを奪うばかりか、失敗から学ぶ機会も奪ってしまう。子供に手綱を持たせるのが一番いい。

たとえ紙パックでレモネードを注いでも、箱から直接クッキーを出したとしても。

親が全部やってしまうと、子供に一番大切なことを教えられなくなってしまう。それは利益の概念だ。レモネードスタンドくらいでケチケチしなくてもいいが、子供と一緒にその日の終わりにもらった現金を数えて、かかった費用を計算してみるといい。原料はレモン、砂糖、紙コップ。もらったおカネからその費用を差し引く。そこでトレードオフについて話してもいい。「オーガニックのココアパウダーじゃなくて出来合いのブラウニーミックスを使ったら、どのくらい節約できるかな?」「本物のレモンを絞るのに時間をかけるのと、粉末を使って作る時間を節約して売る時間を多くするのと、どっちが得かな? でも新鮮な本物のレモネードの方が高く売れるし、利益も多いかも?」

完璧な見栄えのレモネードスタンドを開くことより、こうした舞台裏のレッスンの方がよほど大切だ。

## 「カネ持ちになること」はキャリアの目標にならない

友達のアンディが小学5年生の息子の授業に参加して、息子が大人になったらなりたいものについての作文を読むことになった。アンディはひやひやしたらしい。「本人としてはすごく真剣に『プロバスケ選手になって、おカネ持ちで有名になりたい』って書いてたんだ」とアンディは教えてくれた。「父親の僕がこの通り背が低くて喘息持ちでジャンプショットなんてできないんだから、息子がプロバスケ選手なんてあり得ないよ」

子供たちに「夢を追いかけて」偉大なことを達成しろと教えるのが親の務めだと言われる。でも、子供があり得ない夢を鵜呑みにしていて、その理由がバスケが好きだからとかバラードを歌いたいからとかではなく、おカネ持ちになりたいからだとしたら、穏やかにたしなめるのが親の務めだろう。もちろん、話す前にはいいタイミングを見計らい、子供の成熟度を見極めた方がいい。でも、ＮＢＡ（プロバスケ選手）よりもＭＢＡ（経営学修士）の方が可能性があると教えてあげるのは、いいことだ。そう教えながら、バスケットを続けるよう励ましてもいい。将来なんて誰にもわからない。身長が2メートルを超えるかもしれないし、ダンクシュートの才能があるかもしれない。

反対に、子供が気が狂ったようにおカネに執着しても、ビビッてはいけない。それは自然だし、大人になって、天才投資家になるかもしれない。

## 中学生

中学生になると、もっと責任のある仕事ができるようになり、おカネも稼げるようになる。だが同時に、おカネにならない責任があることも引き続き言い聞かせてほしい。一番大切なのは学業だ。そのバランスを取るために親が何を言うべきかをここに紹介しよう。

## もっと責任のある家事を任せる

中学生は小さい頃よりもできることが増えるし、高校生より宿題も少なく学業のプレッシャーも少ない。しかも、中学生はまだ、庭掃除や洗濯といったちょっと大人の仕事から、少なくとも最初のうちは満足感を得ることができる年頃だ。子供にやり方を教えたら、仕事を任せよう。子供を家事の達人にするのが目的ではない。自立した子供を育てることが目的だ。子供をなだめすかして台所の床を拭かせたり、風呂を磨かせたりするよりも、親がやった方が早いし、面倒でないことはわかっている。でも、子供はこうした生活スキルを身につけるべきなのだ。

高校の最終学年なのに、大学のことより洗濯で頭がいっぱいの子供もいる。トイレ掃除、フライパン磨き（私も止まらなくなることがある）、床磨きといったスキルは確かに必要だ。タイミングをうまくつかめば、小学6年生にも新しいスキルに興味を持たせることはできる。どのお手伝いが家族の一員として本当に必要なのか、どれがおカネを払ってやってもらうべき余分な仕事なのかを決めるのは、親であるあなただ。

## 仕事を引き受けるときには適正な値段を要求する

友人の姪は、中学1年生で初めてベビーシッターのアルバイトをしたときに私があげたアドバイスをまだ覚えていると言う。赤ちゃんのお母さんがアルバイト代を尋ねたら、「いくらでもかまいません。かわいい赤ちゃんと一緒にいられるだけで嬉しいです」と答えたらいいと、私は勧めた。それが礼儀だと思ったし、そのお母さんがぼったくるなんてことはないからと姪っ子に確約した。大間違いだった。支払いになると、そのお母さんはこう言った。「そう、大丈夫? ありがとう! 助かったわ」そして一銭も払わなかった。苦い教訓だ。物分かりがいいのはいいことだけど、子供だからと言ってきちんとした仕事の対価を値切るのは間違っている。

適正な料金を調べる手伝いをしてあげよう。ベビーシッターであれ、庭掃除であれ、ご近所のお年寄りにソーシャルメディアの使い方を教えてあげることであれ、オンラインで家系図の調査をしてあげることであれ。友達がいくらもらっているかを子供に調べさせよう。そして、料金を聞かれたら、丁寧に、でもはっきりと値段を伝える準備をさせておこう。

それはまた、労働市場の基本的な概念を説明するいい機会にもなる。もし子守をしているほかの友達たちより高い料金を求めたら、たとえばみんなが時給10ドルなのに20ドル欲しいと言ったら、おそらくその仕事は友達にいくだろう。もし料金が低すぎたら（たとえば、時給5ドルなら）、自分を安売りしていることになる。

## 一度決めたら最後までやり通す

子供に義務を果たさせるのは大切なことだ。たとえばそれが、学校のブックフェアでブースに座っているような仕事であれ、ピアノの練習やサッカーチームのようなお稽古事であれ。一度約束したら、その年やシーズンの途中でやりたくないと言っても通らない。その年の終わりまでピアノのレッスンを続けなければならない。シーズンの終わりまでサッカーを続けなければならない。それから子供と一緒に、少し距離を置いて、一時的なスランプなのか（それともロッククライミングやヒップホップダンスに鞍替えした方がいいのか）、いろいろやりすぎていてお稽古事を減らした方がいいのかを考えればいい。

もちろん、大人が判断力を働かせることも必要だ。私も、指導者が厳しすぎたり、ほかの子供たちが意地悪だったりして、途中で縁を切ったことはある。だが普通は、子供が最後まで約束を果たすことをあなたが期待していると、子供にはっきりと意識させた方がいい。チームメイト、キャスト、ボランティアがその子に頼っていることや、仲間を見捨てるのは良くないことを伝えた方がいい。子供自身も、誰かが自分たちを見捨てたら嫌だと思うだろう。あなた自身の経験を子供に話そう。ガールスカウトを辞めようと思った時のこと、陸上を辞めたかった時のこと、でもそれをやり通して達成感が得られ、今は辞めなくてよかったと思っていることを話すといい（もう20年もガールスカウトの表彰バッジを見ていなくても、走っていなくてもかまわない。大切なのは、大昔のその当時に、最後までやって気分が良かったということだ）。

## 最低賃金を理解する

ちょっとしたクイズを出そう。アメリカの最低賃金をご存じだろうか?[編注1] 今この時点では時給7ドル25セントだ（それより高い州もある。たとえばマサチューセッツでは11ドルだ）。なぜ気にするのかって? まず、アメリカでは人々を貧困から救い出すため、1938年に最低賃金の制度を導入した（当時は時給25セントだった!）ことを子供に知ってほしいからだ。それに、今アメリカではおよそ300万人の人が時給7ドル25セント以下で働いていることも、知っておいてほしい。[*9] では計算してみよう。もし最低賃金で週に40時間働いたら、年収はおよそ1万4500ドルだ。それでは、政府の認める、子供のいる親が貧困から抜け出せる金額には届かない。

このことだけでも、子供に現代の課題を教えるいいきっかけになる。最低賃金を上げると何がいいのか？　雇用者がそれに反対するのはなぜか？　どの解決策が正しいのか？　高校の公民の授業のような議論をする必要はないが、この問題に触れる価値はある。なぜなら、子供に直接影響するからだ。最低賃金は、すべての人に当てはまるわけでも、すべての仕事に当てはまるわけでもない。

学生、子供、ウェイターやウェイトレスのようなチップを受け取るような仕事に就く人は、時給7ドル25セントももらえないこともある。実際、ウェイターの最低賃金は2ドル13セントだ（だから、いいサービスに気前よくチップをはずむのは大切なのだ）。そして20歳未満の若者には、雇用者は最初の3か月間は4ドル25セントしか払わなくていい。ただし、そのあとは少なくとも最低賃金を支払うことが義務づけられている。あなたの州の最低賃金についてもっと知りたければ、労働省のウェブサイトに行くといい。

## 親への注意：子供の起業家精神を真剣に受け止める――ある程度まで

中学生くらいの子供はおカネにがめつくなって、怪しげなアイデアを考え出すこともある（「ジョーイと僕で、テイクアウトの食べ物にネズミが入ってたって嘘をついたら、レストランから口止め料もらえるかも！」）。どう考えても馬鹿げたビジネスアイデアを、うまくいくと思い込んでしまうこともある（「僕の顔にあのスケートボードの会社のロゴの入れ墨を入れたら、絶対おカネになる」)。

くだらないと思っても、それを顔に出してはいけない。子供はこうしたアイデアを真剣に考えている。だから、どんなアイデアもバカにしてはいけない。いい点を褒めて、悪い点はそれとなく方向を変えさせ、バーチャルでもリアルでも安全や倫理を損なうことに対しては、断固としてノーと言おう。

## 高校生

子供にとって一番大切な仕事は学業だ。一生懸命勉強すれば、希望の大学に入れる可能性が高まるし、奨学金をもらえる可能性も高くなる。高校生の親の仕事は、子供が優先順位をつける手助けをすることだ。次の点を指摘しよう。

### 学期中ではなく、夏休みに働く

多くの親は、高校生の子供が働いておカネを稼いでくれると、家計の負担がいくらかは減る。子供にとって、仕事は貴重な実社会の体験になる。しかも、子供が自分で稼いだおカネは、お小遣いや誕生日プレゼントとは違う「自分の」おカネだと感じられる。週に数時間の仕事なら、成績が少し上がるという研究もある。[*10]

子供が働くかどうかは結局、家庭の価値観と経済状況によって決まる。私自身を振り返ると、高校時代の仕事は楽しい思い出だ。薬局、食堂、ケータリング（ウィスキーサワーを配っていた）。でも、勉強が大変な上にアルバイトは無理だと思う親がいてもおかしくない。それに、親がアルバイトに慎重になるのは当然かもしれない。労働統計局の調べでは、高校生はアルバイトのある日には宿題の時間が減っている。アルバイトのない日に比べて49分短い。[*11]本に没頭する時間の長い子の方が成績がいいという研究もある。それなら、どうしてわざわざ働かせるのだろう？

私のお勧めはこうだ。もしできるなら、放課後のアルバイトは辞めて、夏休みに集中的におカネを稼ぐ方がいい。もちろん、たまにベビーシッターや家庭教師といったちょっとした仕事をしたければそれでもかまわないが、宿題の時間を食わないことが条件だ。

## 税金を支払う

子供が初めて本物の給与明細をもらうとき、金額はおそらくスズメの涙だろう。特にそれまでずっと雑用で現金をもらったことしかなければ、給与明細の意味はわからないはずだ（最近の国際的な調査では、15歳のアメリカ人の4人に3人は給与明細が読めないという結果が出ている)[*12]。この時は所得税について教えるのにちょうどいい。要するに、従業員は政府に所得税を納め、それが高速道路や学校や空港の管制塔や軍隊や医療などすべての費用に使われる。それが全体像だ。個人レベルで、子供が理解すべきことはいくつかある。ひとつは、総支給額(税金などが引かれる前の金額)と手取り額(実際に受け取る、税引き後の金額)の違いだ。

子供が働き始めると、本人がおそらくW4と呼ばれる源泉徴収計算書に記入し、それが内国歳入庁(日本で言うと国税局)に送られて税額が決まる。年度の終わりに確定申告書に記入しそれを内国歳入庁に送ってきちんと税金を納めていることを確認する。納めすぎていたら還付がある(確定申告の必要があるかどうかは、内国歳入庁のウェブページで「確定申告の必要はありますか?」のクイズに答えるとわかる)。給与からは所得税以外に地方税や社会保障税も差し引かれる。社会保障税は社会保障(主に高齢者)とメディケア(高齢者の医療費)に使われる。

## 個人退職年金口座に給料の一部を入れる——冗談抜きで

アルバイトや夏休みに仕事をする子供のほとんどは、お給料を洋服やガソリンやほかの個人的な出費に充てる。この本の2章を読んでいれば、いくらかは大学の学費のために貯めておくだろう。しかし、もしできるなら、個人退職年金口座に少しでも入れておくといい。いかにも金融ジャーナリストが言いそうなことだと思うかもしれないが、もし子供がそうできるなら、これは絶対に賢いやり方だ。

そもそも、個人退職年金口座という名前がおかしい。むしろ、「超賢くおカネを育てる」口座と呼ぶべきだ(銀行の貯蓄預金口座には毎年税金がかかる)。なぜなら、永遠に金利に税金がかからないからだ。しかも個人退職年金口座なら、いつでも好きなときにおカネを引き出せて、それに税金も罰則もかからない。ただし、この口座に入れることができるのは給与所得だけで、おばあちゃんからもらったお小遣いやベビーシッターのアルバイトで得た未申告の現金は入れることができない。

ここで子供に計算させてみよう。16歳の息子が夏休みのアルバイトで500ドルを個人退職年金口座に入れ、それに年率7パーセントの金利がついたとしよう。そのおカネに手をつけずに高校と大学を卒業し、その後も放っておいたとする。65歳になった時(そう、いつかはあなたの子供もおじいさんになるのだ)、例の500ドルは1万4000ドル近くになっている。もし、毎年500ドルずつその口座に積み増していたら、65歳の時には20万ドルになっているはずだ。もちろん、毎年500ドルを預け入れるのが無理な家庭もある。一度でも無理かもしれない。でも、個人退職年金口座は100ドルから開くことができる（個人退職年金口座の始め方は7章で説明しよう）。

おまけもある。もし大学の連邦奨学金制度に応募する場合、子供（または親）の個人退職年金口座の貯蓄額は問われない。この制度では、学生の貯蓄残高の2割を大学の学費として出すことを求められるが、個人退職年金口座の残高はそこに含まなくていいので、受けられる奨学金の額が減ることもない（学校によっては個人退職年金口座の残高を聞く場合もある。個人退職年金口座と奨学金については9章を見てほしい）。

## 親への注意：お手伝いから少し解放してあげる

中学生に対しては絶対に家事をやらせるべきだと説いてきた私が、どうしていきなりここで変わるのか？　その理由を説明させてほしい。

高校生活は昔よりはるかに大変になっている。それにはさまざまな要因がある。熱心すぎる親。一流大学への入試競争の激化。野心満々の子供たち。理由はともあれ、ものすごいプレッシャーがかかっているのは本当だ。今の高校生はかつてなくストレスに苦しんでいるという研究もある。[*13] 特進クラス、大学入試、スポーツ、音楽のレッスン、そのほかにも、宿題はもちろん、数えきれないほどやることがある。その上に洗濯や掃除をやらせるのは、あんまりに思える。

それでも、家事をすべて免除するのも、決して答えにならない。たとえば食事の片付け（少なくとも自分のお皿は流しに持ってくる）や、ベッドメイク（軍隊のように皺ひとつないベッドでなくてもいい）といった基本的なことだけはかならずやらせよう。すでにいい習慣がついていて、特にうるさく言わなくても簡単なお手伝いができる場合は、それを続けさせよう。でも、これまであまり子供にきちんとお手伝いをさせていなかった場合には、今ここでガミガミ言うのはタイミングが悪い。

## 高校生がアルバイトをするときの4つのルール

もし、高校生の子供がアルバイトをする場合には、絶対に従うべきルールがいくつかある。

### 1 学期中は、週末も含めて週に15時間以上働いてはいけない

それを超えると、成績が落ちる。[*14] 週に15時間以上働いている生徒は、大学に入学して学位を取れる可能性がはるかに低くなる。また高校を退学する可能性も高くなることが、研究で明らかになっている。[*15] もし子供がもっと働きたければ、夏休みに働くべきだ。

## 2 学業を優先させる

当たり前に思えるかもしれないが、たとえば子供のアルバイト先のスーパーの主任が、人手が足りないからといって、期末試験中に学校のことなど考えず、長時間のアルバイトを頼んでくることもある。子供は大人に対して物を言うことに慣れていないので、親が目を光らせて、アルバイトが大切なテストや学校生活の妨げになっていないかを確認した方がいい。

## 3 大学進学のために貯金する

子供がアルバイトで洋服や家電やビデオゲームを買えるほどのおカネを稼いでいるなら、大学の学費のために貯金できるはずだ。そうしなければならない。アルバイトのおカネをすべて自分のために使い切ってしまうと、いわゆる「未熟なカネ持ち」になる、とミシガン大学のジェラルドG・バックマンは言う。[*16] 大人になっても実力以上の贅沢な生活が送れると思い込み、すべてを（余分なものだけでなく）自分で支払うことができると勘違いしてしまうのだ（子供が大学の費用を負担する方法については9章に具体例を書いてある）。

**4 仕事の経験を履歴として使う**

もし子供が職場で特に役立つことをしていたら、上司に大学の推薦状を書いてもらえないか聞いてみるよう子供に勧めよう。実社会の体験を重んじる大学もあるし、具体的な事例があれば役に立つ。たとえば、靴屋の棚卸を完全に自動化したとか、新しい顧客サービスアンケートを行って、売上増に貢献したといった例だ。

## 大学生

学生の間は、勉強と、何らかのおカネを稼げる仕事に集中すべきだ。それと同時に、大学卒業後の仕事に備えた方がいい。その準備をどう始めたらいいかを、ここでアドバイスしよう。

**大学に通いながらパートタイムの仕事に就く**

週に20時間までなら、大学キャンパス内で働いている学生は、まったく働いていない学生よりも成績がいいことが、研究でも示されている。こうした学生はおそらく、キャンパスでの生活により参加していると感じ、学業にも同じ姿勢で臨むようになるからだろう（キャンパスの外で働いている学生については、この傾向は見られない）。[*17]

もうひとつの理由は、カリフォルニア大学マーセド校が行った全国的な研究で指摘されている。必要であってもなくても、大学の学費を一部でも負担した子供は、自分の教育に投資していると感じる。[*18] 実際におカネを投資しているからだ。その上、高校と違って大学の授業は一日の数時間を占めるだけだ。仕事のある方が生活リズムを作りやすい。カフェテリア、学生組合、好きな教授の研究室など、キャンパス内の仕事は、長時間でなければ成績にも収入にもいい影響を与える。

## 無給インターンのメリットとデメリットをよく考える

非営利組織や芸術分野で、無給の仕事を望む学生はいる。ビジネス分野でさえ、きっかけをもらうために無給の仕事に就きたいという学生もいる。[*19]

法律では、教育の要素が大きい仕事なら、雇用主がインターンに給料を払わなくてもいいことになっている。もちろんそれは主観的な条件で、雇用主が無給のインターンに何をやらせていいのかは、このところ注目されるようになってきた。マスコミで大きく取り上げられたのは、2010年に公開された「ブラックスワン」の現場で働いていた大卒インターンたちが、給料をもらっていないと訴えたケースだ。彼らのやっていた雑用、たとえばテイクアウトメニューを片付けたり、監督のためにアレルギーフリーの枕を探すといったことは、「教育」とは言えないと声を上げたのだ（5年間の法廷闘争の末、双方が和解した）。同じような訴訟はほかにも起きていて、この問題はまだどっちつかずのままだ。

法律がどう転ぶにしろ、特定のインターンがキャリアの踏台になるか時間のムダかを子供に見極めさせた方がいい。もしその仕事がただのごみ捨てでも、そのPR会社や病院や非営利組織で何かを観察し、学び、貴重な人脈を作ることができるだろうか？　そうした実務の細かい点を、早いうちに子供と話し合っておいた方がいい。

自宅から遠く離れた場所で夏休みに無給インターンをする場合には、宿泊費は払ってもらえるのか？（子供の友達の中に親が金銭的に支えてくれるから無給のインターンができる人がいたとしても、あなたの家庭にはその余裕はない、またはそうしないと告げるのは、まったく問題ない）。大学の学費を助けるためにどうおカネを稼ぐのか？　週末や夜にウエイターやウェイトレスの仕事をしてもいいし、別のアルバイトをしてもいい。無給のインターンのうち約4割は有給のアルバイトもしている。[*20] 自分のやりたいインターンが大学の単位になるかを調べた方がいい。または、その間の生活費に給付金が下りるかどうかを調べた方がいい。

もちろん、その経験がとんでもない時間のムダだったという場合もあるだろう。それでも、夏の終わりにはインターンも終わり、履歴書に書けることがまたひとつ増える。それに人生の思い出もまたひとつ増える。

## 社会貢献を考えてみる――たとえ多額の貸与型奨学金や学資ローンを抱えていても

貸与型奨学金や学資ローンの借金が重たいからといって、社会のためになる仕事をしてはいけないわけではない。貧困問題に取り組むアメリコー、低所得地域の学校に教師を派遣するティーチ・フォー・アメリカ、平和部隊といった社会貢献活動に参加すると、奨学金の返済が一部免除になることもある。

たとえば、アメリコーにフルタイムで参加すると、一年後には6000ドル近い教育費が与えられ、それを奨学金の返済に充てることができる。ティーチ・フォー・アメリカで2年働けば、1万1000ドル以上を奨学金の返済に充てることができる。それとは別に、大学卒業後に教師やそのほかの公共サービスの仕事に就いて一定期間働くと、連邦奨学金の返済が一部免除になる。

## 賢く就活する方法

子供が大学卒業を控えてまだ仕事が見つかっていないとしても、気にしなくていい。そんな学生は少なくない。ほとんどの大学は手厚い就職サポートを行っているが、学生の大半はそれを十分に活用していない。[*21] ここに書いたことを全部やれば、かならず何らかの仕事は見つかる。私が大学生の頃、母はこう言っていた。「目をしっかり見開いていれば、仕事があなたを見つけてくれるわよ」

### 片っ端から知り合いにあたる

どんな親でも、何らかのクラブや組織に入っていたり、同僚の甥っ子が金融業界にいたり、またいとこがファッション業界にいたりする。親につてがなければ、子供につてがないかを考えさせよう。子供にいろいろなアイデアを出させて、かなり遠いつながりでも追いかけてみよう。もちろん、頼み事が恥ずかしい気持ちはわかるが、プロの多くは、本当にその分野に興味のある若者にはアドバイスを惜しまないことを教えてあげてほしい。最悪でも、ノーと言われるだけだ。

## 卒業生の人脈をうまく活用する

大学時代、私は父と一緒に同窓会誌を何年分も遡って、面白そうな業界で働いている卒業生の名前を探した。私はその人たち一人ひとりに手紙を送り（当時はメールがなかった）、その中の数人に会い、ニューヨークのマネジメントコンサルティング会社で素晴らしい夏季インターンにありつけた。同じ手を使って、大学を出てすぐに大手出版社のサイモン＆シャスターの編集アシスタントになれた（スザンヌ・ローゼンクランツに感謝している）

## 普通じゃないことをやってみる

普通はしないこと、たとえばイエローストーン国立公園の売店で働いてみるとか、非営利の低所得者向け住宅促進事業を手伝ってみるとかいう経験が、未来の仕事の扉を開いてくれたり、多様な経験とちょっと度胸のある学生を求めている大学院へのアピールポイントになることもある。

子供がレストランやスーパーやモールの衣料品店で働くことに、私は大賛成だ。顧客サービスやビジネス全般を学ぶのにこれほどの近道はない。もちろん、人間の本質も、いいところも悪いところもそのままを見ることができる。とうに期限切れの割引券を使いたがる不機嫌な買い物客に怒鳴られて、その後ろでほかの客が一斉にぶつぶつ文句を言い募る状況を一度体験したら、ちょっとやそっとのことでは動じない人間になれる。

## 電話をかける

電話なんて古臭いことはわかっている。でも、タイミングよく電話をかければ、それが面接につながることもあるし、少なくとも名前が相手に伝わって、真剣だと気づいてもらえる（もちろん、求人票に「電話はお控えください」と明記している場合には、電話してはいけない。くれぐれも常識の範囲内でやること）。

## 面接に呼ばれたらかならず行く

もし子供が面接に呼ばれたら、たとえその仕事に興味がなくても、行った方がいい。いい練習になるし、たとえば面接官が履歴書の間違いを見つけたり、タイプミスを指摘したりしてくれたら、それを修正できる。しかも、その業界について質問しておけば、ほかの面接にその知識を利用できるかもしれない。何が起きるかわからない。まったく気にも留めなかった仕事が、思っていたよりも面白いことに気づくかもしれない。

面接では、これまでの雇用主を絶対に悪く言ってはいけない。面接官と知り合いかもしれないし、誰かの悪口はだいたい自分に跳ね返る。

## 社会人

仕事は目的意識と人生の意義を与えてくれるものだ。ただのおカネ儲けの手段ではない。とはいえ、現実を見よう。おカネは大切だ。大学を卒業した子供がおカネを稼ぐために、親は次のような手助けができる。

**とにかく働いてみる。有無を言わずに**

子供は大学を出たらグーグルで働きたかったのに、採用してくれたのはギャップだけだった。そんなとき、親のこんな言葉が、最高の励ましになる。世界一Tシャツを上手にたためるようになりなさい。スターバックスで一番のバリスタになりなさい。誰にも負けない事務員になりなさい。あなたの仕事の出来不出来が、上司にも、仲間にも、お客さんにも影響するし、それはいつかかならず自分に跳ね返ってくる。

友達の甥のジェイは動物学者を目指して、大学院に行くつもりだ。でも学費を貯めるために数年は働かなくてはならない。大学卒業後、ジェイは実家に戻り大手のペットショップチェーンで働き始めた。この仕事なら動物の近くにいられるし、ペットのお世話もできる。ジェイはここで必死に働き、その経験のおかげでサンフランシスコ動物園のインターンに採用された。大切なのは、仕事に就いたからといって、そこに縛られていると思い込まなくていいということだ。世間では、少なくとも2年はひとつのことを続けた方が、腰の定まらない人間と思われずに済むと言われる。だが、最近の大卒者の大半は、ひとつの仕事に一年も留まっていない。すぐに辞めるのは、それほど珍しいことではない。

## おカネにならなければ、次に移る

大学生の間は、興味のある業界を見てみたり、価値ある経験をするのに無給のインターンをしてもいい。だが、いったん大学を卒業したら、無給のインターンは問題だろう。雇用者にとってインターンは都合がいいが、本当の仕事が必要な社会人にとっては行き止まりになりかねない（107ページで触れたように、タダ働きさせられていると雇用主を訴えているインターンも多い[*22]）。

あなたが永遠に子供を養ってあげるつもりなら別だが、そうでなければいつまで養うつもりかをはっきりさせるべきだ。もし養ってあげる余裕があるとしてだが。また、インターンシップが本物の仕事につながらないと感じたり、インターンをやっても履歴書に書けるようなスキルが身につかないと感じたら、親が口を挟んだ方がいい。

私のアドバイス？ 6か月から9か月のインターンを勤めあげたらフルタイムの仕事を要求すべきだろう。そうでなければおカネになるほかの仕事を探すべきだ。無給のインターンを連続でしない方がいい。

## 交渉する――でも賢くやる[*23]

私は初めてフルタイムの仕事を電話で提示された時、言われた通りの給料をその場で快諾した。数分後に、新しい上司になる人がもう一度電話をかけ直して、給料が安くて申し訳ないと言った。私は間抜けにこう答えた。「そんな、ぜんぜん‼ すごく嬉しいです」電話の向こうの上司はもちろん、「あ、そう」と言い、その安い初任給が決まってしまった。悔しい思い出だ。でも、給料の話し合いは誰にとっても居心地が悪く、若い人や女性にとっては特にそうだ。若い人や女性が給料を交渉したがらないことは、研究でも明らかになっている。

適正な初任給を得るのは大切なことだ。仕事を始めてから最初の10年間に、給料は最も伸びることが研究からわかっている。そして昇給の出発点は初任給だ。残念ながら、巷のアドバイスはどれも役に立たない。提示金額がどうであっても交渉するように教えるからだ。それは逆効果にもなりやすい。ここは、本音で闘った方がいい。

最初のミーティングで給料の話が出ることはほとんどない。だから、自分から持ち出さなくていいと子供に教えよう。しかし、子供自身がその業界の基本的な水準を知った上でミーティングに臨んだ方がいい。サラリー・ドットコムやグラスドア・ドットコムといった給与比較サイトをチェックさせよう。その会社に子供の知人がいたら、給与水準をうまく聞き出してもいい。人は意外に収入について気軽に話してくれるものだという研究もある。女性は特に事前に調査しておくべきだ。女性大卒者の給料は、同じ学位や仕事や勤務時間の男性と比べて7パーセント低い。[*24]

自分から数字を出すなと言う、よくあるアドバイスはかならずしも現実的ではない。どれだけ給料がほしいかとあっさり聞かれたら、このくらいという範囲を準備しておくべきだ。正式な提示額が低すぎる場合には、具体的な理由を挙げて、もっと給料を上げてもらうよう、礼儀正しく頼んだ方がいい。業界水準について集めたデータを引き合いに出してもいいし、その分野での経験を伝えてもいい。もし迷ったら、24時間もらってもう一度考えさせてほしいと頼んでいいし、それから急いで調査してもいい。でもそれが気前のいい給料だと確信したら、受けるべきだ。交渉しないと弱腰に見えるからという理由で交渉するのは間違いだ。せっかく魅力的な提示をしてくれたのにそれを押し返せば、新しい上司から色眼鏡で見られてしまうことになりかねない。それに、「感じのいい」人の方が欲しいものが手に入りやすい。

最後に、交渉の時にはかならず、福利厚生についてきちんと聞いておいた方がいい。福利厚生は、平均すると給与のおよそ30パーセント近い価値がある。[*25] あなたの子供にとって、休暇、教育給付金、そのほかの手当が大切なら、望み通りであることを確認するか、少なくとも頼んでみた方がいい。また、会社が負担する確定拠出年金の大切さも、子供に伝えておこう。

テレビ番組の『シャークタンク』（アメリカ版『マネーの虎』）や、ものすごい数の起業塾とインキュベーターの影響で、このところ起業熱が大いに盛り上がっている。コンサルティング会社のデロイトの調べでは、ミレニアル世代のおよそ7割がいつかは独立したいと思っているらしい。[*26] だが起業で成功するのがどれほど難しいことかはあまり語られない。新規ビジネスの3社に1社は2年以内に廃業する。5年以内に半分が消えてなくなる。[*27]

あなたの子供が起業するなら、その難しさを理解して、ライフスタイルではなく仕事として取り組むことが大切だ。なにも、あなたの子供が成功しないと言うわけではなくて、小綺麗なパワーポイントとビジネスプランだけでは成功できないと言いたいのだ。大学を出たばかりの子供ならやる気満々で（家族も住宅ローンの負担もなく）、それほどおカネがなくても長時間働いてアイデアを軌道に乗せることができるかもしれない。とはいえハーバード・ビジネス・レビューの調査によると、ニューヨーク市の平均的なテクノロジー起業家は、一流大学を中退した天才少年ではなく、きちんと学位を取得して業界でしばらく働いてから31歳くらいで起業している人がほとんどだ。[*28]

## 理想の仕事ではなく、今の仕事に打ち込む

あなたの子供はもうすでに、自分のスタートアップを夢見てＵＲＬのアドレスを確保しているかもしれないが、今はまだコピー機をきちんと使えるようになることも大切だ。今の職場でなくてはならない存在になるように、子供を励まそう。ニューヨークの有名大学の学長になったリサは、こう言っている。「最初の職場で、たくさんの男性と一緒の部屋にいたとき、その会議の議事録を取る人が必要になったんです。男性はみんな下っ端の仕事だからと断ったけど、私は自分からやりますと名乗り出ました。上司が私の議事録を見て、すごく良く出来てたから、報告書の著者として名前を出すように言われたんです。私はどんな仕事も見下しませんでした」

ポイントはここだ。もしあなたの子供が、誰も気にかけないような仕事に必死になっていたとしても（その可能性は高い）、本人にはかならず何らかの意味がある。

# 第4章

# 借金を返そう

シエナがなんとか生き延びられたと実感できたのは、大学院を卒業してから数年も経ってからだった。シエナは超名門大学を卒業し、2年ほど小さな新聞社で働いたあと、ライティングのコースで有名な大学院に合格した。まだ大学時代の奨学金の返済は残っていたし、その上にまた大学院の奨学金借り入れが重なることになるけれど、気にしなかった。現金が必要なときは、クレジットカードで調達した。休みの間の旅行も、教科書も、ガソリンも、クレジットカードで賄った。「20代の間はずっと『いつか返せばいいや』って自分に言い聞かせてました」とシエナは言う。

大学院を卒業した時、カードの借金は1万ドルになっていた。その上に、2万5000ドルの奨学金の返済が残っていた。シエナに現実が迫ってきた。毎晩ベッドに横たわっておカネの心配をした。クレジットカードと奨学金の返済の明細が怖くて、いつもストレスを感じていた。幸い、文学関係のウェブサイトの仕事に就けたものの、その安い給料で生活していくには車を売り、ルームメイトと部屋をシェアし、夜と週末にウェイトレスのアルバイトをするしかなかった。それでも、毎月の借金の最低返済額に追いつくのがやっとだった。

「やっと立ち直れたと思ったのは、30歳すぎてからでした」とシエナは言う。「昔にカードで買った靴やジーンズや夕食や映画のチケットのことを、何年も悔やみ続けました。過去のことに手足を縛られてるような気持ちでした」

同じような経験があるという人は、大勢いる。

シエナはあなたかもしれない。あなたの子供かもしれない。子供がそうなる途中かもしれない。シエナと同じ道をたどるかもしれない。

親を対象にして、おカネをめぐる一番の後悔は何かを聞いた調査がある。[*1] その筆頭は、あれほど借金をしなければよかったという答えだった。この調査で何より衝撃だったのは(しかも、正直言って落ち込んだのは)、子供が同じ過ちを起こさないためにどうしたらいいのかを、親のほとんどがわかっていなかったことだ。

借金はさまざまな形で私たちの生活に欠かせないものになっている。子供たちはまだべビーカーに乗っている頃から、親がカードを機械に通して魔法のように欲しいものを手に入れる姿を見ている。中学校でデビットカードを持つ友達を見て、自分もほしいとねだる子供もいる。最近は規制のせいで大学生がクレジットカードを昔よりは手に入れにくくなったが、奨学金や学資ローンの借り入れはこれまでになく増えている。

2007年から2010年にかけての不況には少なくともひとつだけいい点があった。若者の多くが以前よりも借金に臆病になったことだ。とはいえ、借金が理にかなっている場合もあるし、まったくおカネを借りないことにも問題がある。たとえば、国からそれなりの額の学費を借りて大学に行くのはいいことだ。大卒者はそうでない人よりはるかに高い収入が得られる。また、住宅ローンで家を買うのも、賢くやれば長い目で見るとたいていいい投資になる。でも、それ以外のことでは、おカネを借りない方がいい。絶対に。

借金に関して、子供が本当に賢くなるよう助けるには、バカバカしいほど高い金利の怖さやしつこい借金取りの恐ろしさを警告するだけでは足りない。ここでの親としての役目は、それよりも込み入っている。身の丈に合わない生活を送るのはよくないと子供に教えるのが、親の役目だ。たとえ、さまざまな形の借金を利用することが、アメリカ的な生き方だとしても。もちろん、親自身が借金に苦しんでいたら、子供に借金するなと伝えるのは余計に難しい。この章が、子供に健全な借金との向き合い方を教える助けになるだろう。

## 就学前

借金とは何かを教え始めるのは、学校に入る前が一番いい。ものを買うにはおカネを払わなければならないし、クレジットカードはそのひとつの方法だ。でも、いくら欲しくても、欲しいものを全部買うことはできない。なので、子供には次のように言うといい。

**ものを買うにはおカネがかかる。現金であれ、クレジットカードであれ**

子供の目から見ると、ものを手に入れる行為はミステリアスで、同時にバカバカしいほど単純だ。ジェシカは4歳の息子とスーパーに行き、レジで20ドル札を差し出した。その時の息子の言葉に、ジェシカは心底恐ろしくなった。「ママ、払わなくていいんだよ。カードを使えばいいんだから」それまで、自分がどう支払っているかを息子が見ていることにも気づいていなかったし、クレジットカードを使えばおカネを払わなくていいと息子が思っているなどとは露ほども考えなかった。

ぜひ、次のことを試してほしい。今度スーパーに行った時、子供に1ドルのものを選ばせる。そして、25セント玉を4枚と、1ドル札と、クレジットカードを出して、どれを使ってもいいと言う。その中から子供がどれを使うか見てみよう。

## 欲しいものがいつも手に入るわけではない

アマンダの両親は働き者だったが、いつもぎりぎりの生活だった。娘のエラが生まれると、アマンダは愛情を注ぎ、自分が幼い頃に欲しかったのに買えなかったものを何でも娘に買い与えた。バービー人形、バーバリーのワンピース、ドクターマーチンの靴。エラはまだ4歳で、欲しいものを我慢できるようになるのはまだまだ先だとアマンダは思っていた。しかし、幼い娘に限界を教えず、親がクレジットカードの役割を果たしてしまったことで、アマンダは娘に害を与えていた。

デューク大学の心理学者であるテリー・モフィット率いる研究チームは、1000人の子供をゼロ歳から32歳まで追いかけ、幼い時に自制心を身につけられなかった子供は大人になって借金を重ねていることを発見した。[*2] それは当然だろう。

小さな頃から我慢のクセをつけさせるには、お使いや買い出しの時に子供がねだるちょっとしたものを買わない習慣を守ってほしい。そうすれば、店に入ったからと言って、子供のわがままに付き合う必要はないとはっきり伝えられる。ダメという前例を作ることで、子供がしょっちゅうダダをこねることもなくなり、子供自身がいつかクレジットカードを持った時にもそれが役に立つ（37ページのコラムを見てほしい）。

## 小学生

学校に入ると、子供の「欲しい欲しい病」は全開になる。「欲しい」が「ないと困る」になり、さらには「持ってないのは自分だけ」と言い出す。やれあのブランドじゃないとダメとか、ロゴがついてないとイヤとか、かっこいいとか悪いとか言い始めると、親は気が狂いそうになる。そんなときこそ、優しくもきっぱりと子供に限界を教えよう。どれがかっこいいかという話は？　そこまで付き合っていられない。

### クレジットカードを使うと、もっとおカネがかかる

小学2年生にもなると、次の説明をだいたい理解できるようになる。「クレジットカードを使うと、会社からおカネを借りることになる。その会社がお店におカネを払い、私に請求書を送る。その時一度に全部のおカネを返せないと、また余分なおカネを請求される。それが利子というものなの」例を挙げるとわかりやすい。たとえば、クレジットカードで1ドルのチョコバーを買ったとしよう。すぐにそのおカネを返せないと、利子がついて、

そのチョコバーは1ドル25セントにも、それ以上にもなる。

ここがポイントだ。クレジットカードを使うのは、その方が便利なときだけにする。つまり、大量の現金を持ち歩く代わりに、クレジットカードがある。請求書が来てすぐにおカネを全部返せば、利子を払わなくていい。でも、おカネの余裕がないのにクレジットカードで買ってしまうと、無駄遣いになる。

### オンラインで個人情報を渡してはいけない

このことは、小さなころから繰り返し言い続ける必要がある。次の情報は絶対に公開してはいけないと子供に言い聞かせてほしい。自分の名前または親の名前、住所、誕生日、学校名、電話番号、メールアドレス、自分や家族の写真、オンラインパスワード、社会保障番号（日本で言うとマイナンバー）、そしてもちろん、クレジットカードの番号もだ。まず親が了承しない限り、これらの情報をメールで誰かに送ってはいけない。親の財務情報や子供の個人情報を盗もうとしているサイバー犯罪者にとって、こうした情報は宝物になる。

子供が利用するウェブサイトを制限すれば、個人情報を守るためのルールに従いやすくなる。法律も親に味方している。13歳に満たないユーザーを持つウェブサイトは、子供とその個人情報を守るための特別な施策を実行する義務がある。フェイスブックやインスタグラムといった主流のソーシャルメディアが13歳未満の子供を認めていないのは、そのせいだ。もっと詳しく調べたければ、あなたの子供が登録したがっているサイトのプライバシー規約を読んでほしい。多くのサイトがどれほどのデータを収集しているかを知って、ショックを受けるはずだ。

また、こうした規約にははっきりと、13歳未満の子供は登録できないと書いてある。子供には、「サイトの規約をチェックして、そこに書いてあるルールに従うしかない」と言えばいい。

**親への注意：クレジットカードの番号を子供に教えてはいけない。何があっても**

ナタリーの6歳になる息子はコンピュータゲームで遊んでいて、ナタリーはその側で仕事をしていた。「息子が無邪気な質問をし始めたんです。うちの住所はリバーパークロードの220番地か、とか」ナタリーはその時のことを思い出して教えてくれた。

5分も質問が続いて、ナタリーは何も考えずに答えていた。すると息子がクレジットカードの番号を尋ねた。そこでナタリーはハッと我に返った。息子はアクションフィギュアを注文しようとしていたのだ。「その時に初めて、コンピュータでしていいことといけないことを話し合いました」

この年頃の子供はみんなオンラインで買い物したがるし、少なくともいろいろ見たがる。コンピュータゲームにしろ、映画にしろ、アプリにしろ、歌にしろ、何かを買うには親のクレジットカード情報が必要になる。親が自分でクレジットカード情報を入力し、家族が使うサイト上にそれを登録しておけば、毎回入力しなくて済むから便利なことは間違いない。でもそれはやめてほしい。一度限りの購入のためにクレジットカード番号を入力した場合でも、一定の時間内なら再度の承認がなくても同じサイトやアプリで追加購入ができることは、覚えておいた方がいい（この問題については185ページでまた話そう）。

カード情報を子供に渡して入力させることも、禁止してほしい。子供が誘惑に駆られてまた使わないとは限らないからだ（子供を信頼してないからではなく、親のクレジットカードを使えるのは親だけと固く決めているからだと説明してほしい。子供が将来自分でカードを持ったときにもそのアドバイスは役に立つはずだ）。お店で買えないものを親がオンラインで買ってあげるときには、そのおカネを返すように子供に伝えてほしい。変だとかかわいそうだとか思わないでほしい。子供の欲しがるものをお店で買うときも同じだ。おカネを返すことを約束させよう。

## 中学生

中学生になるとクレジットカードそのものに興味を持ち、その仕組みを詳しく理解できるようになる。子供の好奇心を利用し、物欲も利用して、借金にまつわる大切な教訓を伝えよう。

### 現金を使う

リンは、13歳になる子供のマヤから、友達と買い物に行っていいかと聞かれた。マヤによると、何人かの同級生は、現金を持ち歩かなくて済むようにと、親からクレジットカードを預かっていると言う。リンは、その親たちが子供を特に甘やかすタイプでないことを知っていた。実際、どの子もいくらまでなら使っていいかを厳しく言い伝えられていた。それでも、リンはマヤに現金を渡した。「レジに行ったとき、私があげたおカネが一ドルでも足りなかったら、どんなに欲しくても棚に戻さなくちゃならない。でもカードだとそうしなくて済むでしょ」

リンは鋭い。クレジットカードを使うと、同じものに現金の2倍の値段を支払ってしまうという、MITの有名な研究がある。[*3] クレジットカードだけではなく、どんなカードでも、現金より使いすぎてしまう。

デビットカードもプリペイドカードも、子供におカネを使っているという実感を与えない。買い物をするときにカードを使うより現金を手渡す方が「痛み」を感じることが、研究でも明らかになっている。全国的な調査でも、ランチの支払いにデビットカードを使う子供は、現金を使う子供よりも、使う金額が多いことがわかっている[*4]（面白いことに、デビットカードを使う子供は、あまり栄養に気を遣わず、フルーツや野菜よりフレンチフライやチョコレートを多く食べる傾向があった）。

現金の代わりに限られた金額のプリペイドカードを子供に持たせることを勧める人は多いが、私は現金を取り扱う時の痛みを感じさせた方がいいと思う（143ページのコラムを見てほしい）。もちろん、現金を子供に渡して、もし失くしてしまったら戻ってこない。しかし、それもまた学ぶべき教訓なのだ。

## 「純資産」とは何かを理解する

6年生くらいになると、学校で負の数字について学ぶ。このタイミングで、負債、つまり「マイナスのおカネ」について説明するとちょうどいい。こんな例を挙げよう。あなたが誰かに10ドル借りたとする。ポケットに6ドルあったとしても、あなたのおカネはない。おカネを借りた相手にすぐその6ドルを返さなければならないからだ。正確に言えば、あなたの所持金はマイナス4ドルだ。それがあなたの「純資産」になる。純資産とは、あなたが持っているおカネから誰かに借りているおカネを引いた額だ。大人でもこれがわからない人は大勢いる。

## クレジットカードの金利がかさむと、死ぬほど大変なことになりかねない

もちろん「死ぬ」ことはないかもしれないが、大変なことになるというのは本当だ。クレジットカードの金利はカネのムダだと教えるには、今がちょうどいい年頃だ。クレジットカードで借金をしてすぐに返さないと金利がつく。もともと借りたおカネの金額を、元本と言う。翌月に元本をすべて返済しなければ、金利が上乗せされる上に、金利にもまた金利がつく（これが複利の概念だ）。金利に金利がつくと、すぐに借金は膨れ上がる。言い換えると、毎月クレジットカードの借金をすべて返さなければ、高い金利を払わされて、それが積み重なると年に百ドル、何千ドルにもなる。

数字で説明するとわかりやすい。クレジットカード会社が要求する毎月の最低支払金額だけを支払い続けたら、合計でいくら余分に支払うことになるかを子供に教えるといい

（最低支払金額の算出方法は会社によって違うので、クレジットカード会社に聞いてみるといい）。子供がｉＰａｄをねだったら、こう言おう。もし現金で買ったら５００ドル。もしクレジットカードで買って金利が19パーセントだとして毎月最低支払金額だけ払っていたら、４年で払い終わる頃には合計で７１６ドルになる。子供と一緒に１３３ページのコラム内の例も見てほしい。そうすれば、わかるはずだ。

## お店のクレジットカードを勧められたら、きっぱり断る

洋服屋やデパートで買い物をするとかならずレジでストアカードを勧められる。ストアカードに申し込むと、10パーセントから20パーセントの割引が得られる。次に子供と買い物をするときに、ストアカードを勧められたら子供の前でこう聞いてほしい。金利はいくらですか、と。レジ係は知らないことがほとんどだ。いずれにしろ、いりませんと断ろう。

お店から出たところで、子供に理由を説明しよう。ストアカードの金利はたいていバカ高い。20パーセントかそれ以上の場合もある。翌月全額支払わなければ、最初の割引よりはるかに多い金額を支払うことになる。ストアカードの金利は、いつも持ち歩いているクレジットカードの金利よりも高いことを子供に教えよう（もしそうでなければ、新しいクレジットカードを作った方がいい）。ただし、例外がひとつだけある。翌月全額返済し、

その店でしょっちゅう買い物をしていて、割引やクーポンやそのほかの見返りがある場合には、ストアカードが節約になる。

## 最低支払金額の本当の負担

クレジットカードの負債を繰り越すと、信じられないほど高い買い物になる。ここで示す例を、子供と話し合うきっかけにしてほしい。どれも年率19パーセントの金利で計算した。*

| 品物 | もとの値段 | 支払いにかかる月数 | 金利を含めた本当の値段 |
|---|---|---|---|
| 学校に着ていく洋服 | 300ドル | 25か月 | 364ドル |
| ノートPC | 829ドル | 96か月 | 1548ドル |
| グランドキャニオンへの家族旅行 | 2400ドル | 202か月 | 5606ドル |

*毎月の最低支払金額は、クレジットカード・ドットコム上で計算した。最低支払額の下限を15ドルとして、繰り延べ利子に残高の1パーセントを足した。

## 返済が滞るとクレジットカードが使えなくなる。結局ものすごいおカネを支払うことになる

この年頃の子供は自分の評判や、ほかの子供にどう見られるかにものすごくこだわる。大人もまた他人の目を気にすることを子供に教えてあげよう。特におカネの貸し手にどう見られるかは心配した方がいい。期限通りにおカネを返す人たちは、信用が積み上がるし、評判も上がり、ローンの条件も良くなる。しかも、大人は実際に、数字で格付けされる。これが「信用スコア」と言って、その人の支払い能力を表すものだ（子供はあなたの信用スコアを知りたがるだろう。もし勇気があれば、信用スコア照会サイトを子供に見せるといい。あなた自身の信用スコアについては357ページを見てほしい）。次に家族で車や家といった高いものを買うときに、自動車ローンや住宅ローンの金利に信用スコアがどう影響したかを教えてあげると、特に強烈に頭に残るだろう。

## 親への注意：大きな買い物をするとき、子供を連れて行って、支払い方法を説明する

もちろん、負債について子供に教えるのは、何かを買ってはいけないと諭すためだけではない。欲しいものを手に入れるためにどう計画するかを見せるためでもある。またそれによって、目標を達成するために何が必要かを見せることもできる。

この年頃の子供は家や自動車といった大きなもののおカネをどう支払うかに興味を持ち始める。年上の兄弟がいたら、大学のことも少し意識してその費用についても考え始める。もちろん、高価なジーンズやヘッドホンを欲しがり、自分のクレジットカードを持ちたいと考え始める子も多い。自動車を買うときには、子供を連れて行こう。おカネを借りることは真剣な約束だということを説明しよう。そして絶対に必要な時しかおカネを借りてはいけないと伝えよう。

## 親への注意：クレジットカード詐欺の兆候を知る

子供の個人情報の盗難は驚くほど多い。もしあなたの子供に、クレジットカードの勧誘メールがきたり、内国歳入庁から所得税の未払い通知がきたり、取り立て屋から電話がかかってきたりしたら、ただの奇妙な人違いだと無視してはいけない。それは、誰かがあなたの子供の財務情報に侵入している兆しかもしれない。

債権者や雇用主は、社会保障番号の年齢を確認できない。もし窃盗犯が12歳の子供の社会保障番号を使って24歳だと偽ったら（一番よくあるのが、子供の社会保障番号を使って年齢を偽るケースだ）、こちらから申し立てない限りそれが子供の信用履歴に残る。これは覚えておいてほしい。社会保障番号を悪用しているのは、子供の知人である可能性が高い。

子供の個人情報が盗まれたかもしれないと思ったら、子供の信用履歴をチェックしよう。14歳以上なら、アニュアルクレジットレポート・ドットコム（AnnualCreditReport.com）にてタダでチェックできる（タダと偽って実はタダでない同じようなサイトがいくつかあるので、騙されないように）。それより年下なら、信用情報機関に直接問い合わせるしかない。エクスペリアン、トランスユニオン、エクイファックスなどだ。詐欺が疑われる場合には、タダで問い合わせができる。問い合わせの方法と、詐欺を発見した場合にどうすべきかについては、連邦取引委員会のウェブページで子供の個人情報盗難についての手引きを見てほしい。正直に言おう。これはちょっとした悪夢になりかねない。

## 高校生

高校になると、ますます自動車ローンやクレジットカードについて知りたがるようになる。親はその興味に答えてあげながら同時に、奨学金や学資ローンの現実とその将来の意味を話し始めた方がいい。借金について子供が地に足のついた考え方を保つには、次のことを教えてほしい。

## 高校を卒業するまでは現金主義を貫く

　ほとんどの州では、18歳未満の子供はクレジットカードを持つことはできない。その後も21歳まではたくさんの制限がある。とはいえ、親のクレジットカードを使わせてほしい、または、親のカードの利用者として登録してほしいと頼む子供もいる。そこで妥協してはいけない。子供のデビットカードを親の口座から引き落とせるようにしてもいけない。もちろん、ＡＴＭに行って子供のために現金を引き出すのは面倒だ。それに高校の高学年になると友達はみんなデビットカードやクレジットカードを持っていて、自分だけ持ってないのはつらいだろう。だが、できるだけ引き延ばすのが正解だ。

　現金は使えばなくなる。子供は手持ちのカネがないという状況を経験する。カードを使うと、現金の時より同じものに2倍の値段を支払うという研究を思い出してほしい。デビットカードもプリペイドカードも、現金に比べると、自分のカネ遣いを自覚させる役には立たない。子供が自分の支払い口座を持っている場合は、高校の最後の年にその口座から引き落とせるデビットカードを申請してもいい。

　ただし、貯金は別の口座に置いてカードで引き落とせないようにしておくことと、借り越しができないようにしておくことは必須だ。そうすれば、子供はカード利用を断られた時点でそこまでだとわかり、借り越し手数料を取られることはない。

## 今支払えるものだけを買う

子供がもっと小さな時にこのことを教えていれば一番いいが、そうでなくても悔やむ必要はない。遅くなっても教えないよりはいいし、この本を読んでいるということは、今行動を起こしているということだ。子供に次のように説明しよう。何かを買いたいけどおカネがなくて、クレジットカードで買ってしまうと、請求書が来た時に、全額返すことができない。すると高い金利を請求されて、それが数百ドル、数千ドルに膨れ上がることもある。

こんな例を話してもいい。大学時代、友達が毎晩ピザの持ち帰りをクレジットカードにつけていた。ピザは一瞬でなくなってしまったけれど、その友達は毎月の請求を支払いきれなかったので、卒業の日にも借金が残ったままだった。この年頃の子供には、この手の話が効く。というのは、借金で苦しむのは大きな買い物をしたときで、ちょっとしたものの積み重ねだと思っていないからだ。

## 自分の信用スコアを年に一度調べる

連邦取引委員会はすべての家庭に、子供が16歳になったら信用スコアを調べることを勧めている。子供と一緒にアニュアルクレジットレポート・ドットコムのサイトを見れば、

3社の信用調査機関のどこでも無料で子供の信用スコアがチェックできる。もちろん、高校生のほとんどには信用スコアがない。借金もなくクレジットカードも持っていなければ、おそらく何も見つけられない。もし何か見つかったら、詐欺の可能性もあるので、連邦取引委員会のウェブサイトに書いてある手順に従ってほしい。

この機会に、子供に信用履歴について話し、なぜそれに傷をつけてはいけないのかを教えてほしい。そして、年に一度かならず自分の信用スコアをチェックするように伝えよう。調査機関が保存する信用履歴の4分の1に間違いがあることを子供に説明した方がいい。住所の間違いといったささいなミスもある。しかし、全体の5パーセントには重大な間違いがある。信用スコアの低い誰かと取り違えられているといったことだ。そうなると、子供の信用力に深刻な影響が出る。

## 友達とのおカネの貸し借りに注意する

友達のリサの息子、ジェイクは、高い勉強代を払ってこのことを学んだ。ジェイクは仲良しのガスと放課後にウェイトトレーニングのジムに通い始め、それに熱中するようになった。ガスはウェイトベンチが欲しかったもののおカネがなかったので、ジェイクがおカネを出して一緒に使い、あとで返してもらうことにした。学期が終わっても、ガスはおカネを返してくれなかった。ジェイクはガスからベンチを取り上げるのは気がひけたので、結局忘れることにした。友情もそこで終わった。

子供は友達には寛大になるものだが、裏切られたり、失望させられたりすることも多い。こう考えておいた方がいい。親しい人にカネを貸したら戻ってこない。苦労している友達を助けたいなら、おカネをあげたつもりで、返ってこないと思った方がいい（もし返ってきたらラッキーくらいに思った方がいい）。もし戻ってこないと困るおカネなら、貸してはいけない。そして、すぐに返せるおカネでなければ（たとえば24時間以内に）、友達から借りてはいけない。そうしなければ、わだかまりができるし、友達を失くすことになりかねない。

## 社会保障番号は暗記する。銀行口座のパスワードやデビットカードのPIN番号を友達に教えてはいけない

友達の娘のリサはロサンゼルスで身分証と航空券の入った財布を失くしてしまった。手元にあったのは水着と夏服の入ったスーツケースだけ。リサは空港で警備員に盗難にあったと説明した。飛行機に乗るため、たくさんの質問に答えさせられた。社会保障番号も聞かれた。幸い、最近自分の社会保障番号を覚えたばかりだったので、搭乗を許された。そ

こまで大変な状況でなくても、高校生の子供が社会保障番号を聞かれる場面はある。アルバイトの書類や奨学金の申請書といったものだ。そういうときに備えて、番号を暗記しておくといい。

今どき、暗記する必要なんてないと思うかもしれない。スマホを見ればいいだけだ。でも、そうした個人情報が悪い人の手に入らないように注意した方がいい。社会保障番号を使って子供の名前でクレジットカードを申し込む人もいるかもしれないし、銀行のパスワードやPIN番号を使って口座に侵入されるかもしれない。だから子供はそうした情報を暗記しておいた方がいい。

高校生くらいの子供は友達を無条件に信じやすい。だからこそ、こうしたおカネに関わる情報は誰にも教えず、一番親しい友達にも（特に、親しい友達には）教えてはいけないと強く言ってほしい。たとえば、銀行や学校からと名乗る電話で社会保障番号を聞かれても教えてはいけないと言い聞かせよう。その電話を切って、銀行なり学校なりにその情報が本当に必要かを直接問い合わせるよう、子供に教えよう。

**親への注意：子供に車を買ってあげない。自動車ローンの連帯保証人になってあげない**

おカネに余裕があれば子供に安全な車を買ってあげたいという気持ちは、私にもよくわかる。でも、それは経済的にはマズい判断だ。まず、大学の学費という目の前に迫った大きな出費を優先するべきだ。もし本当に子供に車が必要なら、夏のアルバイト代を何年間か貯めて、新車よりずっと安い中古車を買うように勧めてほしい。子供が貯めたおカネと同額までなら親が出してあげると言ってもいい。もし子供が「自動車ローンを組む」と言い出したら、ほぼかならず親が連帯保証人になることを求められる。それはやめた方がいい。もし子供が一度でも支払いに遅れたら、親の信用に影響するからだ。しかも、親の自動車保険に子供を入れると保険料が大幅に上がってしまう。保険料を下げるコツと子供に費用を一部負担させるコツについては224ページをご覧いただきたい。

## 親への注意：奨学金や学資ローンについて話し合う

ほとんどの家庭は大学の学費を借り入れる。高校に入学した時点でこのことを子供に説明し、子供自身が奨学金や学資ローンを借り入れることになると知らせておこう。子供が賢く学費を借りられるように、親が助けることも伝えて安心させよう。大学はおカネを借りなければならない数少ない機会のひとつで、いい投資になることを説明してほしい。奨学金や学資ローンについて知っておくべきことについては、9章をご覧いただきたい。

## 大学生

あなたの子供が大学の学費を借りなければならない可能性は高い。その時点で、子供は本人名義のクレジットカードを欲しがるだろう。子供が独り立ちする際に、次のアドバイスを与えてほしい。

### しつけとカード：子供に一番いいのはどのカード？

カードの問題は、それが人生ゲームのお札のように感じられることだ。だから、子供は目に見える現金を手放すときよりもたくさんおカネを使ってしまう。とはいえ、ここにいくつかの選択肢を挙げた。これらのカードが子供の信用力に与える影響についての詳しい情報は、150ページのコラムをご覧いただきたい。

**プリペイド・デビットカード**

この手のカードは小売店でも、オンラインでも手に入る。お店の商品券と同じようなものだが、こちらはどこでも使える。最初に一定の金額をカードへ入金する。なくなったら補充できる。ただし、月額の「維持」費や、入会手数料や、ATMの取扱手数料など、意外におカネがかかる。

結論：現金の代わりにプリペイドカードを子供に渡す親は増えているが、私は賛成しない。子供には現金を渡して、自分の手の中からおカネを手放すときの痛みを感じさせた方がいい。

## デビットカード

デビットカードは銀行が発行してくれるもので、買い物をしたり、ATMでおカネを引き出したりすると、銀行口座からその分だけ引き落とされる。あなたの子供が未成年の場合、州によって違うが18歳または21歳未満なら、デビットカードは持てないか、親の口座に紐づけしなければ持てないかもしれない。銀行によってルールは違うので、調べてみるといい。

もうひとつ、注意点がある。ほとんどの銀行は、借り越しができるようになっている。つまり、口座残高よりも多く使ってしまった場合におカネを貸してくれるが、それには金利と借り越し手数料（迷惑料）がかかる。それがかなりの金額になることも少なくない。

結論：親の口座に紐づいているデビットカードを子供に与えてはいけない。もしそうすると、親のおカネが使い放題になってしまう。まずは、デビットカードのついた引き落とし口座を子供名義で作らせた方がいい。本人がデビットカードを持てる年齢に達しておらず、特別な理由でおカネが必要なとき（たとえば海外旅行など）には、親名義で別の口座を作って、そこから引き落としのできるデビットカードを持たせてほしい。

## 家族会員用クレジットカード

これは親の持っているクレジットカード口座から別の名義（たとえば子供）で発行されるクレジットカードだ。親がすべての利用金額を支払い、子供は親の限度額まで使える（現時点で、アメリカンエキスプレスだけは家族会員の利用金額を制限できる）。家族会員カードを子供に渡している親は多い。それが子供の信用履歴になると思っているからだが、かならずしもそうとは限らない。貸し手によっては家族会員の履歴を信用機関に報告しない場合もある。また、子供の使った請求額を支払いきれない場合は、親の信用スコアに傷がつく。だから口座の動きを詳細に管理しなければならない。

結論：家族会員カードは子供にとって便利なものだ。大学にいる間の緊急時やほかの特定の支出にも使える。だが、家族カードを与えていいのかをよくよく考えてほしい。そしてカードの利用ルールをはっきりと決め、家族カードは一時的な支払い手段であることをきっちりと知らせておこう。

## 連帯保証人付きクレジットカード

クレジットカードを持てない人のためにあるのが、この手のカードだ。本人の収入が少ない、信用履歴がない、あるいは十分な信用力がないといった理由で、責任ある人（たとえば親）が連帯保証人になることを求められる。この場合は、子供が請求書を受け取り、信用履歴も子供のものとして積み上がる。ただし、親のリスクも大きい。子供に家族会員カードを渡して親が支払うときと違って、この場合は子供が支払いの責任を負う。子供が支払えなくなると、親が払うことになり、子供と親の両方の信用スコアに傷がつく。

結論：やめた方がいい。１００パーセント、絶対にダメ。若すぎるとかおカネにだらしないとかいう理由で子供がクレジットカードを断られても、連帯保証人になってはいけない。

## 担保付きクレジットカード

これは、信用履歴を積み上げたくても、「普通の」クレジットカードを持てない人（たとえば、あなたの子供）向けのカードだ。まだ信用履歴がない人や、過去におカネで失敗している人が対象になる。機能は普通のクレジットカードと変わらないが、ひとつだけ大きな違いがある。それは特定の貯蓄口座に担保として預金を置いておく必要がある点だ。仮に、カードの限度額が300ドルなら、その特別口座に300ドルの残高を置いておかなければならない。カードの名義人はその残高を保ち、ほかの支払いに充ててはいけない。数か月間期日通りにきちんとおカネが返せたら、追加の担保がなくても限度額が上がる場合もある。ほとんどの担保付カードの履歴は大手信用調査機関に報告されるが、全部がそうとは限らないので、もしあなたの子供が信用履歴を積みたいなら、先にそれを調べた方がいい。また担保付きカードは普通のカードより金利が高く、年会費も25ドルから49ドルくらいが一般的だ。

結論：もし成人した子供が「普通の」クレジットカードを持てない場合、これはいい選択肢だ。

## 子供名義の普通のクレジットカード

大学キャンパス内でクレジットカード会社が学生に見境なくカードを勧めていた10年前と違って、今は大学生が自分名義のカードを持つのは難しくなった。連帯保証人がいる場合や、十分な収入がある場合を除けば、21歳未満の学生がクレジットカードを持つことは連邦法で禁止されている。何を「収入」と認めるかはカード会社によって違う。仕事に就いていることが必須の場合もあれば、親の援助や奨学金や学資ローンをクレジットカードの支払いに充当できるならいいという会社もある（でも、よく考えたら恐ろしいことだ）。ルールを迂回して、年上の兄弟や友達に連帯保証人になってもらう学生は多い。それこそ、ぞっとしてしまう。

結論：どこかの時点で子供はクレジットカードを欲しがるだろうが、大学3年か4年になるまで待った方がいい。

## 銀行を賢く使う

おそらく、あなたの子供は自宅近くの銀行に当座預金口座を持っているはずだ。もし地方銀行か全国に支店のある銀行なら、支店がキャンパスの近くにあるかを調べよう。もし近くに支店があれば、大学在学中もその銀行を使い続ければいい。その方が簡単だ。デビットカードで支払い、ATMから現金を引き出す手数料もかからないので、給料はその口座に入れるといい。学校の近くに支店がない場合には、支払い手数料が無料で、モバイルアプリがあり、キャンパスの近くにATMがある（手数料を避けるため）銀行か、信用組合に口座を開いた方がいい。信用組合は月々の最低預金残高の金額が低く、その残高を満たしていれば口座維持費がかからず預金の金利も高い。

銀行に関しては、どんな基本的なことでも、子供がわかっていると思い込まない方がいい。たとえば、友達のエレンは娘のジェードが大学に入る直前に、娘の口座に1000ドル振り込んで、そのおカネを教科書代や学用品や緊急時に使いなさいと伝えた。数か月後、ジェーンがパニック状態で電話をかけてきた。誰かが彼女の口座を乗っ取って、おカネをほとんど引き出したと言うのだ。気がつかないうちに使ってしまったのではないかとジェイドに聞くと、ジェイドはデビットカードをほとんど使っていないと言い張った。そこでふたりは電話越しに明細を見直し始めた。そこで突然、ジェイドは夕食やプレゼントやウーバーの料金を支払っていたことを思い出した。エレンはあきれてこう言っていた。「数学の優等生が、どうして塵も積もれば山となるってことがわからないのかしら？」

## 信用を積み上げる

カードの支払いは、信用履歴に反映される多くの要素のひとつにすぎない。ここで、子供が持つカードの種類と、それが子供と親の信用スコアにどう影響するかを表にした。カードの詳細については155ページのコラムをお読みいただきたい。

| カードの種類 | 子供の信用履歴に役立つ? | 子供の信用スコアを損なう可能性は? | 親の信用スコアを損なう可能性は? |
|---|---|---|---|
| プリペイドカード | いいえ | ない | ない |
| デビットカード | いいえ | ない | ない |
| 家族会員用クレジットカード | 通常は役立つ（すべての履歴が記録されているわけではない。カード会社に要確認） | 時々（よくない履歴がすべて記録されているわけではない） | ある（メインのカード所有者に紐づけされる） |
| 連帯保証人付きクレジットカード | 役立つ | ある | ある |
| 担保付きクレジットカード | 通常は役立つ（カード会社に要確認） | ある（期限内に支払えなければ） | ない |

| | | | |
|---|---|---|---|
| 子供名義の普通のクレジットカード | 役立つ | ある | ない |

## 大学と提携しているデビットカードに気をつける

銀行と提携して大学ロゴのついたデビットカードを出している大学は多い。そうしたカードは学生証代わりになり、食券や寮の部屋の鍵として使われることもある。こうした提携カードの条件は、信用組合や銀行が出すカードより悪い場合がある。そのデビットカードを普段使わなければならない義理はない。新入生のオリエンテーションで勧められるカードよりもいい条件のものを探した方がいい。

ただし、次のことに気をつけてほしい。奨学金を提携カード口座に入れる大学もある。もしそうなら、奨学金は子供の口座に直接送るように要求してほしい。子供が間違って学費を使い込まないように気をつけた方がいい。

## 人生の金銭面は、信用スコアに左右される

大学生にもなれば、信用スコアについてきちんと知っておいた方がいい。子供の人生の金銭面はこのスコアにかかっている。貸し手のほとんどが使っているのがＦＩＣＯスコア

と呼ばれる信用スコアだ。下は３００（全然ダメ）から上は８５０（完璧！）までの幅がある（平均は７００くらい）。ＦＩＣＯスコアの算出に使う要素は次の５つだ。

- 請求書の支払い履歴　35パーセント
- 借り入れ限度額中の、現在の借り入れ額の割合　30パーセント
- クレジット利用年数　15パーセント
- 借り入れの種類（学資ローンからクレジットカードまで）　10パーセント
- 過去12か月の借り入れ申込書の数　10パーセント

一般的に、このスコアが低いほど、支払い利息は高くなる（ただし例外は、貸与型奨学金だ。最初に借り入れをした時点で、一律の利子が適用される）。スコアが低いと、アパートを借りにくくなることもある。アパートの大家さんが、信用履歴と信用スコアを要求することもよくある。

## 期日までに全額を支払う

おそらく、あなたの大学生の子供は忙しい毎日に紛れて「支払いが遅れたら、延滞料金

を払えばいい」くらいにしか思っていない。でもそれは違う。たった一度の延滞が、信用スコアをめちゃめちゃにしてしまうこともある。だから、期日までにきちんと請求額をすべて支払う習慣をつけておくことが、ものすごく大切になる。

さらに、普段は信用履歴に表示されない家賃やスマホ代なども、油断できない。延滞が長引いて回収業者の手に渡ってしまったら、つまり、貸し手が取り立て屋を雇ってあなたの子供を追いかけるようなことになったら、信用スコアは壊滅的な打撃を受ける。だからぜひ伝えてほしい。とにかく絶対に期日までに支払うように教えよう。

数字を見れば、期日を守る大切さがわかるはずだ。FICOスコアが750の、ある若い女性のケースを見てみよう。仮に、彼女がクレジットカードを2枚持っていて、800ドルの学資ローンを抱えているとする。カードの利用歴は2年。もし彼女がクレジットカードの支払いに一度遅れてしまうと、FICOスコアはいきなり100ポイントかそれ以上下がる。利用歴が浅いほど1回の支払いの遅れによるダメージも大きい。この女性の場合も、利用歴が2年と浅いので、信用も低いと見なされる。つまりどんなマイナス要素も、比較的大きなダメージになってしまう。信用スコアが下がると、自動車ローンや新しいクレジットカードの金利も大幅に上がってしまう。

## 大学3年生までは「子供自身の」クレジットカードは禁物

現在の法律では、大学の新入生がクレジットカードを作るのはかなり難しくなったものの、たとえ作れたとしても、3年生までは作らない方がいい。クレジットカード会社がなんと言おうと、キャンパスに足を踏み入れたばかりの子供に、クレジットカードは必要ない。もし子供が学資ローンを抱えている場合、それをきちんと返済していけば、立派な信用履歴を積み上げることができる（ので、履歴のためにクレジットカードを作る必要はない）。新入生は、もしかすると2年生くらいまでは、大学生活に慣れるだけで精一杯だ。クレジットカードで大きな借金を抱えてしまい、返済のことで頭がいっぱいになったら元も子もない。

もうひとつ、大学生にとってクレジットカードが危険な理由がある。それはカードローンの借金が溜まると、つい学資ローンで返済したくなってしまうということだ。これは学資ローンの契約違反にあたる。そうやって一度はなんとかやりくりできても、浪費という問題の根本的な解決にはならない。たいていの場合、子供は学資ローンで古いクレジットカードの借金を返し、新しいカードでまた借金を増やす。そしてどんどん雪だるま式に借金が膨れ上がってしまうのだ。

## クレジットカードに正しく向き合うための7つの原則

クレジットカードを選ぶとき、特典や「リワード」ポイントといったおまけで釣られてはいけない。そんな広告に釣られそうになったら、絶対に次の原則に従ってほしい。本当に大切なことをここに書いておく。

**1 一番条件のいいカードを調べる**

メールやネットで目の前に現れるクレジットカードは、ほぼ確実に、一番いい条件のものではない。比較サイトで、ほかの選択肢を探った方がいい。

**2 実質年利（APR）の最も低いカードを選ぶ**

実質年利（APR）は、一年間に支払う金利と固定手数料（たとえば年会費）の合計だ。毎月すべての請求額を支払おうと固く心に決めていても、もしそうできなくて借り入れ残高が残ってしまった場合に、APRが低ければかなりの節約になる。それから、ある種の「提携」カード（利用額の一部をチャリティや出身大学などの非営利組織への寄付に充てるもの）には警戒してほしい。提携カードはAPRの高いものが多い。

### 3 年会費ありのカードは持たない

ちょっと調べれば、年会費無料のカードがすぐに見つかる。特典がつくカードでも、年会費が高ければ結局損になってしまう。例外はある。もしあなたが毎回絶対支払いに遅れず、かならず特典を使って年会費を上回る価値がもたらされる場合には、考えてもいい。カード特典に関してはナードウォレット・ドットコムに一覧がある。

### 4 カード申請を断られたら、しばらく間を置く

クレジットカード会社からカード発行を断られたら、すぐにほかのカードに申し込んではいけない。申請のたびにそれが信用履歴に記録される。何度も断られると、一時的に信用スコアが下がる。まずクレジットカード会社に電話して、断られた理由を聞いてみよう。それから、もう一度申請するまでに、半年は待った方がいい。それまでの間、たとえば支払い期日を守ったり、借金を返済するといったやり方で、承認の可能性を上げる努力をしよう。

## 5 借りた金は毎月全部返す。それに尽きる

もう一度言おう。借金が残っていれば、それに利息を払わなければならない。すると、その分だけカードでの買い物が割高になる。133ページのコラムを見てほしい。最低支払額だけで済ませると、どれだけ高い買い物になるかがわかるだろう。あなた自身がどれだけ損をしているか知りたければ、クレジットカード・ドットコムに自分のカード負債額を打ち込んでみるといい。

ひとつのやり方は、一回払いにして毎月全額自動引き落としにすることだ。ただし、支払額が銀行口座にあるかをきちんと確かめておかないと、カード会社から手数料を取られたり、銀行から貸し越し手数料を取られることもある。

## 6 絶対に利用限度額いっぱいまで使わない——すぐに返すとしても

限度額いっぱいまで使うと、信用スコアが下がる可能性がある。クレジットカード会社は信用調査機関に毎月の利用残高を報告し、それがあなたの信用スコアを決めるひとつの要素になる。たとえ、数日後にすべて返済したとしても、利用時点の残高がその月のスコアの計算に使われる。

**7 合計利用限度額の2割までに留めておく**

カードを何枚か持っていて、それぞれ限度額まで使っていないとしても、合計残高が利用可能額（すべてのカードの限度額の合計）の2割を超えると、信用スコアが下がる可能性がある。

## 社会人

子供が大学を卒業して社会に出たら、借金についての座学は終わりだ。ここから現実が始まる。学資ローンを返済し、クレジットカードの借金を返すことから、自動車ローンを組むことまで、子供には実践的な指導が必要になる。

### 学資ローンを返済する

こういう話をよく聞く。子供がもうすぐ大学を卒業するか、またはすでに卒業しているのに、何本のローンを抱えているのか子供自身がわかっておらず、月の返済額がいくらになるかも見当がつかず、期日も知らず、誰に返済していいかもわからない。それでは爆弾を抱えているようなものだ。貸与型奨学金のほとんどは、卒業後半年で返済が始まる。普通は自動的に通常の返済プランが適用され、完済まで10年間毎月同額を返済し続ける。しかし、返済の方法と時期を選ぶこともできる。

もし、民間の学資ローンを組んだ場合には、返済に関する詳細を今すぐ貸し手に確かめてほしい（貸し手が誰かを子供が知らない場合や、貸し手が複数いる場合には、自分の信用履歴を見ればわかる。大学の支援課で確認することもできるし、年に一度までならアニュアルクレジットレポート・ドットコムにて無料で見ることもできる）。返済が遅れると子供の信用スコアに傷がつくばかりか、ローンの保証人になっている親にも返済の責任が課され、返済が滞れば親の信用スコアも下がる。残念ながら、貸与型奨学金と違って民間の学資ローンは、返済方法やタイミングをこちらで選べない。

驚くほど多くの大学生が、学資ローンの初回の返済を見過ごしてしまう。おカネがない場合もあれば、ただまったくわかってないだけの場合もある。あなたの子供をその中のひとりにしないでほしい。

## 自動車ローンを組む場合は、賢く借りる

どうしても子供にクルマが必要な場合もあるし、現金で買えないこともある。ここに、自動車ローンを組む際の4つの秘訣を挙げておこう。[編注1] 自動車について高校生向けに言ったことは、ここでも当てはまる。かならず中古にすること！（自動車の購入方法についてのさらに詳しいアドバイスは、197ページをご覧いただきたい）

・借入期間はできる限り短くする

8年から9年の長いローンを組ませて、予算より高額のクルマを買わせようとする貸し手もいる。8年から9年は長すぎる。理想は3年だ。借入期間が長いほど、月々の返済は少なくなるが、利子の総額は増え、下取りや売却の時になっても結局はクルマの値段以上に借金が残っている場合もある。

・販売店に行く前に、下調べをする

最近の自動車ローンの金利の相場や自動車価格について調べておいた方がいい。バンクレート・ドットコム（自動車ローンの金利）、エドモンド・ドットコム（自動車ローンの返済額計算）などのお役立ちサイトもある。

・ディーラーで自動車ローンを組む前に、ほかの貸し手の条件も見てみる

バンクレート・ドットコムに行けば、全国の自動車ローンの平均金利がわかるし、郵便番号で検索すれば、地元の貸し手もわかる。ただし、ここにある情報がすべてではない。だから、地域の銀行や信用組合でもっと低い金利で貸してくれないかをかならず調べた方がいい。もしあなたの信用スコアが特に低い場合、たとえば640を下回るときには、サブプライムローンを勧められるかもしれない。サブプライムローンは絶対に避けてほしい。信用スコアが高い人の三倍もの金利を支払うことになりかねない。自動車の購入を少し先に延ばせるなら、その間に信用スコアを上げて、もっと低い金利で借りた方がいい。もし、どうしても今クルマが必要なら、安い中古車を買って月々の返済額をできるだけ減らしてほしい。

・月にいくらまでなら返済できるかを、ディーラーに教えない

まずディーラーと値段で合意してから、資金計画を話し合おう。そうすれば、ディーラーはあなたの月々の返済額に合わせてクルマの値段を変えられなくなる。

## クレジットカードに頼って生活しない——どんなに収入が少なくても

このことはあなたも子供に言ってきたはずだ（し、そうであってほしい）が、何度も繰り返し言い聞かせた方がいい。毎月全額返せる分だけしか、カードを使ってはいけない。もちろん、大学を出たばかりで収入が少ないと、ガソリンや食べ物といった生活に必要なものをクレジットカードで買ってもいいと思うかもしれない。それが当たり前じゃないだろうか？　でも、間違っている。ここがまさに落とし穴で、だからこそ、子供には自分に厳しくすることと、借金を残さないことを教え込まなければならないのだ。

実際、収入が少なければ少ないほど、クレジットカードで生活費を賄うとさらに危険が高まる。というのは、返済がその分遠い先になるからだ。その落とし穴にはまらないためには、まず最低限の質素な生活を送ることが必要だ。それは、若くて独身でしがらみのない時にしかできない。たとえば、ルームメイトと暮らす、公共交通機関で通勤する、何度か転職をする、といった手段で、とにかく子供に借金のない生活を目標にさせてほしい。

## 借り換えで利子を節約する

もしあなたの子供が高金利のローンを抱えていたら、借り換えた方がいい。つまり、低金利の新しいローンを借りて、今のローンを返済した方がいい。子供の人生のこの時点では、借り換えといってもおそらくクレジットカードのローンしかないだろう。しかしそのうちに、住宅ローンを借りるようになると、借り換えによって大きな費用が節約できる。もちろんこれは信用スコアの高い人にしかできない。そういう意味でも、子供が常日頃、返済期日を守ることが重要になる。

仮に、あなたの子供が大学生の時に作ったクレジットカードの金利が18パーセントで、これまできちんと請求金額を支払ってきた優良顧客だとしよう。月々の返済の残額が残っていないのが理想だが、もし残っていたとしても、クレジットカード会社に電話して、もっと低い金利をあちこちで探していることを伝え、金利を下げてもらえるかを聞いてみよう。この昔ながらの方法は意外に効果があり、特に信用が優良な人には効くことが、調査でも明らかになっている[*5]。

もし今のクレジットカード会社が融通の利かない場合には、金利の低いカードを新しく作るか、乗り換え特典のあるカードに変えて、残高を新しいカードに移すことを考えた方がいいかもしれない。だがその前に、借り換え手数料（通常3パーセントから4パーセント）を確かめ、損をしないように確認しておこう。バンクレート・ドットコム上の借り換え資産表で計算すれば、借り換えた方が得かどうかがわかる（貯金を崩してクレジットカードの借金返済に充てるという手もある。この方法については72ページに書いてある）。

## たとえ払えないとしても、請求書を無視してはいけない

あなたの子供が、失業したり、判断を間違ったりして、請求書を全部支払いきれないことがあるかもしれない。いい人でも借金問題を抱えてしまうことはある。郵便受けを見るたびにドキドキしたり、取り立ての電話に怖気づく人もいる。でも、絶対にしてはいけないのは、問題から目を背けることだ。連邦奨学金なら、返済を遅らせたり減らしたりすることはできる。でもそれは、貸し倒れになっていない場合に限られる。クレジットカード会社と安い金利を交渉したり、返済計画について話し合えるのは、まだ信用状況が良好な間だけだ。

もしあなたの子供が借金にクビまで浸かっている場合は、非営利のカウンセラーに助けを求めた方がいい。金融カウンセリング協会（FCAA.org）や、全国信用カウンセリング基金（NFCC.org）に相談してほしい。いずれにしろ、これだけは心に留めておいた方がいい。請求書から目を背けても、問題はなくならない。

## 住宅ローンの頭金は、できれば2割、少なくとも1割は準備する

今どきの平均的なアメリカ人は、最初の家を買う前に、6年間借家暮らしをする。1970年代のはじめは、それが3年にも満たなかった。今の若者の多くは30代になるまで家

を持たない。それでも、なるべく若いうちに住宅ローンについて考え始めた方がいい（頭金にするための貯金については、74ページをご覧いただきたい）。

いつ家を買うかは、難しい決断だ。月々の家賃と住宅ローンの支払いとを比べるだけで決められるほど単純ではない。たとえば結婚して広い場所が必要になる可能性や、転勤の可能性があって、少なくとも5年は同じ場所にいることができない場合には、家を買わない方がいい。売買に関わる費用が莫大だからだ。

もしすぐに引っ越すようなら、自己持ち分（自宅の価値から借り入れを引いた額）も十分に増えないため、借りた方が得になる。『ニューヨーク・タイムズ』の「アップショット」というブログには、どちらが得かを計算してくれる試算表がある。そして、あなたの子供が家を買うことになった際には、（恥ずかしながら）私の本『Get a Financial Life: Personal Finance In Your Twenties and Thirties（おカネ上手に生きよう——20代と30代のパーソナルファイナンス、未邦訳）』をご覧いただければ、住宅ローンについて詳しく網羅している。

もしあなたが子供に頭金を貸してあげようと考えているなら、考え直した方がいい。ほとんどの金融機関は、あなたが支払うおカネはすべて贈与と認める書類を求めるだろう。つまり、あなたの子供は将来、住宅ローンの返済に加えて、あなたから借りたおカネも返さなければならなくなる。連邦住宅局の住宅ローンなら、初めての住宅購入者に限って頭金は3・5パーセントでいい。あなたの州の住宅金融局にも問い合わせてみるといい。

とはいえ、頭金が少ないと、月々の返済は多くなる。最初に必要なおカネは少なくても、その分借り入れが増える。ということは利子も増える。もうひとつの問題は、もし家の価格が下がったら、自宅の資産価値よりも借り入れの方が多くなってしまうことだ。これがいわゆる「アンダーウォーター（水面下）」または、「アップサイドダウン（担保割れ）」だ。もし何らかの理由で家を売ることになったら、不足分を銀行に支払わなければならない。10年前の住宅ローン危機の引き金になった要因のひとつがこれだった。

## 親への注意：子供を助けないでほしい

厳しすぎるだろうか？　おそらく。もちろん、誰にとってもこれが絶対というわけではない。結局あなたがどうするかは、あなたの借金への姿勢、子供との関係、そしてあなた自身の経済状況次第だ。ただし、自宅にしばらく子供を住まわせるくらいならともかく、悪いおカネの習慣を子供につけてしまう場合は話が違う。何があっても子供におカネを与えるなと言うのではない。しかし、子供が払えないときに支払いを肩代わりしてあげると、それが習慣になって借金が止まらなくなる。

もし子供を借金から救い出したいのなら、子供をダメにするのではなく、子供のためになる形で救った方がいい。たとえば、クレジットカードの借金を返済してあげる場合には、またすぐに借金生活に戻らないためにどうするかを子供に聞いて、その計画が現実的であることを確かめてほしい。現実的な計画もないのにただ現金を手渡しても、問題は悪化するだけだ。それよりも、子供が支払えない請求書を送ってもらい、あなたが直接支払う方がまだいい。または、食べ物を助けたいなら、スーパーのギフト券をあげてもいい。

子供を助けるために、退職資金を取り崩すことだけはやめてほしい。かなりの罰則と税を課される上に、あなた自身の老後が危うくなる。子供よりもあなたの引退の方が早くやってくることを忘れてはいけない。子供におカネをあげるのではなく貸し出す場合には、168ページのコラム内のアドバイスを参考にしてほしい。そして、親しい誰かにおカネを貸すことについて先ほど私が言ったことを思い出してほしい。貸したおカネは返ってこないと思った方がいい。何があっても子供の借金の保証人になってはいけないし、子供の借金を肩代わりしてはいけない。あなた自身の信用スコアが大きく下がってしまう。

## 子供におカネを貸すときの注意点

成人した子供でも、苦しんでいるのを見れば、親はおカネを貸してあげたくなる。子供とはいえ社会人ともなれば、親が助ける義務はない。でも、もしあなたに助ける力と意志があるなら、正しく助けてほしい。

### お互いにとっていい取引になるようにする

子供から利子をもらってもかまわない。高金利のローンを返済してあげる場合は特にそうだ（カードローンの金利が21パーセントなら、子供から5パーセントの金利を取ってもいい）。子供にそれがどのくらいの節約になるかを示して見せよう。もし子供がクレジットカードから21パーセントの金利で1万ドルを借りていて、毎月最低支払額しか払っていない場合、利子だけで1万7000ドル近く支払うことになる。親から5パーセントの金利で借りれば、金利の支払いは4000ドルを少し下回るくらいで済む。

**書面にする**

堅苦しいし、ちょっと違和感がある人もいるかもしれないが、書面にしておけばどんな取り決めをしたかをどちらも思い出しやすい。金利や返済日など、合意したことを書き留めておこう。そうすれば、勘違いも避けられるし、あとで言った言わないの議論にならずに済む。書式や契約書のテンプレートはNolo.comにある。

**税務面の影響に気をつける**

内国歳入庁は、家族や友達への特定種類の貸し出しに課す最低金利を義務づけている。その金利がAFRだ。金利をつけずに子供におカネを貸すと、想定される最低金利分に税金がかかる。子供への貸し出しが1万ドル未満なら、このルールは適用されない。だが、1万ドルを超えると、金利を課すことが前提になる。現行の最低金利に関しては、内国歳入庁のウェブページで、「AFR指標」を見てほしい。

# 第5章

# 賢くおカネを使おう

小学一年生のとき、同じクラスの女の子が着ていたラコステのポロシャツが欲しくて欲しくてたまらなかった。親がブランド嫌いなのはわかっていたけれど、私はあのワニのロゴに死ぬほど憧れた。そんなある日、奇跡が起きた。母の親戚でお金持ちのミルドレッドおばさんが、娘のお古を袋に入れて送ってくれたのだ。その中に、ラコステのワンピースがあった。私には大きすぎてぶかぶかだったけれど、あのワニのマークがついていた。私はおそるおそるロゴだけを切り取って、自分のお気に入りの緑のセーターに縫いつけた。翌日、鼻高々とそのセーターを着て、学校に行った。

同じクラスの例のラコステ少女は、すぐに私のセーターに気づいた。「これ、にせものよ」全員の前でそう言い放った。「自分で縫いつけたんでしょ！」下手くそな針仕事はたちまちバレてしまった。傷ついた私はそのセーターをロッカーの下の方に押し込んで、二度と着なかった（この間、そのラコステ女からフェイスブックで友達申請が来た。一応承認はしたけれど、あの時の辱めを忘れたわけではない）。

今思い返して驚くのは、あの時の私はまだ6歳だったということだ。１９７０年代当時は平和で、私はかなりオタクでださい子供だった。プラダなんて聞いたこともなかった。私にとってはあのワニのマークがすべてだった。

今となっては、あの強烈な感情が他人事のように思える。ブランドもののスニーカーにしろ、最新のハイテクおもちゃにしろ、「あれがないと幸せになれない」と子供たちが言い募ると、うんざりしてしまう。「普通のブーツ」じゃなくてＵＧＧじゃないと嫌だとか、アンダーアーマーのＴシャツじゃないとダメとか、Ｂｅａｔｓじゃければヘッドフォンじゃないとかねだられると、親はドン引きしてしまう。子育てに失敗したんじゃないかと悩み始める親もいる。

でもそれがすべて、親のせいではないはずだ。

もちろん、子供は親を真似る。だが、親の言い分より巨大産業の広告の方がよほど強い影響がある。子供たちが話したり歩いたりする前から、毎年莫大なおカネを使って、商品を宣伝しているのだから[*1]。たとえば、朝食を例にとってみよう。子供向けのコーンフレークは、スーパーで大人向けの棚のちょうど半分の高さのところに置かれている。ここからが気持ちの悪いところだが、コーンフレークの箱に描かれた小人や海賊やウサギの目線は小さな子供の目線に合うように、わざと10度ほど下に傾いている。大人向けの箱に描かれたキャラクターは、まっすぐ前を向いている[*2]（子供の頃、キャプテンクランチの箱を見て、なんだか怪しげだといつも思っていた）。

子供が広告宣伝に影響されやすいことは、昔からよく知られている。小さな子供には、広告とテレビ番組の見分けがつかないことも、専門家は以前から指摘していた[*3]。しかし、企業のマーケターが子供たちに呼びかけるチャネルがこれほど増えたのは、最近の現象だ。ソーシャルメディア、ウェブサイト、ｉＰｈｏｎｅ、そして教室の中にまで、マーケティングが入り込んでいる。そして、買い物への衝動がどれほど大きいかは、大人の脳の研究からも明らかだ。爆買いの様子を想像するだけで、脳のある分野が「活性化」することが、ＭＲＩのスキャンでもわかっている[*4]。

とはいえ、そんな攻撃にもめげず、親の助けによって、子供たちはより良くより賢い選択を学ぶことができる。

まずは、賢い消費者についての、親自身の思い込みを見直してみることが、その第一歩だ。たとえば、私たちのほとんどは、選択肢は多い方がいいと思い込んでいるが、実際には、選択肢が多いとなかなか決断できず、その決断に満足しにくいことがわかっている[*5]（サラダバーで途方に暮れてしまうことを思い出してほしい）。とはいえ、選択肢の数がほどほどでもうまくいくとは限らない。[*6]雰囲気、記憶、友人、[*7]天気[*8]といったすべてが、おカネの使い方に影響するからだ。

親である私たちは、子供に賢くおカネを使うことを教える義務がある。子供たちの買い物の判断が毎回完璧でなくても仕方ないけれど、ほとんどの場合は子供に正しい判断をしてもらいたい。しかも、子供を助ければ、自分たちも助かる。子供の買い物が自分たちの買い物に影響するからだ。10代の子供は年間1500億ドルもの親のカネを買い物に使っていると言われる。[*9]その購買力は底知れない。そのおカネで、マクドナルドでハンバーガーを食べ、デルのノートPCではなくマックブックを買っているわけだ。

とはいえ、望みはある。子供たちは少し大きくなるとすぐに、大人を疑い勘繰るようになる。少なくとも、騙されたくないと思うようになる。操られたくないという子供の気持ちを利用すれば、自分の頭でおカネのことを考え、おカネを使えるように導ける。

## 就学前

小学校に入る前の子供たちは小さくてかわいらしいが、消費者としてはすでに頑固で激しい欲望に突き動かされている。あなたの子供が物質主義の地雷をうまくくぐり抜けられるよう、次のことを教えてほしい。

### 「欲しい」と「必要」は違う

「必要なもの」と「あったらいいもの」の違いははっきりしているように見えて実は、小さな子供たちはよくわかっていない。今通ったパン売り場にあるカップケーキが、子供には「必要なもの」に思えてしまう（私も時々そう思ってしまう）。その違いを理解することが、賢くおカネを使う土台になる。スーパーで子供が「欲しい欲しい病」にかかってしまったら、その時を利用して、「すごく欲しいもの」と「実際に必要なもの」の違いを教えよう。必要なのは、牛乳とリンゴ。欲しいのはチョコレートミルクとオレオクッキー。スーパーの中を歩きながら、子供と一緒に「これは欲しいもの？ あれは必要なもの？」と尋ね合ってみるといい。必要なものは買い物かごに入れる。欲しいものは棚に置いておく。欲しいものも、ひとつかふたつなら買っていい。子供がコツをつかんだら、少し複雑なものを考えてみよう。着る物は確かに必要だが、スパイダーマンのレインコートは欲しいものに入る。

あるママは、5歳の娘の買い物熱を「欲しいもの攻撃」と呼ぶことにした。しかしある時、その娘から自宅の新しい大画面テレビは必要なものなの、欲しいものなのと聞かれて、そのママは戸惑った。彼女は娘に、大人にも「欲しいもの攻撃」があることを認めた。たまに金のフープイヤリングやケイト・スペードのお財布が欲しくなるのだ、と。それが転換点になった。ママも娘も、欲しいもの攻撃に襲われたとき、一歩下がって頭を冷やすようになり、たまにそのことで笑い合えるようにもなった。

## 広告を信用しない

広告が、子供にとってどれほど狡猾か、どれほど効果的かを表す例がある。スタンフォード大学の実験で、3歳から5歳の63人の子供にそれぞれ、5種類の食べ物をまったく同じ量だけ、別々に分けて与えた。片方はマクドナルドの包みにくるみ、もう片方は包まずに与えた。子供たちにどちらが好きかを聞くと、中身がニンジンであれチキンナゲットであれ、マクドナルドの包みに入った方を選ぶ子供が圧倒的に多かった。[*10]

マクドナルド的な広告の影響に対抗するひとつの手は、子供に次のように伝えることだ。「テレビやネットで見たことをみんな鵜呑みにしちゃだめよ。特に広告は信じちゃダメ」子供とテレビを見ているときに炭酸飲料の広告が流れたら、こう言ってもいい。「あの会社は子供に炭酸を売りつけておカネを儲けているの。炭酸が人を幸せにするってふりをしているだけ。広告がどんなふうに人を騙すかを見つけるのって、面白くて楽しいね」広告に出ている人は俳優で、本社の人が認めたセリフを口にしているだけだと説明するといい。明るい色や音楽は楽しい感じを連想させるためだと教えよう。もっと上級者向けには、マクドナルドの包みでテストをして見せてもいいし、そのほかのブランドでテストをしてもいい。

## 親への注意：親にとって気まずい状況を避けてはいけない

子供が何かを欲しがって泣いたりわめいたりするのが嫌で、子供を店に連れて行かない親もいる。その気持ちはわからなくもない。しかし、親が腹を据えて、子供を泣きわめかせる方がいいと私は思う。実を言えば、そんなときに他人に見つめられてオロオロするのは子供ではなく親の方だ。もっと悪いのは、ノーと言ったあとに親が申し訳なく思ったり後悔したりしてしまうことだ。

ポーラの例を挙げよう。娘のサリーが3歳の時、ポーラはいとこの結婚式に着るドレスを買いに、娘と出かけた。「店に入ると、娘がお姫様っぽいピンクのドレスを見つけたの。上等の生地でペチコートがついていて裾のふわっと広がった、いかにも娘が好きそうなドレスだった」とポーラは言う。「パールのブローチまでついていて、娘はずっとそれを指で触ってたわ。でも120ドルもしたの。私がダメって言うと、娘が癇癪を起こして、私が店の外まで娘を担いで出るはめになったのよ。本当に恥ずかしかった」

ポーラはその時の娘の涙を気に病んで、数週間後のサリーの誕生日に結局そのドレスを買ってあげた。「サリーったら、まるで私がおかしいんじゃないかって顔でぽかんと見てた。そのドレスのことなんて、まったく覚えてなかったし、もうどうでもよくなっていたの。誕生日に欲しかったのは15ドルくらいの小さなプラスチックの馬だったのよ。そのことで身に染みたわ。毅然としてた方がいいって。その時だけのことだから」

もしあなたの子供がスーパーで小さなアクセサリーを欲しがって泣き叫ぶようなら、スーパーに入る前にきっちりと作戦を立てておいた方がいい（誘惑に抗うように子供を導く作戦については、198ページのコラムをご覧いただきたい）。

## 親への注意：子供にしつこくせがまれたくなかったら、スクリーンの前にいる時間を減らした方がいい

これまで広告主は、主にテレビを通して子供に売り込んでいた。[*11] 今もテレビの影響は大きい。しかし、このところは、テレビ番組にしろ、オンラインのゲームにしろ、タブレットやスマートフォンを通して子供たちの目の前に広告が押し出されるようになってきた。[*13] こうした広告には特に引き込まれやすい。[*12] ゲームの一部のように見えたり、双方向の楽しい機能があったりするからだ。[*14]

商品を売るには子供から親にせがませるのが一番だとマーケターは知っている。「せがみ要因」という言葉さえある。[*15] スーパーで商品パッケージについたテレビのキャラクターを目ざとく見つけられる子供は、母親にしつこくせがんでその商品を買わせる可能性が高いことは、研究でも証明されている。[*16]

米国小児科学会が、子供が2歳になるまではどんなスクリーンも見せない方がいいと勧めているのも当然だ[*17]（泣く子供をあやすためにスマートフォンを与えるのもいけないとされている）。もちろん、子供の寝室にテレビを置いてはいけない。親のあなたが一日中テレビの前に座って『フレンズ』の再放送を見るのも厳禁だ。親がテレビをどのくらい見ているかが、子供がどのくらいテレビを見るかに大きく関係することは、最近の調査でわか

っている。家族でテレビを見る時間を決めているかどうかや、子供の寝室にテレビがあるかどうかより、親のテレビの視聴時間が子供のテレビ習慣に一番大きく影響するのだ。[*18]

## 小学生

小学校に入ると、広告に加えて、友達の同調圧力が加わる。親の仕事は、子供が周囲を気にしないように助けることだ。ここに大切なアドバイスを書いておく。

### ダメと言ったら絶対にダメ

もしあなたが子供のしつこいせがみに負けて、以前にダメといっていたおもちゃやお菓子やゲーム機を買ってあげたとしたら、いわゆる「間欠強化」によって子供の行動を助長していることになる。つまり、あなたは子供のスロットマシンになってしまっているのだ。あなたの子供は、プレーし続けていれば（つまり、しつこくせがんでいれば）、いつかは当たるし、少なくとも数回は当たりが出ると思い、欲しいものを手に入れるまでせがみ続ける。だから、本当にダメなときにしか、ダメと言ってはいけないし、親が気持ちを変えてはいけない。

最初は大泣きするかもしれないが、長い目でみれば、子供が欲しいものを手に入れるまで癇癪を起こし続けることはなくなる。ダダをこねてもムダだとわかれば、欲しいものを見てもそれほど騒ぎ立てなくなるだろう。またそうすることで、おカネとは気まぐれや欲望のままに使うものではなく、計画的に使うものだということを学ぶはずだ。

## どんなにささいなものでも、値段を確かめる

サムは11歳の息子のジェイソンに、角を曲がったところにあるスーパーにいくつかの日用品を買ってきてほしいとお使いを頼んだ。そして、ちょうど足りるくらいの現金を持たせた。すると、スーパーのレジのところから、息子がパニック状態で電話をかけてきた。「おカネが足りない。どうしよう?」ジェイソンは買い物かごに入れたものの値段を読み上げた。おカネが足りなくなった原因は、10ドルもするヨーロッパ製の高級チーズだった。ノーブランドのチーズを頼んだのに、高いものをカゴに入れてしまったのだ。ジェイソンは痛い目にあって大切なことを学んだ。買う前に値段を見ること。大人ならみんな買い物かごに入れる前にきちんと値段を確かめるが、子供にはそんな習慣はない。私の父はレジでの支払いを「リアリティ・チェック」と呼んでいたが、こんなときは子供に現実を教えるいいチャンスだ。頭で軽く計算してだいたい20ドルくらいと思っていたものが、合計で

29ドルだったら、店を出る前にレシートを見直した方がいい。

## レシートを保存して、返品の条件を聞く

大人にとってはこれが当たり前かもしれないが、子供にとっては目新しいことだ。子供はよく物を壊すし、たいていは取返しがつかない。早いうちからこの習慣を身につけておけば役に立つ。高価な物を買ったときはかならず一定期間レシートを保存し（少なくとも保証期間の間は）、店の販売員に返品の条件を確かめておこう（ネットで買った場合は、返品の送料や在庫補充手数料をあなたが負担することになっているかどうかも調べた方がいい）。

返品すると現金が戻るのか、店で使えるポイントがもらえるのか、ほかの商品と交換してもらえるだけなのかを聞いておこう。その際にレシートが必要か、いつまでに返品しなければならないのかも確認しておくといい。大手の百貨店なら大っぴらには宣伝していないがやってくれることもある。もしレシートがなくても、または値札を取ったあとでも、顧客サービスデスクの人は返品を受けてくれる。いずれにしろ、聞いてみる価値はある。

## 親への注意：なるべく子供につらい選択をさせた方がいい

小学校に入ると、同級生が何を考えているか、何を着ているか、何を買うかを意識し、

それをすごく気にするようになる。ハンクというパパは、子供の頃ディスカウント店で買った安物のスニーカーを履いていて、それがすごく恥ずかしかったと話していた。息子が11歳になって、高級なスニーカーを欲しがり始めたとき、仲間に入れない痛みを自分が知っていたので、気持ちがよくわかった。だが同時に息子には、仲間に入るために高い物が必要だと思ってほしくなかった。

ハンクは息子にスポーツ用品店で使える商品券を与え、全額を使って高級スニーカーを買うか、それほど高くないスニーカーとバスケットボールを買うかを選ばせた。結局息子は、安い方のスニーカーを選んだ。ハンクは語る。「息子は友達と同じ派手なスニーカーを履きたいという誘惑に勝てた。ほかのものにもおカネを使えると気づいたんだ」

## 親への注意：ものを買う理由を説明する

子供におカネがたっぷりあると思われたくないからといって、テレビや自動車といった高額なものの値段を隠すよりも、子供たちを購入のプロセスに引き入れる方がいい。子供に購入の判断を見させ、意見を言わせてもいい。「ミニバンの方がSUVより乗れる人の数が多いし、燃費もいいし、その方が地球に優しいからそうしようね」と説明すれば、強いメッセージになる。こうした機会を利用して、家族の優先順位や価値観を買い物に反映させていることを教えるといい。

次に子供と一緒に買い物するときは、同じような品物をいくつか見せて、値段の違いを指摘しよう。そしてなぜあなたがそれを選んだのかを説明してほしい。たとえば、ヨーグルトはノーブランドでも、家族のお気に入りの石鹸はケチらないのはなぜかを教えてあげるといい。

### 親への注意：家族の予算作りに子供を参加させる

知人のジョイスは、まだ少女だった頃に優先順位のつけ方を学んだと言う。10歳の時、彼女は自転車を欲しがった。父親は円グラフを書いて、生活必需品（食品、家賃、着る物）にどれだけのおカネが必要かを見せ、保険、ガソリンなどにいくらおカネがかかるかを示した。それを見ると家族旅行と自転車購入の両方を叶えるほどのおカネが残っていないのは明らかだった。

父親はジョイスに、家族でキャンプ旅行に行くか、そのおカネで自転車を買うか、どちらにするかを決めるのを助けてほしいと頼んだ。家族の支出を決めるときのトレードオフについては、できる限り子供に教えた方がいい。そして、子供に意見を聞こう。

## 親への注意：子供に消費者としての不満を経験させる

ダフネは広告で見た化粧品セットをスーパーのおもちゃコーナーで見つけ、ワクワクしながらそれを妹に買ってあげた。自分のおカネを使って誰かへの贈り物を買ったのは初めてだった。でも、誕生日パーティの日に妹がプレゼントの包みを開けたとき、ダフネはショックに打ちのめされた。ファンデーションも、アイシャドウも、ブラシもみんなプラスチックのおもちゃだったのだ。

両親はダフネを慰めるために、何か別のプレゼントを買うおカネを渡そうかと迷った。しかし、思慮深い彼らはレシートを持たせてダフネを店に戻した。ダフネが店長に、広告の写真が本物のように見えたと説明すると、店長はおカネを返してくれた。両親はまたダフネに、メーカーに商品ラベルについてクレームの手紙を書くように勧め、ダフネが手紙を送るとその会社のおもちゃと割引券が送られてきた（それはおもちゃ会社の巧妙な作戦かもしれなかったが、ダフネは喜んでいた）。何よりも、ショックな出来事が家族の武勇伝に変わった。

結論を言おう。親は子供をがっかりさせないように気を配り、子供が傷つかないように、子供が粗悪品を掴まされたりしないように、守ろうとする。しかしそれでは、子供は賢い消費者になれないのだ。

## 親への注意：子供がオンラインで何を買っているのかを知る。そしてどこから買っているかも知る

子供の個人情報を守ることはもちろんだが、思いがけず親に害が及ばないように気をつけなければならない。アップルやグーグルのアプリ配信ストアでは、無料のアプリが配布されている。そのアプリの中で使うコインやトリートといった仮想通貨を子供が買ってしまい、あとで大変なことになった例もある。こうしたアプリでは、一度親がクレジットカードで買い物を承認すると、その後一定期間は承認なしで子供が別の買い物をできてしまう場合もある。その結果、子供がアプリ内で何百ドル、または何千ドルと使ってしまうことがある。最近のケースでは、モバイルゲームの『ジュラシック・ワールド』で子供が父親のパスワードを使ってディノバックス（ゲーム内通貨）を買い込み、あとで5900ドルもの請求がきたことがあった。

スマートフォンやタブレットには、親が子供のアプリの買い物を承認したり、制限したりする機能がある。親は自分の口座情報やクレジットカード情報を削除して（登録させず）、買い物ごとに、いちいち打ち込むようにしておくこともできる。それでも子供が仮想ペットに大金をつぎ込んでしまったら、返金を要求した方がいい。一番大切なのは、あなたの子供がオンラインで何を検索しているかを知ることだ。

私の友達は娘に、地元のディック・スポーツ店でセールが始まったらナイキのタンクトップを買ってあげると約束した。娘はそのナイキのタンクトップをオンラインで探そうとして、ディックという言葉を検索してしまった。すると、どうなったかはもうおわかりだろう[編注1]。

## 中学生

10代の子供たちが自分のために使う金額は、毎年430億ドルを超える[*19]。その力を上手に使うには、次のことを教えてあげるといい。

### 衝動買いは自分で払う

こうすれば、子供が実際にどのくらい本気で何を欲しいのかを自覚する助けになる。店の中で子供が衝動的にガムを欲しがったりTシャツを欲しがったりしたら、すぐにダメと言わない方がいい。子供におカネを渡してもいいが、「おうちに帰ったらすぐにあなたのお小遣いから返してね」と言ってみよう。先ほどまで死ぬほど欲しかったお菓子や洋服も、自分で払えと言われると、いらないとわかる。

もちろんこの手は、子供がいくらかでもおカネを貯めているときにしか使えない。でも、もし貯めている場合には、かならず子供に払わせよう（もし子供が貯金していない場合には、2章を読んで貯金を助けよう）。そして、これだけは絶対に守ってほしい。もし親が払ってあげた場合には、家に帰ったらすぐにそのおカネを返してもらうことだ。

**オンラインであれ、オフラインであれ、大きな買い物をする前に調査する**

10ドルの充電器を買うのに、何時間もかけて長所と短所を調べる必要はない。あなたのスマホに合っていればそれでいい。しかし、もっと大きな買い物をする場合には、たとえばブルートゥースのスピーカーや望遠鏡を買う場合には、きちんと調べた方がいい。広告宣伝（テレビ番組や映画、記事の中でのプロダクトプレイスメント、テレビコマーシャル、雑誌や新聞広告）と、第三者評価（商品やサービスに対する客観的な意見）との違いを子供に教えよう。『コンシューマー・レポート』のような、よく知られた偏りのない情報源をあたったり、スポンサーの紐つきでないジャーナリストや専門家による評価を調べるよう、子供に伝えた方がいい。そのブランドのウェブサイトは情報源にならない。

また、オンラインにもたくさんの利用者がレビューを残していることも教えた方がいい。たとえば、アマゾンに行って、自分が持っているおもちゃのレビューを子供と一緒に読んでもいい。評価者のコメントには意味があるだろうか？　そのおもちゃのレーティングやコメントは、あなたの子供の意見に近いだろうか？　すべてのレビューが信頼できるわけでないことは、子供にもすぐにわかる。それから、専門家の意見と、消費者のレーティングを比べてみた方がいい。

## マーケティングに洗脳されてはいけない

あなたの子供がテレビスターやスポーツ選手のインスタグラム、スナップチャット、ツイッターといったソーシャルメディアをフォローしている場合には、こうした有名人がお気に入りの商品をさりげなくファンにつぶやくことで大金を得ていることをきちんと教えてほしい。公正取引委員会の規制では、セレブがおカネをもらってサクラになっている場合には、それを公表することになっているが、セレブの推奨が実際におカネのからんだ宣伝かどうかは、子供には、というか誰にとってもよくわからない。

その上、有名企業は子供自身を無邪気なミニマーケターに変えるのがうまい。私の友達の13歳の息子にはインスタグラムでものすごい数のフォロワーがいて、人気ブランドのウェブサイトで彼がデザインするスニーカーに「いいね！」やコメントがつく。あなたの子供がソーシャルメディアを使って、自覚のないままに広告宣伝を拡散していないかどうかを確かめよう。もし子供がそうしていたら、無料の販売員として会社に利用されているだけだと教えよう。今どきの子供はたいていこの仕組みを理解して、非公式なブランドアンバサダーとしての役割を楽しんでいることさえあるが、それでもこのことを話し合ってみるといい。

### 消費税を念頭に置く

子供がおカネを貯めて、欲しかったカラオケマシンを買おうとすると、ショックを受けるかもしれない。店頭で、消費税分が足りないことに気づくのだ。大人はレシートを見るたびに、市や州が課す消費税をいやでも思い出させられる。多くの州で、2パーセントから10パーセント程度の消費税が価格に上乗せされる。消費税は、道路や図書館や学校を維持するために使われることを、子供に教えるといい。[編注2] 消費行動を変えるために税金が利用されることもある。たとえば、ほとんどの州では喫煙を減らすためにタバコに特別税を課している。食べ物を含めて、生活必需品の中には消費税の対象にならないものもある。また、学用品などの必需品が買いやすくなるように、消費税のかからない日を何日か設けている州もある。

消費税について楽しく学ぶために、値段当てゲームをしてみるのもいい。休暇中、ディスカウントストアで、またはスーパーで、子供に20ドル（またはあなたの選んだ金額を）渡して、理にかなう範囲で欲しいものに使わせよう。その際、子供は消費税を計算に入れなければならない。子供が計算を間違っても、親はぐっとこらえて、絶対におカネを追加してはいけない。これは、消費税をいつも考えて買い物をする練習になるだけでなく、おカネの計算も爆買いと同じくらい楽しいことを知る経験にもなる。

## ブランド狂いにならない

１９８０年代のジョルダッシュにしろ、今のジョーズ・ジーンズにしろ、中学生はブランドにこだわり、執着するようになる。そんな中学生の子供に高価な買い物をしないように説得するのは難しい。ある賢いママは、こんな手で息子のトムに高価なブランドを諦めさせた。アメリカン・イーグルが短パンのバーゲンをしているのに気づいたママは、当時12歳だった息子好みの明るい色の短パンを何枚か買ってあげた。しかし、袋のロゴを見たとたん、息子はアメリカン・イーグルなんて嫌いだし、そんなの着ている友達なんていないと言い出した。それに、自分には似合わないし、かっこよくないと言い募った。

ママはほかの店で短パンを探し回り、あり得ないほど高いものを見つけたが、やはりアメリカン・イーグルに戻って同じ短パンで少し色の違うものを買い、タグを全部切り取って、別の店の袋に入れた。息子はそれをすごく気に入った。「息子に本当のことをばらしたら、最初はすごくショックを受けたけど、そのうち大笑いして私が言いたいことを理解したの。夏の間中、その短パンを履いてたわ」

もしあなたの子供が、普段は手の届かないような特定のブランドにこだわるようなら、特別な日のプレゼントにするか、子供自身におカネを支払わせるといい。

## その価値があるときにだけ、余分なおカネを払う

数年前、ある研究者が大人の被験者に何種類かのワインを試してもらい、安いものから高いものまである、と伝えた。実は、その「10ドルのワイン」も、「90ドルのワイン」も、同じものだった。だが参加者はみな、高い値段のついたワインの方が好きだと報告していた。[*20]

中学生にはワインテイスティングは無理だが、たとえば、シャンプーでもアイスクリームでも、どんなものでも同じようなテストができる。中学生の子供に2種類のサンプルを渡して（実はまったく同じもの）、それぞれに違う値段をつけ、どっちが好きかを聞いてみよう。すると、値段が物の好みに大きく影響していることがわかる。ケイティの息子が11歳の時、200ドルの皮ジャンを欲しがった。成長期の息子に対して、ケイティはダメ

と言った。一年もしないいうちにサイズが合わなくなるからだ。だが、オンラインで探したところ、安いフェイクの皮ジャンをたくさん見つけた。息子にそれを見せてあげ、息子は39ドル99セントの皮ジャンを手に入れて喜んでいた。

とはいえ、時には高い値段を払う価値のあるものもある。たとえば、スーパーの食パンより身体によく味もいい全粒粉のパンがそうかもしれない。20年間使い続けられる高品質のキッチンナイフもそうかもしれない（多少高くても長い目で見れば節約になる）。それは、価値判断だ。あなたの子供はまだ家庭用品の消費者レビューに興味はないかもしれないが、今からこうした会話に子供を引き入れたり、店の販売員と話すときも子供を連れて行って品質と値段のトレードオフの話を聞かせたり、あなたがそれをどう判断するかを見せてあげるといい。また事前の調査を通して、あなたが宣伝文句をどう見抜くかを見せてあげてほしい。

## レストランで賢く食事する

アメリカ人は外食が好きだ。自炊やテイクアウトよりはるかにおカネがかかっても、外食はアメリカ人にとってお気に入りの時間だ。まずは子供にメニューの罠に引っかからないことから教えよう。気取った説明がついている料理（「ニューヨークスタイルのチーズケーキと罪作りなチョコレートソース添え」）は、同じものでも説明が単純な料理（ただの「チーズケーキ」）より注文が多く、値段も10パーセント高い。[*21] その店の値段が思っていたより高かったとしても、あり得ないほど高い料理がメニューにあると、ほかのものが安く見える。最近ファストカジュアルなレストランでは増えているが、タブレットを使って注文すると、人に注文するときより、前菜を2割増しで、デザートは3割増しで注文してしまうらしい[*22]（本物のウェイターに注文するときよりコンピュータ越しの方が、たくさん食べることへの罪悪感が少なくなるからかもしれない）。

そして最後に、チップも外食の費用の一部であることを、子供に理解させよう。レストランのウェイターやウェイトレスの時給は、チップを除くとわずか2ドル13セントだ（最低賃金については97ページをご覧いただきたい）。少なくとも2割はチップを加えてほしい。子供が計算できるくらいの歳になったら、チップの計算を子供に助けてもらおう。

## 高校生

ミシガン大学の研究によると、ティーンエイジャーはバイト代のほとんどを洋服、音楽、映画、外食、自動車そのほかの個人的なことに使い、（ショックなことに）将来の教育のためにほとんど貯金していないことがわかった。[*23] 高校生の優先順位を変えさせることに役立つアドバイスをここに挙げておく。

## おカネで失敗しても、そこから学べばいい

親と話し合ったあとでまだ、息子が6か月間のアルバイト代を全部はたいてブランド物のサングラスを買ったとしても、息子を責めてはいけない。ただし、その結果を息子に背負わせてほしい。その月の終わりにスッカラカンになって友達とコンサートに行けなくなったら？　なぐさめてあげる必要はない。自分がやったことを思い出させてほしい。

子供に選択とトレードオフについて考えさせることは重要だ。もちろん、親がものを買ってあげる場合でも、身の丈に合わないものや、買わない方がいいと思うものは断ってい い。もし子供が勝手にスマホの機種変更代や、夜遊びのつけをあなたに支払わせようとしたら、はっきりきっぱり断って、その姿勢を貫こう。

## 「本当に好きな物」だけを買う

私が買い物をするときにかならず自問するのは「本当にそれを好きか？」ということだ。子供にも同じことを自問させている。まだ私が若い頃にこれを教えてくれたのは、母のシ

ヤーリーだ。私たちは誰しも、衝動買いした洋服や小物でクローゼットをいっぱいにしている。この質問を自問しないと、同じことの繰り返しになる。もちろん、多くの子供は（大人も）、買い物しすぎなのだ。

ティーンエイジャーの子供には24時間ルールを課すといい。大きな買い物は一日よく考えてからすること。もしその商品がなくなってしまうことを子供が心配している場合には、たいていの店は翌日まで取り置きしてくれることを教えてあげよう。またその時間を使ってイーベイでもっと安く同じものが手に入らないかを調べることもできる。何より、その間に家に帰って気を落ち着け、クローゼットの中を見て、その洋服が自分の持っているほかの服に合うか、同じような服を持っていないかを確かめることができる。

## 値切れば安くしてくれることもある

ただ尋ねてみるだけで値段を下げてくれる店は驚くほど多い。特に、その金額が理にかなっていて、聞き方が丁寧ならなおさらだ。ある友達は、ホテルで聞いてみたら部屋代を半額にしてもらえたと言っていた。そんなことがないとは言えない。蚤の市やガレージセールでは値切るのが当たり前なので、もとの値段が少し高いことを子供に説明した方がいい。

作戦を立てることも教えよう。子供は値引きを見ると興奮し、「これ大好き、いくら?」と聞いて、相手に手のうちを晒してしまう。そんなとき、子供には平静を装うように教えてほしい。ひとつの物に心を決めていたとしても、ほかの品物についても質問した方がいい。欲しいものを安く手に入れたときには特別嬉しいものだ。もちろん、やりすぎはいけない。思いやりは大切だし、小規模な蚤の市やフェアでは特に、それで生計を立てている人がいることも、子供に伝えておいた方がいい。

## おカネをかけなくても幸せにはなれる

人は、小さなものを頻繁に買う方が、年に一度か二度派手に散財するよりも幸せになれるという研究がある。ブリティッシュ・コロンビア大学で心理学を教えるエリザベス・デューンと、ハーバード・ビジネス・スクールのマイケル・ノートン教授は、『幸せをおカネで買う5つの授業』でそう言っていた。[*24]

どんなにすごい高級車や大型テレビでも、買った時の興奮はすぐに消えうせる(これを、心理学用語では「快楽適応」と言う)。あなたの子供が何かひとつのものに貯金を使い果たす前に、同じ金額で小さなものがたくさん買えることを思い出させよう。たとえば、あなたの子供が1000ドルの新品のドラムセットを買うためにおカネを貯めているとしたら、3分の1の値段で初心者用の中古セットを買い、残りのおカネをレッスンに使った方がいいかもしれないと教えてあげよう。

家計についても同じことが言える。春休みにフロリダで一週間過ごすより、年間3回か4回に分けて週末にキャンプに行くこともできる。快楽適応と闘うもうひとつの方法は、自分を甘やかさないことだ。いつも新しい服を買ったり高級レストランで外食ばかりしていると、その経験に慣れてしまい、たまにそうしているときより幸せを感じなくなる。

## かならず中古車を買う

あなたの子供が、髪を風になびかせて高速道路を運転する自分の姿を思い描くとき、おそらく運転しているのは中古のダサいアメ車ではないだろう。しかし、車は絶対に中古の安いものにすべきだ。まず当たり前だが、高校生にとっては中古車の方が手に届きやすい。(あなたが子供に車を買ってあげるつもりなら、やめた方がいい。その理由は141ページに書いてある。)また、賢く自動車ローンを借りるためのアドバイスも読んでほしい)。新車の平均価格はおよそ3万4000ドルだ。その上、運転し始めた途端に価値が下がり、一年後には9000ドルほど値下がりする。3年も経つと価値は半分になっている。自動車リースはほぼかならず損になると子供に教えてほしい。支払いを終えたときに、何も残らないからだ。

しかも、今どきの車は以前に比べて信頼性が格段に上がっている。メンテナンスさえきちんとしておけば、20万マイル走っても何の問題も起きない。もしあなたの子供がディーラーから車を買う場合は、検査記録を見せてもらうべきだ。個人のオーナーから買う場合には、中古車リストサービスでＶＩＮ（車両登録番号）を調べれば、費用をそれほどかけずに過去の記録を見ることができる。どこから買うにしても、おカネを支払って第三者の整備士に検査を依頼した方がいい。

もちろん、安全が何よりも重要なので、子供と一緒に運輸省道路安全交通局（ＮＨＴＳＡ）のウェブサイトをチェックしてほしい。子供が買おうとしている車の衝突安全性や転倒安全性などの評価を調べた方がいい。

## 子供がなるべく節約して賢く買い物できるようになる6つのワザ

買い物での最大の敵は、あなた自身だ。子供にとっても同じことが言える。ここに書いた作戦を子供に伝えてほしい。次の作戦が、子供たち自身の脳にも、欲にも、悪い習慣にも、また子供たちを誘惑してものを買わせようとするマーケターにも、打ち勝つ助けになるだろう。

## 1 現金を使う

このことはいくら言っても言い足りない。参加者にNBAのチケットを競りで買わせるという、MITの有名な研究がある。現金を使った人たちは、クレジットカードを使った人たちよりも安く買っていた。半額という人もいた。[*25]

どうしてそうなるのだろう？　ひとつの理由は、現金を手放す方がプラスチックのカードを差し出すより「痛み」が大きいということだ。買い物の判断をするときの人々の脳をMRIで撮影すると、高い値段を見たときに痛みの中枢が活性化する。クレジットカードを使うと、その反応が鈍くなる。[*26]つまり、実際に紙幣を手放すと、何かを諦めている感覚が生まれる。カードを読み取らせるときには、その感覚があまりない。

## 2 セール、割引、クーポン、オンラインの優待券などを疑ってかかる

クーポンそのものが悪いと言っているわけではない。母はいつも何千ドル分ものクーポン券を溜め込んで、必需品を買うときにそれを使っていた。とはいえ、「バーゲン」の文字

を見たら、罠だと考えた方がいい。セールでないときに買おうと思っていたものでなければ、バーゲンだからといって釣られてはいけない。そう言うと簡単に聞こえるが、人間は騙されやすい。「2枚買ったら2枚おまけ！」の文字に釣られて4枚ものシャツを手に入れると、結局は本当に必要だったシャツ一枚だけの値段より多く支払うことになる。だから、こう考えてほしい。おカネを節約したと思ったときは、実は逆なのだ、と。

## 3 雰囲気に惑わされない

店では香水や照明や音楽を使って、買いたくなるような雰囲気を作りあげる。たとえば、クラシック音楽を聴くと、買い物客はより高い物を買うようになるという研究もある。[*27] 小売業界のために、「消費空間を演出する香り」やカスタムメイドの香りを専門に開発している企業もある。ユニバーサル・オーランドリゾートのハードロックホテルでは、そうした専門企業を雇って、甘いクッキーの香りを上階から流し、一番下の階からはワッフルコーンの香りを流して、地上階にあるアイスクリーム店に客を誘い込んでいる。子供と一緒に店に入って、その店がどのように買い物心を誘う雰囲気を作っているのかを説明してあげるといい。

## 4 高い値段を「基準」にしない

これは面白いポイントだ。研究によると、人は高価なものに囲まれていると、同じものでもいつもより多くおカネを支払ってしまうらしい。[*28] たとえば、50ドルのトレーナーが置いてある店で40ドルのものを見つけると、安く見える。だが、20ドルのトレーナーばかりの店で30ドルも払うのは、ぼったくりのように感じてしまう。すべては相対的なので、高いと思うか安いと思うかは基準に左右される。買い物をするときはかならず子供にこの仕組みを教えてほしい（さらに詳しく知りたい場合には、ゲリー・ベルスキーとトーマス・ギロビッチの書いた『賢いはずのあなたが、なぜお金で失敗するのか』を読むといい）。

## 5 気分を上げるために買い物をしない

悲しいときや沈んでいるときに、強烈に買い物をしたくなることがある。ある研究では、参加者にある少年の指導者の死についての映像を見せてから自省的な文章を書かせると、グレート・バリア・リーフについてのドキュメンタリーを見た人たちと比べて、同じスポーツ飲料水に3倍ものお金を出していた。[*29] 買い物で一時的に気分が良くなっても、請求書が届くと二日酔いのように気持ちが悪くなるものだ。

## 6 買い物狂いと連れ立って買い物に行かない

誰と付き合うかが、体重や喫煙の有無に影響することは、研究から明らかになっている。ならば、それは金遣いにも影響するのでは？　アメリカ公認会計士協会の調査によると、20代から30代前半のほぼ3分の2が、外食や家電製品などで友達に合わせなければならないとプレッシャーを感じていた。[*30] あなたの子供にカネ遣いの荒い友達と縁を切れと言うわけではないが、そんな友達とは一緒にショッピングモールに行かない方がいい。

# 大学生

大学生は一文無しで当たり前だ。それは仕方ない。学費、寮費、教科書代だけでも大変だ。それ以外はすべて余分なものになる。子供がその現実に備えられるように、次のことを教えておこう。

## 家庭環境には違いがあることを認識する

メドウという若い知人女性は、大学に入学して何人かの友達と一緒に住んでいた時、食費を平等に分担することを断った人がひとりいたと言っていた。その人は、ルームメイトが食べるようなワサビ豆もサーモンも食べないので、その分を払いたくないと言ったのだ。当時のメドウはムカついた。大人になった今振り返ると、その子はぎりぎりの生活で、まったく余裕がなかったのだとわかる。

大学に入ると、自分よりはるかにお金持ちの家庭の子もいれば、はるかに余裕のない子もいることを教えておいた方がいい。あなたの子供はクラブの会費を払うのにも苦労するかもしれないが、春休みにバハマ旅行に行く同級生もいる。逆に、あなたの子供は土曜の夜に外食したがっても、ルームメイトは寮の食堂以外でピザを食べる余裕さえないかもしれない。

もし友達のしていることがあなたの子供の手に届かない場合には、はっきりそう言った方がいいと教えよう。友達が外出するときにひとりで部屋に居残ることになるかもしれないし、寮の部屋で映画をパソコンで見ることになるかもしれない。逆に、お金に余裕がある場合、あなたの子供がいつも友達におごってばかりにならないよう気をつけよう。あなたにとって高くつくだけでなく、全員が気まずい思いをすることになりかねない。あなたの子供が結局嫌な思いをすることになり（または、その代金をすべてあなたに回して涼しい顔をしているかもしれない）、友達があなたの子供を友人としてではなくＡＴＭとして見るようになるかもしれない。

## 先を見越して節約する

キャンパス内または大学近くの店で売っている扇風機は、自宅近くの量販店よりもだいたい高い。シャンプーのような必需品だってそうだろう。子供が大学に入る前に一緒に必要なものを買いに行くといい。この機会に、思いついたときに買い物をするのではなく、計画的に買い物をすればおカネが節約できることを教えてほしい。大学がはるかに遠い場所でも、隣町でも、一緒に準備をするといい。

子供が大学の寮に入る場合は、必要なものをウェブサイトで調べ、コーヒーメイカーやホットプレートといった特定の家電製品が持ち込み禁止になっていないかを確かめた方がいい（もしかすると、子供自身がすでにルームメイトと話し合ってどちらがミニ冷蔵庫を持っていくかを決めているかもしれない）。もちろん、ノートＰＣは必要になるが、高価な音響システムは必要ない（大学の費用に関するワークシートは３４２ページをご覧いただきたい）。

## スマホのプランを賢く選ぶ

ティーンエイジャーのほとんどは何らかの家族割に入っているが、大学入学時に一番お得なプランを調べてみるといい。比較サイトを見て、データ、通話時間、メールといったさまざまなオプションの組み合わせのプランを比べてほしい（大学生向けの割引を提供している通信会社もある。詳しい内容については、子供の大学のＩＴ部門のサイトと、プロバイダーのサイトもチェックした方がいい）。

プランを変更するにしろ、これまでのプランをそのまま継続するにしろ、この機会にスマホの費用について子供と話し合ってほしい。たいていの場合は家族割を継続する方が、個人プランに入るよりも割安だ。もし親に余裕のある場合は、これまで通り親が支払いを続けてもいい（子供が自分の分を払い始めるにしろ、これまでのプランを継続して子供が一部を負担する方が得だろう）。

ここで、提案がある。一番費用がかかるデータ通信について、子供がどのくらい使っているかを教えた方がいい。大学生の子供が家族の誰よりもデータを使っているとしたら、なんとか減らす方法を考えるか、その分を本人に負担させてもいい。

## 社会人

社会人になると本人のおカネの使い方が生活に直接影響する。そして将来の生活にも影響することになる。子供は買う物すべてについて親から口出しされたくないはずだが、ここにいくつかの原則を書いておく。子供との会話の中に次のことを挟んでほしい。

### 社会人らしく見せるために物を買う必要はない

友達の娘は、初めての就活のためにクレジットカードで100ドルの黒い革の書類カバンと300ドルのスーツと200ドルの黒いパンプスを買った。社会人として成功するにはそれが必要だと思い込んでいたからだ。幸い、彼女は望んだ仕事に就くことができた。だが、面接のために買ったものはすべてクローゼットの中で埃をかぶっている。というのは、就職した会社はみんなカジュアルで、大学生の時と同じ服装とバックパックで十分だったからだ。

別の友達の息子は大学卒業後4万ドルの給料をもらえる仕事に就き、気持ちが高ぶって2寝室の部屋を借りることにした。数か月もすると、彼はワンルームに移るため、家主に契約を解除させてほしいと頼み込む羽目になった。ガソリン、光熱費、食費といったさまざまな出費のために高い家賃を払えなかったのだ。小さく始める、というのがこうした話の教訓だ。

20代の若者にすべてを諦めろとは言わないが、若いうちは今あるもので我慢した方がいいと教えてほしい。それに、私たちと同じように、子供たちもまた、ぼろぼろのフライパンで料理をしたことや、段ボールをベッド脇のテーブル代わりにした日々を懐かしく思い出すだろう。

## 安く旅行する。でなければ、旅行しない

何年も前に私は父と一緒に大学で講演をした。父はおカネがなかったので、結婚25周年の記念にヨーロッパ旅行をするまで、一度もヨーロッパに行ったことがなかったと語った。その時、聴衆が息を飲む音が聞こえた。銀婚式までエッフェル塔を見てはいけないと言っているのではない。人は物より経験におカネを使う方がより満足できることは、研究からも明らかだ。若い時の旅行や冒険の記憶はいつまでも自分に残るし、それは本当に貴重な経験だ。

しかし、実際にはおカネがないのにクレジットカードでカリブ海のビーチリゾートやカンクン（なりその他のどこでも）に旅行するのは、マズい。航空券、ホテル、外食の支払

いに何か月も、もしかしたら何年もかかり、支払いを引き延ばせば金利も積み重なる。

もしあなたの子供が旅行好きなら、工夫してほしい。知人のエイミーは、外国での住み込み労働者募集のサイトにプロフィールを載せて、短期のベビーシッターを探していたポルトガルのバイリンガル家庭で働けることになった。その家の子供たちの学校がお休みになる2週間、エイミーは子供たちの面倒を見る代わりに、泊まる部屋とちょっとしたお小遣いをもらい、朝と夕方と週末にはお休みをもらって観光した。自費で調達したのは航空券だけで、それも格安旅行サイトで見つけた。旅行から戻ったときにはスッカラカンになっていたが、ポルトガル語は上達していた。

## 食通でもそうでなくても、けちけちグルメになる

私の友人は、姪とその彼氏が指定したレストランで一緒に食事をした。ふたりは気がねなく前菜にフォアグラを注文し、2本目のシャルドネをあけた。ウェイターとも顔見知りで、今日の牡蠣はどこ産かと尋ねていた。その友人は自分の妹（姪の母親）から、姪たちがいつも請求書の支払いに困っていると聞いていたので、驚いた。姪たちの胃袋にお財布が追いついていないのは明らかだった。

社会に出たばかりの若者がぎりぎりの生活をするのは当たり前だ。とはいえ、あなたの

子供がそれなりの給料をもらっているのに家賃の支払いにも常に困るようなら、食費（または飲み代）が問題かもしれない。もしそうなら、子供にスーパーと外食のレシートを見直すよう伝えた方がいい。あなた自身は職人の手作りチーズや高級カクテルを好むような食通でなくも、子供の高級グルメ嗜好を責めない方がいい。そんなときは子供にトレードオフを教えてほしい。必需品は近所のチェーンスーパーで買い、たとえば大好きなオリーブオイルといった少数の嗜好品だけを専門店で買うように勧めるといい。

## 結婚式の費用についての新しいルール

子供が初めて口にした言葉。初めてのピアノコンサート。高校の卒業式。だが一番感動的で、たぶん一番おカネがかかるイベントは？　結婚式だ。

１９５０年代の結婚のやり方にはさまざまな問題があったものの、ある意味でいい面もあった。誰が何の費用を負担するかがはっきりしていたことだ。マナーの達人と言われたエイミー・バンダービルトは次のようなルールを掲げていた。花嫁の家族が結婚式と披露宴の費用を支払い、もちろんドレスも負担する。花婿は結婚証明書、牧師、新婚旅行の費用を支払う。

しかし、今はなんでもあり（フリー）だ。ただし、結婚式そのものはタダ（フリー）ではない。結婚専門誌の『ウェディング・レポート』によると、アメリカで結婚式にかかる費用の平均は2万7000ドル。[*31] それよりはるかに高額な結婚式もある。あまりに莫大な投資なので、結婚保険をかけるカップルも多い。保険をかけない方がいい理由は242ページを見てほしい。

では、親はどうしたらいいのだろう？　まず、子供の夢を叶えてあげる義務はない。特に親が経済的に安定してない場合はなおさらだ。退職に向けた蓄えを取り崩すのも、クレジットカードの借金を増やすのもよくない。それでも子供の結婚式にいくらかおカネを出してあげたいなら、そうすればいい。でもおカネを出したからといって、子供たちの結婚式の計画に自分の好みを押し付けてはいけない。

昔と比べて今の人たちは結婚年齢が高くなっているので、本人たちが経済的に自立していることも多い。『コンシューマー・レポート』によると、今どきのカップルは披露宴の費用の半分を自分たちで負担しているそうだ。[*32] 全部自分たちで支払うカップルも少なくない。[*33] もちろん、そんな余裕のないカップルもいる。ここにいくつかアドバイスを書いておこう。

## 指輪は余裕を持って買える値段のものにする

婚約指輪は給料の2か月分という例の都市伝説は忘れてほしい。あのルールは1980年代にダイヤモンド会社のデビアスが広告用に作ったものだ（それよりずっと以前には、給料の一か月分という宣伝をしていた）。[編注3] エモリー大学の研究によると、男性が婚約指輪に2000ドルから4000ドル使っていたカップルは、500ドルから2000ドルの指輪を買っていたカップルに比べて離婚する割合が3割多かった。[*34] はじめに負債が少ないカップルほど、結婚のストレスが少ないということだ。

## 機会損失を考える

結婚式の計画がどんどん豪華になってしまうことは珍しくないが、この一日のために使うおカネでほかのどんな目標が叶えられるかを子供に思い出させてほしい。たとえば、平均的な結婚費用の2万7000ドルを、家の頭金にすれば、20パーセントの頭金で15万ドルの家が買える。また、大学卒業時の学資ローンの平均残額をほぼすべて返済できる。そうした数字を念頭に置いて、15年前にリトルリーグで一緒に闘ったメンバーを全員結婚式に呼ぶかどうかを決めた方がいい。

## 結婚式用の割り増し料金をできるだけ避ける

ケータリング、花、カメラマン、その他の業者は、経験のないカップルの「安っぽいウェディングにしたくない」という弱みに付け込んで、結婚式にはいつもより高い料金を請求する。あるイギリスの調査によると、かなりの業者が結婚式には普通のパーティの4倍もの料金を請求していたことがわかった。子供にはまず「家族の集まり」という名目で業者に見積もりを取らせ、そのあとで同じ人数で「結婚式」として見積もりをもらうといい[*35]。それから子供に値段の交渉をさせよう。料金の開きがあまりに大きい業者は排除した方がいい。それがわかっているので、おカネをかけずに、近所のバーや公園や誰かの家の裏庭で手作りのウェディングをするカップルも多い。

## 結婚式にかけるおカネが少ないほど、結婚は長持ちする

ウェディング業界の宣伝文句とは違い、どの所得層でも結婚式に大金を使ったカップルは、倹約家のカップルより離婚する割合が高かった（2万7000ドルは平均の費用で、それよりはるかに安く結婚式をあげるカップルもたくさんいる）。先ほどのエモリー大学の調査によると、結婚式に2万ドル以上使ったカップルは、予算の低い（5000ドルから1万

ドル）カップルより離婚率が3・5倍も高かった。高価な婚約指輪と同じで、豪華な結婚式によって負債が増えることでストレスが高まるのではないかと研究者は推測していた。また、きらびやかなイベントにこだわると、一番大切なことから注意が逸れてしまう。[36] それは夫婦の関係だ。

## 友達の結婚式に呼ばれたら、出席の返事をする前に費用を確かめよう

もちろん、少々気まずいことはわかっている。しかし、完璧な友達になろうとして、借金を負ってしまった若い女性（と男性）の話をこれまでたくさん聞いてきた。派手なバッチェラーパーティやブライズメイドのドレス（花嫁が選ぶ）、飛行機代、ホテル代、素敵な贈り物に、若い人は大枚をはたいてしまうのだ。社会に出たての若者で、一度でもそんな余裕がある人は少ないし、何度も重なると絶対に無理だろう。だから、花嫁がリゾート地のウェディング会場や、高価なブランドもののブライズメイドのドレスについて口にしたら、そんなお余裕はないと言ってもかまわないことを、子供に伝えておこう。一生に一度しか着ないドレスに300ドルも払うことは、忠実な友情の証ではない。

# 第6章 保険をかけよう

保険なんて退屈で、わかりにくくて、子供と話し合うなんて気が滅入ると思っているだろう。そう。確かに、保険は退屈でわかりにくくて気が滅入る。とはいえ、家族で話し合う価値もないと考えるのは間違いだ。まずここでは、そのイメージ通りの点を挙げてから、違う点について語ろう。何より親を励ますのが私の役目だから。

保険は退屈だ。ナントカ免責金とか、カントカ自己負担とか言われても、気持ちがときめかない。

保険はわかりにくい。なぜなら、あれもこれも守ることになっているからだ。買い物（携帯電話も、観光旅行も）、財産（自動車も、寮の家具も）、そしてあなた自身（健康から、命、個人情報まで）をも守るのが保険である。

そして何より、保険は気が滅入る。自動車事故やガンのことなど誰も考えたくない。火事や盗難？　損害や死？（暗い気持ちになりたいなら、小説の『ベル・ジャー』を読むか、映画の『タイタニック』を何度か見る方がいい！）

そのほかに、保険が楽しい話題にならない理由は？　おカネを失う可能性が高いからだ。保険はそもそも、「掛金を損するように」設計されている。つまり、こういうことだ。健康保険は年に数回病院に行くときの費用を補うためのものだと思っているかもしれないが、実際には違う。かなりの確率で、保険に入るよりも、実費を払った方が安くつく。健康保険が必要な理由は、そして毎月保険料を払う理由は、深刻な病気や大きな事故の際に発生するような、めったにないが支払いきれないほど莫大な治療費を補償してもらうためだ。[*1]経済的な行き詰まりを避けるために、保険に入っておくことは欠かせない。もちろん皮肉なことに、保険を使わなくて済む方がありがたい。保険金を請求するということは、事故や大病に苦しむということだからだ。

ここで、あなたの子供の話に戻ろう。退屈でわかりにくくて気の滅入る話でも、避けてはいけない。子供に保険について教えなければ、保険に加入するかしないかを決めるとき、自分が賢く選んでいるのか、食い物にされているのかが、わからなくなってしまう。

この章を読めば、保険について知っておくべきことをすべて学べる。その知識を子供に伝えるにはどうしたら一番いいかもわかる。ここには余計なことは一切書かない。退屈で、わかりにくく、気の滅入るようなことは省略すると約束しよう。とにかく、子供たちに必要な基本的な考え方だけを、お教えしよう。

## 就学前

幼稚園児でも保険の基本的な考え方は理解できる。次の要点を伝えてほしい。

### 自分と自分の持ち物を守るためにできることがある

子供の靴に雨除けスプレーを振りかけるときや、手袋の紐をコートの袖に通してあげるときに、自分のものを守る方法があることを教えよう。子供の歯を磨いてあげたり、夏に日焼け止めを塗ってあげたりする際に、自分の身体を守るためにできることもあるということを話してあげるといい。今何らかの行動を起こすことで将来の損害から自分を「守る」という考え方なら、小さな子供にも理解できる。

## 親への注意：家庭内の「保険ファンド」を作って、予期せぬことに備える

台所にクッキーの缶を置いて1ドル札と硬貨を貯め、子供が傘なり手袋なりを失くしたときにそのおカネで買うことにしよう。そうすれば、思いがけないことが起きたときの備えとして何らかの保険が役に立つという、具体的な例を見せることができる。そのおカネを親のことに使ってはいけない。もし使ってしまったらすぐに返そう。そうでなければ、思いがけないことに備えるという子供への教えを自分で破ってしまうことになる。

## 親への注意：保険がどう発明されたかを教える

最初の近代的な保険は数百年前に船舶の所有者によって作られた。船が沈んで、彼らは積荷をすべて失った。船舶所有者たちが集まって、「船が沈んだら、みんなでその損失を埋めよう」と話し合った。支払い額は、所有する船の数で決めることにした。船が多ければ多いほど、おカネを多く払うことにした（今でも基本は同じだ。事前にみんなでひとつの共有基金の中におカネを入れ、損失があればそこから払い出す）。船の所有者は、その共有基金の会計係を雇うことにした。その会計係がその後、「保険会社」になった。今では医療からセレブの身体の一部まで、何にでも保険をかけられる。

## 小学生

この年頃になると、保険の役割を理解し始める。特に、健康保険が日常生活でどんな役目を果たしているかがわかるようになる。次のことを子供たちに伝えて、点と点をつなぐ助けをしてあげよう。

### 自分の物を大切にしないと、損をする

もし子供が何かをわざと壊したり傷つけたりしたら、親は罰を与えるか、少なくとも叱って当たり前だ。だがもし、学校の給食のトレイを間違ってゴミ箱に投げ入れてしまった場合はどうだろう？（私が5年生の時にやってしまったように）または、友達とじゃれ合っていて、壁に穴を空けてしまったら、どうだろう？（兄たちがやったように）特に子供が深く反省している場合には、判断が難しい。子供が何かを一度目に失くしたときには許してあげて、物を失くすとおカネがかかることを説明すればいい。誰にでも失敗はある。

それでも、失敗が重なれば、たとえば数か月に一度メガネを失くしたり、毎春上着を失くしたりしているようなら、物を失くしたり壊したりすれば本当におカネがかかるのだと

教え、子供により重く責任を感じさせるようなきっかけが必要になる。子供におカネを支払わせよう。ただし、現実的なやり方でいい。上着を買い替えるとしたら数か月分のお小遣いでも足りないかもしれないので、その代金の一部だけを子供に持たせるか、決まった額を少しずつ支払わせるといい。一度に支払わせても、分割でもいい。親に経済的な余裕があって、特に問題なく修理や買い替えができたとしても、子供にどんな教えを伝えたいかを考えてほしい。

私の友人は、小学4年生の娘が学校の図書館の本を失くし、図書館から督促状を受け取った時、その費用を娘と折半した。それ以降、その子は一度も本を失くしていない。

## 親への注意：次に医師にかかったとき、健康保険について説明する

子供の健康診断の際、支払いの時に子供をぶらぶらさせておかずに、そこで起きていることを一つひとつ説明しよう。お医者さんはほかのみんなと同じ労働者であること、そしてお医者さんの仕事は健康診断をしたり、病気なら薬を与えたりして、子供たちの健康を保つことだと説明しよう。そして私たちは、その仕事に対しておカネを払わなければならない。でも全部自分で払う必要はない。保険会社が大部分を支払ってくれる。だから、健康診断に行くと、150ドルかかるところを保険会社がほとんどの費用を持ってくれるの

で、あなたが支払うのは20ドルだけでいい。自分の勤め先か、配偶者の勤め先か、政府か、自分で選んだ保険会社を通して、保険に入ることができると説明するといい。

## 中学生

中学生が興味を持ちそうな、ふたつの重要な保険の概念をここで示そう。

### 保険は本当に大きな損失から私たちを守ってくれる

私たちはみな、人生でリスクを取る。大きなリスクを取る人もいれば、あまりリスクを取らない人もいる。ジーンズのポケットに穴が開いていて、お昼代を失くしてしまったら、空腹のままで過ごすか、友達にサンドイッチを分けてもらえばいい。風邪をひいたいとこと遊べば、数日後に自分も風邪をひく。何かがうまく行かなかったときのためにいつも備えているわけではない。人はこうした小さなリスクを取り、その結果を自分で受け止める。

しかし、もし最悪の事態が起きたら、大金を失ってしまうような深刻な結果にいたることもある。たとえば、転んで歩道に倒れ、前歯を折ったとか、衝突事故を起こしたとか、台風で屋根が壊れたとかいう場合だ。こうしたリスクに備えて、私たちは保険に入る。最低限必要な保険は、健康保険、自動車保険、家財保険だ。子供が大きくなれば、生命保険も必要になるが、中学生に生命保険の概念を説明して怖がらせる必要はない。

## 保険は、思いがけず誰かを傷つけてしまったときのためでもある

私たちは、自分が怪我をしたり病気になったときや、自分のものを失くしてしまったり盗まれたりしたときの備えが保険だと思っているが、自分が誰かに損害をもたらしたときのために保険に入ることもできる。自動車保険に入っていれば、思いがけず誰かの車やその中の人を傷つけてしまったときの損害に備えられる。お隣さんがあなたの家の居間の分厚い絨毯で転んでしまったときの治療費は、賠償責任保険でカバーできるかもしれない。

「でも、賠償って何？」と子供は聞くかもしれない。友達のリディアの叔母のロージーが、肉屋のべとべとした床で転んでしまい、お尻の骨を折った時には、肉屋の主人が治療費を全額負担した。もし負担しなかったら、ロージー叔母さんは弁護士を雇って肉屋を訴えていただろう。もし肉屋の主人が賠償責任保険に入っていたら、自腹で治療費を払わなくて済んだはずだ。

ささいなことで会社を訴え、たいした損害を被っていなくても莫大な賠償金をもぎ取ろうとする人も多いことを、子供に説明してもいい。一方で、もし肉屋が床に滑り止めを撒

くことを怠ったり、床が滑りやすいことを顧客に知らせる張り紙を出さなかったりして、お客さんが大怪我をしてしまった場合には、肉屋がその損害に対する費用を負担する方が正しいように思える。損害賠償はややこしいトピックだが、話し合う価値はある。

## どんなものにも保険をかけられる：ロンドンのロイズが存在する理由

スーパーモデルのハイディ・クルムの両足には200万ドルの保険がかけられていたと言われる（傷がある方の足は、ない方の足よりも価値が低かったらしい）。サッカーレジェンドのデビッド・ベッカムは足、そしてその10本の指にも保険をかけていた。ブルース・スプリングスティーンは声に保険をかけていた。スタントなしでジェームス・ボンド映画を撮影していたダニエル・クレイグの身体にも、数百万ドルの保険がかけられていたらしい。

保険とは何か、それがどんな役目を果たすのかを子供に教える際に、保険会社のロイズについて子供と話すといい。ロンドンに本拠を置くロイズは、珍しいものに保険をかけたい人と、そんな珍しい保険を提供する会社（アンダーライターと呼ばれる保険の引き受け手）を結ぶ会社である。ロイズ以外にも珍しい保険を販売している会社はあるが、ここが一番有名だ。

もしあなたが映画プロデューサーなら、アクション映画の俳優に「主役保険」をかけることもできる。そうすれば、もしその俳優が亡くなったり怪我をした場合でも、その映画に投資したおカネをすべて失わずに済む。ＣＥＯに頼っている企業にも同じことが言える。もしＣＥＯが心臓発作で亡くなり会社の利益が減った場合は、保険で補える。花形クオーターバックのいるフットボールチームも同じだ。会社は評判に対して保険をかけることもできる。環境事故やスキャンダルで会社の評判に傷がつき、利益が下がると、その保険で補償される。

## 高校生

ティーンエイジャーは、保険には興味はなくても、運転には絶対に興味がある。あなたの子供が運転のレッスンを受けているにしろ、自分で練習しているにしろ（怖すぎる！）、この機会に自動車保険についても、その他のさまざまな種類の保険についても話しておこう。

## 子供に自動車保険の一部を負担させる

自動車保険はわかりやすい。子供が親の車を運転するにしろ、自分の車を持つにしろ、自動車保険が必要になる。子供には、保険で何が補償できるかできないかを説明し、免責金額（保険適用前に自分が負担する金額）を説明し、保険料（毎月の支払い額）を説明してほしい。

自動車保険は大きく3つに分類される。対人対物賠償、人身傷害、そして衝突やその他の車両保険だ。対人対物賠償は、事故で訴えられたときの弁護士費用や相手の医療費や修理費用を支払うための保険である。人身傷害とは、運転者と搭乗者の医療費の支払いを保証するものだ。衝突車両保険とは、事故の際の車の損傷に対して支払われる保険で、包括保険とはその他のさまざまな出来事による損傷、たとえば木が倒れてきた場合などの損傷の費用を補償する。州によっては保険無加入の運転者との事故に対する保険への加入を義務づけているところもある。つまり事故の相手が無保険だった場合に、あなたの怪我や車両の損傷の費用を補償してくれる保険だ。

子供を親の保険に加えると、保険料が2倍に跳ね上がることを子供に伝えてほしい。[*2] 子供に罪悪感を持たせるためではない（娘なら息子より少し楽だ。ティーンエイジャーの女の子なら保険料の値上がりは70パーセントほどで済む）。子供が自分の車を買う前にきちんと保険について話し合っておこう。学校の成績は保険料に影響する（子供の成績がB以上なら、保険料が安くなるかもしれない）。また、退屈な車の方が保険料は安い（ＢＭＷのコンバーチブルよりトヨタカローラの方が保険料は安い）。

もちろん交通違反や事故を起こさないことが、保険料を低く留める上で一番大切になる。もし交通違反や子供の責任による事故で保険料が上がったら、その分は子供が負担しなければならないことを教えてほしい。子供が自分の車を持っていてもそうでなくても、保険料の一部を子供に払わせた方がいい。そうすれば子供が保険の役割についてより意識するようになり、それがコストを下げる本当の動機づけになる。

## 大学生

いつもはとても落ち着いている親でも、子供を大学に送り出すときにはハラハラするものだ。しかし、いくつかの手を打つだけで、親も子供も気持ちを静められる。ほんのちょっとのことかもしれないが、役に立つだろう。

## かならず健康保険に加入する

今こそ、子供の頭の中にこの考えを刻み込み、人生でずっとこれを唱え続けさせるチャンスだ。つまり、健康保険は必須である、ということだ。入学前に、学生に保険証書の提示を求める大学も少なくない。健康保険を提供する大学も多いが、家族にそれを任せる学校もある（本書の執筆時点では、子供が26歳になるまでは家族の健康保険に加入できる。州によってはそれより年上でも加入できる）。どんな形でもかまわないが、今もこれからも健康保険に入るのは必須だと子供に教えてほしい。

健康保険について話す際、喫煙の危険についてまだ話していない場合には、話し合った方がいい（大学時代にタバコが習慣になってしまう若者は多い）。しかも喫煙は高くつく。タバコひと箱は5ドルから13ドルするので、若者の全国平均をとって一日半箱吸ったとすると、年間１０００ドルから２５００ドルもの費用がかかる。[*3] しかも喫煙によって保険料が５割近く跳ね上がる。

## 自宅にしろ賃貸にしろ、家財保険が必要になる

大学生になって家を出た子供に、自分の持ち物に保険をかけることを教えるのは大切だ。またこの機会に、自宅と賃貸住宅の保険について話しておくといい。部屋にあるものが盗

まれたり壊れたりしたときの損害や、部屋に来た人が怪我をした場合の責任、火事やその他の事件で一時的に部屋に住めなくなった場合のホテル代などの補償になるのが、この保険だ。子供が大学の寮に住んでいるか、自宅で同居している場合には、子供の持ち物はおそらく親の家財保険で補償されるはずだが、保険会社に確かめて限度額を聞いておいた方がいい（特に、子供が自宅ではなく大学キャンパス内に住んでいる場合には、補償限度額があるはずだ）。

子供がキャンパス外のアパートに住んでいる場合、賃貸居住者（テナント）用の保険が必要になる。大学生にもなると、身の回りの物だけでも数千ドルの価値がある。ノートPC、その他家電、家具、洋服、自転車、もろもろの教科書。テナント保険は高くないし、大学生の場合は全米学生サービスを通して一年中どこでも補償してくれる特別な保険に加入できる。保険料は65ドルから240ドルまで幅がある。しかし、普通のテナント保険と違って、大学生向けの保険が補償してくれるのは身の回りの物だけだ。子供と話し合って、補償が必要なのはどれかを知り、親の保険に入るか、子供が自分で保険に入るかを決めるといい。今、子供の持ち物が親の保険で補償されているとしたら、子供はそれを知っておいた方がいい。

## できるだけ免責金額の高い保険に入る

子供が保険を選ぶとき、一番免責金額の低いもの、つまり保険金請求の際に自分の財布から出す金額が少なくて済むものに惹かれるはずだ。しかし免責金額が低い保険は、ふたつの意味で結局高くつく。まず、免責額が低ければ低いほど、月々の保険料は高くなる。次に、こんな場面を考えてほしい。息子が接触事故を起こしてしまった。修理代は1200ドルで、保険の免責金額は500ドルだったので、請求により700ドルを受け取った。その時はよかったが、息子は高リスクに分類されて年額保険料が800ドルも上がってしまった。免責額よりも安いちょっとした修理ならすべて自己負担にすることで、保険料を安く抑えることができ、長い目で見ればおカネを節約できる。もちろん、修理費に充てるまさかの時の蓄えが子供にないと、これはできない。

## 「自己保険」を考える

今どき、どんな物にも保険がある。携帯電話、旅行、クレジットカードの借金にさえ、保険がかけられる。しかし、絶対に必要な健康保険、家財保険、自動車保険を除けば、ほかのほとんどの保険には入らなくてもいい。なぜって？　まず、修理や買い替えの費用がそれほど高くなく、貯金の中から支払える場合には、保険は必要ない。しかも、保険以外の補償がある場合も多い。

たとえば家財保険や製造元のメーカー保証で損害がカバーされている場合もある。もちろん、例外や免責や自己負担などがあれば、保険や保証で補える範囲は思ったより少ないかもしれない。たとえばパソコンの製品保証は、ウィルスに感染した場合には効かない。そこで、保険に入りますかと聞かれたときには、まず「いいえ」と答えた方がいい（詳しくは、240ページのコラム内を見てほしい）。理想的には、別の貯蓄口座を作って「自己保険」に充てるためのおカネを入れておき（少しだが金利もつく）、買い替えや修理で現金が必要なときだけに使うといい。

少額の損害ならすべて自己負担にした方がいい理由がもうひとつある。たとえば、自転車を盗まれたとか天井のファンが壊れたといった数百ドルの損害に家財保険を使った場合、免責金額が低ければ損害金額を補える保険金が下りるだろう。しかし保険の更新の際には保険料が急に上がるか、保険会社に更新を断られるかもしれない。それでは不公平だと思うかもしれないが、保険とはそういうものだ。保険会社から見ると、あなたは将来多額の請求をする可能性のある、リスクの高い顧客になる。本当に大きな損害のために、請求は控えておいた方がいい。

## 親への注意：子供が親の健康保険に入ったままの方がいいか、大学の健康保険に加入した方がいいかを見極める

先ほども述べたように、子供は26歳になるまで親の健康保険に加入したままでいられる。しかし、保険の内容によっては、大学の健康保険に変えた方がいい場合もある。親の保険に子供を留めると、実家の近くの医師や病院にしかかかれないかもしれないリスクがある。子供が州外の大学に入った場合には、それが問題になる。保険ネットワークの外の医師にかかると、治療費がはるかに高額になるからだ。

友達の息子で20歳になるトニーは、夏休みの仕事のためにサンアントニオに移った時、ひどい背中の痛みに襲われ始めた。地元の医師にＭＲＩを撮った方がいいと言われ、サンアントニオの医師を紹介してもらった。だが、驚いたことに、親の保険では州外の診療費用が補償されていなかったので、ニューヨークに戻るまで待ってＭＲＩを撮ることになってしまった。子供が実家暮らしか地元の大学に行っている場合には、親の保険に入ったままの方がいいだろう。どちらが得かを見極めるには、保険料と保障内容を比べてみるしかない。

## 社会人

親はいつまでも子供を守りたいものだが、社会人になればもう大人だ。子供に自分を守る方法を教えた方がいい。次のように伝えよう。

### 健康保険に入る

社会人になった子供の医療費を親が支払う義務はない（たとえ、あなたの子供が、靴下の臭いでムンムンの自宅の地下に住んでいたとしても）。例外は、子供が税制上の被扶養者にあたる場合だ。それに該当するかどうかは、内国歳入庁のウェブページに行って「被扶養者にあたるのは誰？」を読んでほしい。しかし、親の多くは子供の健康に責任を感じている。子供をきちんと健康保険に入らせることが、親のためにもなる。毎年申請される個人破産の大半が、医療費の未払いによるものだということも、親として心に留めておいてほしい。

大学を出たての社会人の多くにとっては、雇用主が提供する保険に入るのが一番いい。とはいえ、（1）子供の勤める会社が健康保険を提供してくれない場合、（2）会社の提供する保険が高すぎる場合、（3）子供がフリーランスまたはパートタイム従業員の場合、（4）子供が失業している場合、にはそもそも当てはまらない。でも気落ちしなくていい。ほかにも道はある。

子供が26歳未満で、被扶養者を親の健康保険に加入させられる場合には、まずその追加費用を調べてみるところから始めよう。少数だが、26歳以上の子供でも親の保険に加入させることを保険会社に義務づけている州もある。たとえば、ニュージャージーでは、31歳までは大丈夫だ。あなたの州のルールを確認するには、全米州議会議員連盟のサイトを見てほしい。おそらく、親の健康保険に子供を加入させる方が、子供自身が保険に加入するより安上がりで、保障内容も広いはずだ。

本書の執筆時点では、政府の健康保険サイト（Health care .gov）を通して、割安な健康保険プランや、一定以下の所得層への補助金や税控除が提供されている。あなたの子供がどの保険に加入したとしても、保険料の支払いの一部を親が助けてあげるのは悪いことではない（健康保険選びについてさらに詳しく知りたい場合は、拙著『Get a Financial Life: Personal Finance In Your Twenties and Thirties（おカネ上手に生きよう――20代と30代のパーソナルファイナンス、未邦訳）』の8章をご覧いただきたい）。

## テナント（賃借人）保険を避けてはいけない

私が初めてひとりで借りた部屋は、とりあえず安全そうな建物の本当に狭いワンルームだった。そこに移った翌日、仕事から帰ってくると、祖母からもらった金のアクセサリーが無くなっていた。コンピュータも、化粧台の上に置いていた少しの現金も無くなっていた。私は保険に入っていなかった。たとえば子供のアパートが火事になって貴重品が全部灰になってしまったり、部屋に遊びに来た人がガラスのローテーブルで怪我をして医療費を請求するようなことがあるかもしれない。そんなときこそ、賃借人の保険、いわゆるテナント保険が必要になる。

意外かもしれないが、借家の中での窃盗や損害のほとんどに、大家は責任を負わなくていい。あなたの子供の持ち物が破壊されたり盗まれたりすると、洋服やコンピュータや家具を買い替えるのに、何万ドルもかかるかもしれない。テナント保険はそれほど高くない。全国平均の保険料は月に15ドルから30ドルで、保障内容と住む場所によって保険料が変わる。保険情報機構が運営するサイト（Knowyourstuff.org）で、失くした物の価値を調べてから、保険比較サイトで比べてみるといい。

## 生命保険はまだいらない

生命保険に入ったら棚ボタに恵まれたといった、わざとらしいCMがある。しかし、あなたが亡くなったときに保険料を受け取るのはあなたではなく、あなたの愛する人たちだ。では、あなたの子供が生命保険に入ったら、亡くなったときに誰が保険金を受け取るのだろう？　ペットのハムスター？

よく考えてほしい。子供のいない若い人たちに生命保険を勧めるのは、保険の外交員しかいない。少なくとも私の経験ではそうだ。あなたの子供が所帯持ちでないなら、生命保険は必要ないと教えよう。ペットのハムスターにはレタスでも与えておけばいい。給付型の生命保険だから年金代わりになるし節税にもなると勧める外交員の誘いに乗ってはいけない。確かになかなかうまい誘い文句だ。でも、生命保険は、必要がないなら加入しなくていい。たとえ、子供ができて生命保険が必要になったとしても、単純で安い定期保険に加入して、確定拠出年金（401k）か個人退職口座（IRA）に投資した方が得だ（詳しくは7章を参考にしてほしい）。

## 特定の出来事よりも一般的なリスクへの備えになるような保険に入る

一度限りの出来事に備えて保険に入りたくなる気持ちはわかる。航空保険（旅行をするとき）、パソコン保険（新しいパソコンを買ったとき）、クレジットカード保険（失業したときのため）といったものだ。しかし、それはおカネのムダになる。保険に入るときには、全体像を見て、大きなリスク、たとえば命（生命保険）、健康（健康保険）、持ち物（家財保険やテナント保険）を守ることを考えた方がいい。少額の損害には自腹を切ろう（自己保険についてのアドバイスは２２８ページと次のコラム内を見てほしい）。

## おそらく子供に必要のない保険

子供が成長するにつれて、さまざまな種類の保険について判断を下さなければならなくなる。ここに、子供が知っておくべきことを挙げておく。

### 延長保証、またはサービス契約

保障内容　家電や車両の修理やメンテナンス。

実情　保証やサービス契約は企業にとってのドル箱だが、消費者にとってはたいてい損になる。

必要か？　必要ない。ほとんどの大手家電メーカーや電機メーカーの製品は一年間の保証が小売価格に含まれている。その後数年分の保証に入る意味はあまりない。たいていの製品は延長期間より長持ちする。修理や買い替えの時点で、自分でおカネを払った方が得になる。

## 旅行キャンセル保険

保障内容　飛行機代、ホテル代、レンタカー代。

実情　旅行代金の4パーセントから10パーセントを支払うことになり、すべて前払いで払い戻しが効かない。旅行保険サイトで見積もりを取ったり、情報をもっと集めるといい。

必要か？　高額な旅行のときだけにした方がいい。海外旅行や長期旅行といった、大金のかかる旅行のときには、この保険に入っておくといい。ほとんどの保険は、病気や天災の場合だけを補償し、あなたが行かないと決めた場合には費用は補償されない。自分からキャンセルする可能性がある場合には、別の保険に入った方がいい。ただし、保険料が上乗せされる。

## 航空事故保険

保障内容　搭乗した飛行機が落ちてあなたが死亡した場合、遺族が保険金を受け取る。

実情　アメリカ人が飛行機事故で死ぬ確率は1100万分の1だ。自動車事故で死ぬ確率はその2000倍も高い。

必要か？　必要ない。それでもまだ心配なら、数ドル支払って「飛行機事故で私が死ぬ確率は？」というアプリをダウンロードするといい。特定のフライトが墜落する確率を教えてくれる。そのほんのわずかな確率を見れば安心できるだろう。少なくとも、空港での時間つぶしにはなる。あなたにユーモアのセンスがあればだが。

## ペット保険

保障内容　日常的なペットの医療費、手術代などの一部を補償する。

実情　犬の場合には月に35ドル、猫なら25ドルくらいから加入できる。それに免責額が加わる。ペットが高齢だったり、慢性的な病気がある場合には、保険料ははるかに高くなる。

必要か？　必要ない。ほとんどの保険には定期健診の費用は含まれない。病気になったときだけ治療費を払った方がお得だ。

## スマホ保険

保障内容　スマホの取替えか、修理費用を補償する。

実情　画面が割れて100ドルも修理に支払った話を聞くと、保険に入る方が割安にも感じられる。しかし、実際には取替えてもらえるのは中古のスマホか機種の違うものだったりする。スマホ保険を提供する会社は大もうけしているというのが実情だ。

必要か？　いらない。スマホを失くしたり、壊れたり、盗まれたりして取り換えてもらうのは5人にひとりだ。子供がしょっちゅう物を落とすクセがある場合には、頑丈なスマホケースを買ってあげるといい。

## レンタカー保険

保障内容　レンタカー保険には3つの部分がある。（1）対人対物保障、つまり事故で誰かの車を傷つけたり、誰かを怪我させたりした場合の医療費の補償、(2)人身保障、これはあなた自身が怪我をしたときの医療費の補償、(3)車両保障(損害補償)、つまり自動車そのものへの損傷への補償だ。またレンタカー会社が事故後に数日間その車を利用できなくなった場合の「利用損害」を補償する保険もある。

## 実情

レンタカー店のカウンターでパニックになり、プレッシャーに負けて保険を買ってしまう人もいる。そのせいでレンタカー代が倍になることも少なくない。

## 必要か？

必要だが、すでに別の保険で補償されているのに、自分が知らない場合もある。もしあなたが車を持っていれば、今の自動車保険でレンタカーもカバーされている可能性はある(車両保険と対人対物の両方で)。調べてみるといい。自動車を所有していない場合でもクレジットカードでレンタカーの支払いをする場合には、車両保険はカバーされることもある(対人対物は補償されないので、確かめた方がいい。もしそうなら、車両保険部分は断って、カウンターで対人対物保険に入ればいい。カード会社は特定の場所や、特定の種類のレンタカー(SUVや高級車)を保険対象外にしていることもあるので、気をつけてほしい。人身傷害に関しては、レンタカーを運転中の怪我は医療保険でカバーできるので、入らなくていい。

## ラップトップ保険

保障内容　キーボードにコーヒーをこぼしてしまったり、ノートPCを落としてしまったときの修理費用を補償する。メーカーが提供する通常の一年保証で補償されない部分を補償する。

実情　ノートPCなしに生きられない人が多いので、ラップトップ保険は魅力的に見える。

必要か？　人による。修理費用のある人や、新しいコンピュータを買える人は入らなくていい。もしあなたがだらしない人間だという自覚があるなら、一年の契約で入った方がいいかもしれない。

## 大学の学費保険

保障内容　大学生が病気になったり怪我をしたりして、学期の途中で休学した場合に学費とその他の費用を補償する。

実情　大手の保険会社は学費と寮費の1パーセントから5パーセントを保険料として徴収する。子供が入院しない限りは精神疾患による払い戻しには応じない保険会社が多い。ドラッグや学業成績が理由の場合も払い戻しには応じない。

必要か？　おそらく必要ない。保険料が高いし、休学や退学のよくある理由では補償されない。

## 個人情報漏洩保険

保障内容　詐欺に対する信用記録の監視を手伝い、もし個人情報が盗まれたら、面倒な修復と保護の指導と手助けを行う。

実情　こうしたサービスは人々の恐怖心に付け込み、年に何百ドルも保険料を取っている。個人情報漏洩に関連する費用として大金を支払う（100万ドルまで）企業もある。しかし、こうした場合には政府の補償があるため、犠牲者はいずれにしろ費用を自己負担する必要はない。

必要か？　必要ない。個人情報漏洩への一番の（しかもおカネのかからない）対策は、ある種の自己防衛だ。銀行とクレジットカードの口座を定期的に監視し、信用履歴を少なくとも年に一度は見直し、もし詐欺にあったら政府の個人情報漏洩対策ウェブページを見てほしい。

## クレジット保険

保障内容　死亡したり、重い障害を負ってしまった場合に、残りの自動車ローンや住宅ローンやクレジットカードの残額を補償する。

実情　この種の保険は高額で、支払う月数にも上限がある。あなたが借金を返済した方がいい。

必要か？　無視していい。補償額はそれほど多くない。その上、もしあなたの子供がクレジットカードを持っていて、若くして死んでしまった場合に損をするのはクレジットカード会社だけだ。

## 結婚式保険

保障内容　結婚式（または特別なイベント）がキャンセルされたり、天災や死や病気、

**実情**

業者の倒産などの理由で中止になったときに損害を補償する、掛け捨ての保険。保険料は155ドルから500ドルくらいで、200ドル程度の追加料金で100万ドルまでの損害を補償する。

**必要か？**

おそらく必要ない。業者との契約を通して損失から守られるはずだし、家財保険を通して何らかのリスクには備えがあるはずだ。しかも、ほとんどの結婚式保険は、一番大きなリスクは適用外なのだ。結婚に二の足を踏んでしまった場合には、補償されない。

# 第7章

# 投資についての単純な真実

昼食の席でのことだった。ある女性が私を脇に連れ出して、14歳の息子に株式市場に興味を持たせるようなすごいアイデアを思いついたと言う。その女性は息子に500ドル渡し、息子名義で取引口座を開かせ、株を何銘柄か買わせた。

すごくいいアイデアでしょ？

えぇ……っと、どうでしょう……

もし株価が下がれば、その息子は投資なんて損をするだけのゲームだと思い、市場を避けるようになるだろう。それでは元も子もない。もし株価が上がれば、その息子はコツを掴んだと勘違いして、大胆に大金を賭け続けるだろう。そっちの方が深刻な問題になるかもしれない。勝っても負けても、彼は正しい教訓を学べない。

その母親がすべての点で的外れだと言うのではない。子供は投資について学んだ方がいい。ただし、本当に大切なことを学ぶ必要がある。それをこの章で説明しよう。親のあなたが金融の天才でも、単純な言葉で説明できなければ意味がない。バリュー株とぼろ株の見分けのつかない親にはもちろん、この章は役に立つはずだ。

親のあなたは、いっそ投資などに目を向けず、ベッドの下か銀行に現金を置いておく方が安全だと思っているかもしれない。問題は、それがかならずしも安全ではないということだ。といっても、現金は盗まれる危険があるとかいう話ではない。インフレ、つまり長期的な物価上昇が問題なのだ。もしあなたのおカネが少なくともインフレ程度に金利を稼いでいなければ、あなたは購買力を失ってしまう（インフレについては、またあとで説明しよう）。ちなみに過去3年の平均インフレ率は3パーセントだった。

これまでインフレ以上に値上がりしている投資は、株式だ。もちろん確かなことは誰にもわからないが、専門家の意見では、長い目で見てこの傾向は続くと考えられている（246ページのコラムを見てほしい）。

そうか。はい。わかりました。でも、子供が投資できるだけのおカネを貯めるのはまだずっと先だから、ほとんどの親はこの章を飛ばしてもいいのでは？

そんなわけにはいかない。

子供が安定した仕事を得るか、現金をどっさり貯めるまで、投資の話を延期したがる気持ちはわかる。でも先延ばしにしない方がいい。投資教育を先延ばしにすると、あなたの子供は、どの子供も持っている大きな利点を失ってしまう。それは、おカネを増やす時間だ。あなたの子供が基本を早いうちに学び、若い頃から少額でも投資をしておけば、それが価値ある贈り物になる。今、あなたの子供が一文無しでも、市場に慣れてくれれば、おカネができたときにチャンスを掴める。

親のあなたが市場のことを何も知らなくても、一度も株を買ったことがなくても、パニックにならないでほしい。情報通の証券マンや人脈と情報さえあれば、正しい株を選べておカネが儲かるという間違った幻想を抱いている人は多い。この章では、知っておくべきいくつかの単純な投資のルールを教えよう。それを子供に伝えるだけで、あなたの子供はほとんどの投資家よりも賢くなれる。約束しよう。

## おカネをどこに投資する？

もし1985年に1000ドルを次の4つのものに投資していたら、今どのくらいになっているかを、この表は示している。投資先は、(1) 株式、(2) 債券、(3) 貯蓄口座、

（4）タンス預金だ。

ひとつ付け加えておきたい。この表からは、株式がほかの投資先を長期的に上回っていることは明らかだが、年によっては株で大金を失う可能性もある。たとえば、2008年に株式は37パーセント下落した（もし2009年に子供の大学の学費を支払うために株を売り払わなければならなかったとしたら、大きな損失を被っていた。だから短期的におカネが必要なら株式への投資はお勧めしない）。

それでも、長期にわたってずっと市場におカネを置いておけば、ほかの投資先よりはるかにいい結果が出せる。大まかに言えば、リターンが高いほどリスクも高い。

| 1985年に1000ドルを投資する | 平均リターン* | 30年後にいくらになっているか |
|---|---|---|
| 株式（S&P500） | 11パーセント | 2万2892ドル |
| 債券（バークレイズキャピタルUS債券インデックス） | 7・2パーセント | 8051ドル |
| 貯蓄口座（1か月もの米国債） | 3・6パーセント | 2889ドル |
| タンス預金 | 0パーセント | 1000ドル** |

＊1985年から2015年までの年率複利リターン。インフレ調整なし。
＊＊インフレ調整すると、タンス預金は元本を割っている。調整後のタンス預金リターンは472ドルにしかならない。

## 就学前

幼い子供に株価収益率（PER）について長々と講釈しても仕方がない。とはいえ、投資の概念を小さな子供にどう教えたらいいかを、ここに書き出してみよう。実際には、世界をどう見るかを教えるということだ。

### 投資とは、将来自分に戻ってくる何かだ

『ちいさなあかいめんどり』という絵本を、子供に読んであげてほしい。皆さんもあのお話を覚えているだろう。この昔話はさまざまに違うオチが語られているようだが、言いたいことは同じだ。

めんどりは時間と労力を費やして小麦からパンを作った。穀物を植え、収穫し、パン生地をこねた。めんどりがお手伝いを頼んでも、怠けものの動物たちは「嫌だよ」と言って何も手伝わず、食べるときになるとやってきた。全員が食べさせてほしいと言い張った。でも、ちいさなあかいめんどりは、いいなりにならなかった。自分の主張を貫き、怠けものにはパンを分け与えなかった。みんなは教訓を学んだ。ちいさなあかいめんどりは、ず

っと先のことを考えて、時間と労力を費やし、その見返りを得た。

子供がパズルを完成させたり、絵を描き上げたりしたときに、「投資」の概念を教えてあげるといい。「わぁ、すごいね。時間と労力を投資してよかったね。だから素晴らしいものが生まれたね」といった具合に。

## 親への注意：子供と庭に花を植えたり、植木鉢に種を蒔いたりする

未来という概念をなかなか理解できない小さな子供に、投資という考え方を教えるのは難しい。ひとつのやり方は、子供が見えるものに関連づけて教えることだ。たとえば植物の種が花になったり、野菜になったりする過程を見せるといい。植物が育つには時間がかかることや、肥料や水を「投資」すれば、最後にそれが美しいひまわりや熟れたトマトになることを話し合ってほしい。それを広げて、コミュニティに「投資する」ことを教えてもいい。少し遠い巨大チェーンスーパーに行くよりも近所の八百屋に子供を連れて行き、地元の人が経営している小さな店で買い物をすれば、自分の地域や町に「投資」することになると説明するといい。

## 小学生

小学生になると、単純な投資の概念を理解できるようになり、親が思う以上に投資に興味を持つようになる。次のように基本を説明するといい。

### 株式とは、あなたが所有できる、会社のほんの小さな一部だ

子供と一緒にディズニー映画を見ているときや、コーラを飲んでいるときが、株について説明するいいタイミングだ。小学校の3年生か4年生なら、基本を十分理解できるはず。まずは、子供の好きなものをたくさん作っているのは会社だということを説明しよう。子供の大好きな（でもたまにしか飲ませてもらえない）コカ・コーラを作っているのはコカ・コーラ社だ。お気に入りのリモコンカーを作っているのはハズブロ社。こうした会社が商品を作り、子供に販売する。ものを作るにはおカネが必要で、そのおカネを募るために、多くの会社は「株」を売り出す。「株」を買うということは、その会社に「投資」することだ。そして、その会社のほんの一部を所有するということだ。

子供にとって今すぐにその知識が役立つわけではないが、株を買うことが金融の全体像

の中でどんな役目を果たすかを考え始めるにはちょうどいい。

## ひとつの袋にすべての卵を入れてはいけない

子供に、ハンバーガーしかないレストランを想像させてみよう。みんながハンバーガーを大好きでいてくれる間は、そのレストランは大儲けできる。だが、狂牛病の噂が流れ、牛肉が汚染されていると思われ、ハンバーガーを誰も食べなくなったらどうだろう？　それとも、みんながフレンチフライも食べたいと思い始めたらどうなる？　ハンバーガー以外のメニューのあるレストランに行くのでは？　つまり、メニューにいくつか違う種類のものがある方がいいということだ。

この例は、最も大切な投資概念のひとつ、「分散」について説明している。株に当てはめると、こういうことだ。一社の株を買いたくなるのはわかる。たとえば、クリスピー・クリーム・ドーナッツに投資したいとしよう。この一社の株だけを買うということは、この会社と未来のドーナッツ人気に大きな賭けをするということだ。でももし、たくさんの会社の株を持っていれば、おカネを全部失うリスクは減る。株価の下がる会社もあれば、上がる会社もあるので、全体でみればうまく行く可能性が高まる。

## 親への注意：子供と宝くじを買ってみる。でも3回まで

手っ取り早く大金を手にするにはどうしたらいいかと子供に聞くと、「宝くじ」と答える。「1ドルと夢さえあれば大丈夫」といった広告を見たのかもしれないし、宝くじに当たった人のニュースを見て、「宝くじで金持ちになれる」と思ったのかもしれない。もしあなたの子供が宝くじにハマってしまったら、身をもって学ばせるといい。もし子供が望めば、子供自身のおカネで宝くじを買わせてみよう。宝くじに当たらなかったら（絶対に当たらない）、大きな金額のかかった人気の宝くじに当たる確率は2億5000万分の1よりも低いと教えよう。

数年前、『ニューヨーク・タイムズ』に、金持ちになることを夢見て毎週宝くじに500ドルから700ドルを使い続け、まだ当たりの出ないドアマンの記事が載っていた。[*1] そのおカネを株式ファンドに投資していたら、どのくらいになったかを計算してみた。仮に、そのドアマンが週に平均で600ドルを使っていたとしよう。すると年間3万1200ドルになる。投資リターンが7パーセントだとすると、10年間で40万ドルになる。18年間なら100万ドルだ。この計算には、何の仕掛けもないし、あり得ない確率も使っていない。スクラッチカードも必要ない。宝くじの勝率について子供と話し合うときには、次のコラムを参考にするといい。

## 宝くじに当たるよりもありそうなこと

もしあなたの子供が、金持ちになる一番の方法が宝くじだと考えているなら、この表を見せて、人生でありそうもない出来事に比べて宝くじに当たる確率がどれほど低いかを教えよう。

| 珍しい出来事 | 確率 |
|---|---|
| 雷に打たれる | 1万2000分の1 |
| 高校生の間にバスケットボールの選手としてオリンピックに行く | 4万5000分の1 |
| 映画スターになる | 120万分の1 |
| サメに襲われて死ぬ | 370万分の1 |
| アメリカ大統領になる | 1000万分の1 |
| メガミリオン宝くじに当たる | 2億5900万分の1 |
| パワーボール宝くじに当たる | 2億9200万分の1 |

中学生はおカネ儲けの話題にがっつり食いついてくる。おカネ儲けというと中学生の頭にまず浮かぶのは、とんでもないビジネスだったりするが、おカネがどのようにおカネを生んでくれるかを教えると、この年頃の子供は興味津々になる。

### 複利があなたを金持ちにしてくれる

複利という現象は、世界の8つめの不思議とまで呼ばれている。その理由をお教えしよう。おカネを何かに投資すると、そのおカネ、つまり元本に金利がつく。その金利に、さらに金利がつく。それがずっと繰り返される。金利が金利を生むことを「複利」と呼ぶ。複利によって、おカネがたちまち増える。かのアルバート・アインシュタインでさえ、複利の力に驚愕したらしい。複利の期間が長ければ長いほど、おカネはどんどん増えていく。だから、子供が幼いうちにこの概念を教えた方がいい。ウェブ上の複利計算機を使えば、子供にそれを見せてあげられる。たとえば、子供が10歳の時から毎月7ドル50セントを投資に充て始めるとしよう（一日25セントだ）。それが年率平均7パーセントの金利を生むとする。その子供が65歳になった時、おカネは5万1800ドルになっている。35歳から始めたとしたら、65歳で手にするのは8250ドルだ。

早く始めれば、見返りも大きい。ただし、絶対に注意してほしいことがある。複利はいい方にも悪い方にも働く。もしあなたがおカネを借りていたら、借りている金利にまた金利を支払うことになる。だからこそ、クレジットカードで物を買い、長い時間をかけて支払うのは賢くない（借金については4章を見てほしい）。

## 「72の法則」を知る

小学4年生以降なら、おそらく割り算を習っているだろう。お小遣いにもし金利がついたとしたら、そのおカネが倍になるのに何年かかるかを教えてあげるのに、この年頃はちょうどいい。

この法則を教えてほしい。子供のおカネについてくる利子で、72を割る。そして出た数が、元本を2倍にするためにかかる年数だ（元本とは、利子がつく前の最初のおカネだ）。たとえば、8パーセントの利子がつく口座におカネを投資したら、9年で元本が倍になる（72を8で割ると9だ）。もちろん、これには複雑な数学的な説明がある（数学好きならグーグルで「72の法則」を検索し、子供に説明するといい）。しかし、子供はやり方を知るだけでもいい。

## インフレに対しておカネを守る

ほどんどの子供と親にとって、インフレの話は、叔父さんから坐骨神経痛の愚痴を聞かされるのと同じくらいつまらない。しかし、この章のはじめで説明したように、インフレを無視していると、将来の購買力が減ってしまう。それが問題なのだ。だから子供には次のように説明しよう。

すべてのモノの値段は、時間が経つとともに上がる傾向にある。たとえば、今ハーシーチョコの値段は1ドルだけど、1970年には10セントだった。今は1ドルでチョコ1個しか買えないけれど、45年前には同じおカネで10個買えた。では、おカネの価値を守るにはどうしたらいいだろう？　前に言ったように、少なくとも年率3パーセントでおカネが増える何かに投資すれば、過去30年のインフレ率の平均と同じくらいにはおカネが増える（先ほどのハーシーチョコの例はインフレのもうひとつの重要な側面を描いている。すべてのものが同じ率で値上がりするわけではない。インフレより値上がり率が高いものも低いものもある。この場合、あの有名なチョコレートバーの値段は1970年以来平均で年率5パーセント上がっていた。同時期のインフレ率を少し上回っていた）。現在の貯蓄口座の金利は1パーセントを大きく下回る。だから投資が大切なのだ。

子供にこの概念を理解させるのが、とても大切なのだ。また、それがわかれば、なぜ確定拠出年金を株式に投資すべきなのかもわかるだろう（詳しくは273ページをご覧いただきたい）。インフレを知っておけば、じじばばが昔は10ドルで靴が買えたのにと1950年代の話をし始めたら、子供はこう元気に言い返せる。「おじいちゃん、そうかもしれないけど、でもそれはインフレを考えてない話だし、あの頃は今よりもみんな収入がぜんぜん低かったんだよ！」（もし、異なる時代における特定のものの価値に子供が興味を持ったら、労働統計局のウェブサイトにあるインフレ計算機で計算することもできる）。

## ものの値段は上がる

インフレの現実を知るには、本物の例を見るのがいちばんわかりやすい。次の表を子供に見せて、インフレに追いつくためには投資が必要だと教えよう。

| 品物 | 1970年の値段 | 2016年の値段 |
|---|---|---|
| バービー人形 | 3ドル | 10ドル |
| サッカーボール（公式サイズ） | 5ドル | 30ドル |

| | | |
|---|---|---|
| レゴセット（350ピース） | 7ドル | 30ドル |
| 映画のチケット | 1ドル50セント | 8ドル50セント |
| 自転車 | 85ドル | 215ドル |
| 4年制の公立大学の学費と寮費 | 1400ドル | 1万9500ドル |
| 新車（平均価格） | 3500ドル | 3万4000ドル |
| 家（平均価格） | 2万5700ドル | 27万3600ドル |

## 株式ゲームや投資キャンプは楽しいかもしれないが、現実の投資の知恵は教えてくれない

株式ゲームは全国の学校で大流行している。クラブや授業の中で、子供たちは実際の株価を使ってポートフォリオを作り、おカネを投資したと仮定する。最近では投資キャンプも流行っている。子供を2週間どこかに合宿させれば、ウォール街の天才ができあがるというわけだ。

こうした授業やクラブやキャンプは同じ考え方を推奨する傾向があるようだ。それは、いくらか調査をすれば、上がる株が見つかるという考え方だ。それならできそうな気がしてくるのでは？　問題はふたつある。個別企業の株価を追いかけて、上がるか下がるかを

分析しているプロのアナリストは星の数ほどいる。しかも、彼らはだいたい間違っている。あなたの子供が勝ち続けるには、そうしたアナリストを全部足し合わせたよりも有能でなければならない。あなたの子供がどんなに株式ニュースが好きでも、そんなことは不可能だ。

こうしたゲームやキャンプのもうひとつの大きな問題は、投資期間が短すぎることだ。ほとんどの場合、数週間か数か月で勝者が決まる。すると、リスクの高い株を選べば大きく手早く勝てる可能性がある。そのやり方は、現実の世界で成功する可能性の高い長期分散投資の原則に反する。もちろん、金融ゲームは子供にとって楽しいし、投資への興味をそそるものではある。しかし、子供に書類かばんを買い与え、『ウォール・ストリート・ジャーナル』を購読させ、モルガンスタンレーで働く姿を夢見るより、現実を教えてあげる方がいい。そのためには、次のアドバイスが有効だ。

## インデックスファンドは、簡単で賢い投資手段

おそらくここまで読めば、個別株に投資するなんて愚の骨頂だと私が思っていることはおわかりいただけただろう。ではどうするか？　自分のロッカーの番号でさえ時々忘れてしまいそうになる中学生に、こんなことを教えるのはどうかと思われるかもしれない。し

かし、中学生にもなればほとんどの子供がインデックス投資の基本的な概念を理解できるし、それを知りたがる子も多い。だからここで見直してみよう。すでに話したように、分散すれば、つまり、ひとつの銘柄ではなくたくさんの銘柄に投資すれば、リスクは減る。上がる株もあれば、下がる株もあるからだ。

分散するとしたら、一度に数百銘柄、または数千銘柄に投資する方がいい。一番簡単なやり方はインデックス、すなわち指標に含まれる構成銘柄をすべて買うことだ。たとえば、有名なインデックスはダウジョーンズ工業平均で、大企業30社の株式で構成されている。スタンダード・アンド・プアーズ500銘柄、いわゆるS&P500は大企業500社の株式で構成されている。CRSP米国株インデックスは、およそ4000の銘柄で構成されている。

株式指標に投資する一番簡単な方法は、株式インデックス投資信託を買うことだ。インデックス投信とは、たくさんの投資家のおカネをひとつの場所（プール）に入れて、特定の指標（インデックス）を構成するさまざまな銘柄に投資するものだ。S&P株式インデックス投信は、投資家から集めたおカネでS&P500の構成銘柄を買う。もちろん、ほとんどの中学生にはまだ本当のおカネを投資する準備はできていない。それでも、何がうまく行くのかを考えさせるのはいいことだ（あなたの子供が興味津々なら、次の高校生の節により詳しい情報がある）。

## 親への注意：娘にも投資について話そう

あなたが進歩的な親だとしても、娘と投資の話をすることを無意識に避けていないかを思い返してみよう。ノースカロライナ州立大学とテキサス大学が8歳から17歳の子供を対象に行った最近の調査では、親は娘より息子とはるかに多く投資の話をする傾向にあることがわかった。[*2] それが、子供たちの将来に影響を与えている可能性はある。22歳から35歳までの人のうち、退職の備えを始めている女性が56パーセントだったのに対し、男性は61パーセントだった。[*3] もちろん、女性の収入が低いことが、蓄えのない女性が多いひとつの原因だが、投資の知識がないこともまた一因かもしれない。

## 高校生

ティーンの多くはアルバイトやほかの収入源がある。子供が高校生になったら、自分のおカネを貯金するだけでなく長期の投資に回すことを考えさせるといい。

## 個人退職口座を開き、アルバイトで稼いだお金を入れる

この間、大学で講義をした時、ある学生が手を上げて高校生の時の忘れられない想い出を話してくれた。ある日歴史の先生が、その日やるはずだった南北戦争の授業をやめて、個人退職口座について話すことにすると言った。その先生は授業の時間をまるまる使って、おカネを増やしたいと思ったら個人退職口座を開くことが一番賢いやり方だと語った。その学生は、先生の教えに従って口座を開き、すでに数千ドルも貯めていると言っていた。今になって、その先生の名前を聞いておくべきだったと後悔している。その先生に今すぐ電話をかけて、天才だと伝えたい。

通称ＩＲＡと呼ばれる個人退職口座は、超賢いおカネの置き場所だ。３章でも言った通り、これを「退職」口座と考えてはいけない。どんな年齢の人にも、すごくいい投資口座だからだ。ただし条件がある。仕事で稼いだ収入しか、ＩＲＡに入れられない（お小遣いやお誕生日プレゼントはダメだ）。高校生が開くべきＩＲＡの口座はロスＩＲＡと呼ばれる口座だ。ロスの口座からなら、いつでも好きな時におカネが引き出せる。おカネの引き出しに税金も罰金もかからない。ただし、稼いだ金利を59歳半より前に引き出した場合、その分には税金と罰金がかかる。

では、なぜ私がこれほどロスＩＲＡをごり押しするのだろう？　まずこの口座は税金が

かからずにおカネを増やすことができ、もし早いうちから始めればものすごい複利効果が生まれる。たとえば、息子が15歳から18歳の4年間、夏のアルバイトで得た1000ドルを毎年ロスＩＲＡに入れたとしよう。その後一銭も入れずにほったらかしておいても、もし年率7パーセントで増えたとしたら65歳までには10万7000ドルになっている。もしあなたの子供が25歳から始めて28歳までの4年間に毎年1000ドルをこの口座に入れて65歳までほったらかして置いたら、5万ドルにしかならない。早く始めて税金のかからない複利効果を得ることで、大きな違いが出る。

もし親にその余裕があれば、子供がＩＲＡに入れる金額と同額を足してあげるといい。たとえば、あなたの子供がライフガードとしてひと夏働いて得た3000ドルの中から、500ドルをロスＩＲＡに入れることに決めたとしよう。親がそれと同額の500ドルを上乗せし、合計で1000ドルを子供のロスＩＲＡに入れる。そうすれば、口座に入る額が倍になり、その分がまた複利で増え続けるばかりか、子供がフルタイムの仕事に就いたとき、企業が提供する確定拠出年金（401k）を活用する準備にもなる。とはいえ、この口座に入れられる金額の上限は、子供がその年に稼いだ収入までだということは覚えておいた方がいい。

**ロスＩＲＡのおカネをインデックスファンドかＥＴＦに投資する。それ以外は忘れていい**

ここまでの説明で、子供は収入の一部をロスＩＲＡに入れるべきだということはわかったはずだ。ではそのおカネをどうしたらいい？　ロスＩＲＡに入れたおカネを増やすための投資先を選ばなければならない。でも大丈夫。私のお勧めはふたつに絞られる。

ひとつめはインデックスファンドだ（インデックスファンドのおさらいは259ページを見てほしい）。何に投資したとしても、その一部は投資会社に経費と手数料という名目で持って行かれることを、子供にきちんと説明しよう。これがいわゆる運用手数料だ。インデックスファンドは最も運用手数料が低い。なぜ低いかというと、インデックスファンドの場合は運用者が株を選んで投資するわけではないからだ。S&P500なり、CRSP米国株インデックスなりの決まった構成銘柄を買うだけだ。ここで、驚くべき事実がある。プロが銘柄を選ぶファンドよりインデックスファンドの方が長期的な平均リターンは高い。[*4]だからインデックスファンドは投資先として最高なのだ。

私のお勧めはチャールズ・シュワッブが販売しているシュワブ・トータル株式市場インデックスファンド（運用手数料0・09パーセント）で、最低1000ドルから投資できる。お勧めの2番手はバンガードトータル株式市場インデックスファンド（運用手数料0・16パーセント）で、初期投資の最低額が3000ドルからになる。さらに詳しい情報は、シュワブとバンガードのウェブサイトを見ていただきたい。

子供には1000ドルものおカネはない？ それでも大丈夫。もうひとつの投資先は、さまざまな意味でインデックスファンドに近い。上場投資信託（ETF）と呼ばれるものだ。ETFもまた、S&P500やCRSP米国株インデックスといった決まった指標に連動し、運用手数料が低い。ただし、ひとつの大きな違いはETFそのものの値段が日中に刻々と変動することだ。一方インデックスファンドは、一日に一度しか価格は更新されない。ETFの売買に手数料を課す会社もあるが、そうでない会社も多い。

100ドルもあれば、CRSP米国株インデックスに連動するバンガード株式指標ETFを買うことができる。本書の執筆時点では、手数料はタダで、バンガードからこのETFを一株から買うことができる。シュワブ米国株ETFはそれより少し運用手数料が安い。

ひとつ注意してほしいことがある。上場投資信託は個別銘柄のように毎日売り買いできるが、それはやめた方がいい。ETFは株式インデックスファンドのように扱うべきだ。株式市場を出し抜こうとすれば、ムダに損をするだけだ。長期的に株式市場全体と同じだけのリターンを得られれば、それでいい。

## うまい話に騙されないように

バーニー・マードフを忘れられる人がいるだろうか？　およそ200億ドルを顧客から騙し取った、あの悪名高い詐欺師だ。

それなのに、若い人の多くはマードフを知らないらしい。2014年の調査では18歳から29歳の投資家のほぼ半数は、マードフが誰かも知らなかった。[*5]

そう聞くと私は心配になる。マードフの話はみんなが覚えていた方がいい。

マードフは長年、周囲の誰からも投資の天才だと思われていた。しかし実際にやっていたことは古典的な投資詐欺だった。投資詐欺の元祖といえばチャールズ・ポンジで、1920年代に90日で100パーセントのリターンを「保証」して投資金を集めていた。マードフもポンジと同じで、投資家にリターンを保証していたが、マードフの方が賢かった。毎年10パーセントから12パーセントのリターンを約束したのだ。その程度であれば、異常だと思われない。[*6]　しかし、長期的な株式リターンの平均はインフレ調整後で7パーセントだ。しかもこの数字は、極めて好調な年と、40パーセントの損失のある年が混ざった平均だ。それを考えると、マードフが約束したように、毎年二桁のリターンを保証するのは不可能なのだ。マードフは、新しい投資家から集めたおカネを使って既存の投資家にリターンを返すことで、詐欺を続けていた。投資家はそれを株式市場からの利益だと思い込んでいた。多くの投資家から資金が舞い込んでくる限り、マードフはいつまでもこのゲームを続けていられたわけだ。

マードフの詐欺が巧妙だったのは、特権的な雰囲気を作り出していたことだ。誰かの紹介がなければマードフの顧客になれなかったし、断られる人も多かった。2008年にマードフの詐欺が明るみに出た時には、あの選ばれた人たちのクラブに入れなかった人たちはほっと胸をなでおろしていたに違いない。

当たり前だがよく見逃されている教訓がここにある。うまい話にはかならず裏があるということだ。かといって、投資を避けるべきだという意味ではない。投資を避けるのも間違いだ。ただ自分を教育する必要があるというだけである。

## もしそうしたければ、社会に役立つことに投資する

最近の調査では、若者は社会に役立つ活動を支援する企業を気にかけ、その商品を買うことに非常に気を遣っていることがわかっている。[*7] 投資にしても、いわゆる社会的責任ファンドに子供たちがおカネを入れたいと思うのは、理にかなったことだ。

子供がたとえば環境に強い関心があったり、喫煙を嫌っているなら、社会的責任ファンドがどんな役割を果たしているかを議論してもいい。タバコや武器といった特定の産業に投資しないファンドもあれば、社員を大事にする会社や、人権をきちんと尊重する国際的企業に投資するファンドもある。省エネや環境対策に関連するような企業に投資するファンドもある。するとだいたいわかってくるだろう。このようなファンドなら子供の信条に合う投資ができる。

とはいえ、子供が巧妙な広告に騙されないように、親が助けてほしい。すでに書いたが、管理料を取るファンドや運用手数料が高いファンドは避けてほしい。手数料の低いファンドを選ぶには、SocialFunds.comに行くといい。私のお勧めはバンガードＦＴＳＥ社会的インデックスファンド（運用手数料０・25パーセント）か、ＥＴＦを探している場合にはＳＭＣＩＫＬＤ４００社会的ＥＴＦ（運用手数料０・５パーセント）だ。

## 大学生

大学の学費は、子供にかかるおカネの中でも一番大きな費用だ。おしなべると、大学を卒業していれば、そうでない場合よりも生涯で稼ぐ収入ははるかに多い。しかし、大学生は投資に充てるようなおカネはほとんどない。とはいえ、投資に関連する次のようなトピックを認識しておいた方がいい。

## （大学生が自校の）大学基金の投資先に意見を言うことはできる

1980年代には、アパルトヘイトへの反対を表すために南アフリカから投資を引き上げるかどうかが大きな問題になった。今の大学生は、自校の大学基金が化石燃料に投資しないよう要求し、一部の一流大学はその要求に応えている。もしあなたの子供が興味を示したら、環境に優しい企業慣行や、人権を守って活動してきた企業への信頼を示すことが大きなインパクトを持つ可能性もあると教えてあげてほしい。責任ある大学基金連盟（Endowmentethics.org）は学生が出資する組織で、反倫理的な企業からの投資引き上げキャンペーンを立ち上げる助けをしている。興味があればチェックしてみるといい。

## マネーマーケットファンドに貯金を入れる

ほとんどの大学生は余分なおカネを持っておらず、投資で損すると元も子もなくなってしまう。長い目で見ると銀行に貯金するより株式投資の方がいい（246ページのコラムを見てほしい）が、株式投資はいい年もあれば悪い年もある。大学生にはそこまでのリスクを取る余裕はないかもしれない。

マネーファンドとも呼ばれる、マネーマーケットファンドは、銀行預金の代わりになる投資信託だ。安全で、安定的で、流動性がある。いつでもおカネを引き出せるし、罰則もない。また過去には貯蓄口座の利子よりもマネーファンドの方が金利は高かった（ただし銀行預金と違ってＦＤＩＣの保証はないが、過去に損を出したマネーマーケットファンドはふたつだけで、それも一ドルにつき数セントの損だった）。このところのマネーマーケットファンドのリターンは銀行預金と変わらないか、それより低いこともある。しかし、投資に関わったことがあれば誰しもわかるように、下がったものはいつかは上がる。マネーマーケットファンドという選択肢があることは意識しておいた方がいい。保証はできないが、今の小さな子供が大学に入る頃にはふたたびリターンが上がっているかもしれない。iMoneyNet.comやCraneData.comといった比較サイトで、マネーマーケットファンドのリターンを見るといい。

## 年老いた自分を想像できる若者の方が、おカネ持ちになりやすい

比較的最近だが、スタンフォード大学の研究で明らかになったことがある。[*8] 若者が貯蓄

を苦手な理由のひとつは、年老いた自分を想像できないからだと言う。

バーチャル技術の研究室で、ある大学生のグループが現在の自分と同じ年齢のアバターを見せられた。もうひとつのグループは70歳になった自分のアバターを見せられた。どちらのグループも、自分のアバターの動きに慣れ、同じ部屋の人たちのアバターと触れ合った。その後、大学生たちはいくつかの質問をされ、その中に、1000ドルをもらったら何にどのくらい使うかという質問があった。愛する人に贈り物を買う、退職口座に投資する、楽しいイベントに使う、または当座預金口座に入れる、などの選択肢が与えられた。驚いたことに、70歳のアバターを見せられた学生たちは、今の年のアバターを使わされた学生たちより、退職口座に入れるおカネの額が2倍も高かった。年老いた自分を想像できれば、貯金したくなるということだ。

## 社会人

大学を出たばかりで給料も安く、奨学金の返済を抱え、新しい生活の負担もある若者にとって、投資は遠い夢のように思えるだろう。あなたの子供に、ほんの少しの額からでも投資を始めるよう励ますには、次のように言うといい。

## 自分のリスク許容度を知る

アンケート調査によると、20代の若者は株式投資を頭から敬遠する傾向があるようだ。確かに景気は悪く、ウォール街は悪者とされ（確かに正当な理由もある）、若者は年配の人たちから市場は個人投資家を食い物にしているとさんざん愚痴を聞かされてきている。この世代の投資に対する恐れと嫌悪感は、『ザ・ウィーク』のライアン・クーパーという記者の言葉によく現れている。[*9]「確定拠出年金のパンフレットを見ていると、悪魔が手を突き出して僕の喉元を掴んでいるように感じてしまう。どの投資先が一番損をしないかを考えるよりも、貧乏なまま死んだ方がマシだとさえ思えてしまうのだ」

この本をここまで読んでくれたなら、子供が株式市場におカネの一部を投資することがどれほど大切かはおわかりいただけたと思う。その割合は、子供の年齢と目標とリスク許容度による。大まかに言うと、100から自分の年齢を引いた数を株式の投資割合にするといい。残りは債券やマネーマーケットファンドへの投資をお勧めする（債券については281ページを見てほしい）。もちろん、投資割合は個別の状況によるが、新規の投資家にとってはこれがだいたいの目安になるだろう。退職が近づくにつれて、リスクを徐々に減らしていくのがポイントだ。だから短期的な目標で株に投資してはいけない。たとえば5年以上の長期投資を目指すべきだ。家の頭金と同じだ。投資は長期で行ってほしい。

### 雇用主の確定拠出年金がマッチング式なら、今すぐ申し込み、限度額まで払い込もう

とにかくやった方がいい。濡れ手に粟とはこのことだ。子供の収入がどんなに少なくても、もしその会社が確定拠出年金プランを提供していて、子供自身がマッチング拠出をできるなら、絶対にやった方がいい。たいていの場合、2種類の確定拠出プランがある。伝統的な確定拠出年金と、ロス401kと呼ばれるものだ。一般的にはロス401kの方がいい。ロスの場合、個人の現在の拠出分には税金がかかるが、退職した時の収入には税金がかからない。伝統的な確定拠出プランだと、今拠出する額に税金がかからない代わりに、引き出す時には税金がかかる。おそらく、入社したばかりの若者は収入も税金も退職時よりも低い層に分類されるだろう。だからロスを選んだ方がいいと思われる。

もちろん、子供には賢くおカネを投資してほしい。数十年間、このおカネは引き出さないのが前提だ（確定拠出年金と個人退職口座に関しては、59歳半が公式の退職年齢だ）。20代の子供はまだまだ先が長いので、確定拠出年金の大半を運用手数料の低いインデックスファンドやETFに投資するのが理にかなっている（インデックスファンドとETFに

関する説明と私の推奨は264ページを見てほしい）。FinancialEngines.comのようなサイトを通じて無料の投資助言を提供し、確定拠出年金の投資先を選ぶ手助けをしている雇用主もある。初心者にとってはこれがかなり役に立つ。また、子供が投資先として自社株を勧められたら、断った方がいいと教えよう。一社の株におカネをつぎ込むのはよくないし、それが自分の働き先だとさらにリスクが高い。もしその会社が傾くと年金が危うくなるばかりか、失業の恐れもある。

また、確定拠出年金の投資先にたいてい含まれているターゲット・デート・ファンド（TDF）も考えてみるといい。TDFは自動的かつ段階的に投資の比重を株式からより安全な債券へと移していき、退職年齢に近づくとマネーマーケットファンドにも投資する。ただし、注意しておくべきこともある。TDFはインデックスファンドより運用手数料が高い場合があり、最近の平均は0．55パーセントだ。

## 子供が従うべき（少なくとも知っておいた方がいい）10の投資ルール

### 1　完璧な投資家になれなくても、いい投資家にはなれる

投資の初心者は、どんな投資判断にもその度に頭と心を悩ませ、一番いい決断をしなかったと後悔し続ける。でも、くよくよしても仕方がない。退職口座を持つ人々を対象にした、最近の全米経済研究所の調査によると、投資について基本的な知識のある人は、知識のない人に比べて25パーセントも口座の残額が多いことがわかった。[*10] 基本的な知識があるといっても、この人たちは投資のプロではない。ただ、株式のリターンが債券や現金のリターンを上回るという単純な事実を理解し、その通りに投資していただけだ。

### 2　怠け者でいい

株式のインデックスファンド（ウォーレン・バフェットのお気に入り）[*11]か、ETFに投資したら、そのまま放っておけばいい。この作戦を貫けば、プロのファンドマネ

ジャーを上回るリターンを上げることができる。実際、大勢の投資家を対象にした調査では、売買頻度で上位2割の投資家は、下位2割の投資家より、38パーセントもリターンが少なかった。[*12]

### 3 高い手数料を払ってはいけない

この話はもう耳にタコができるほど聞いたかも知れないが、数字で説明しよう。仮に、運用手数料が1・5パーセントのファンドに1000ドル投資し、運用手数料が0・2パーセントの別のファンドにも1000ドル投資したとしよう。どちらも30年間運用して年率7パーセントのリターンがあったとすると、最初のファンドは4984ドルにしかならないが、2番目のファンドは7197ドルになっている。だから、運用手数料は重要なのだ。

### 4 税額を減らす

確定拠出年金か個人退職口座におカネを入れて、それが増えていくのを見守ろう。これらの口座には税金がほとんどかからない。

## 5 アドバイスを真に受けるな

もし家族の集まりで、おじさんがアンチエイジングのイノベーションを起こしたバイオ企業の内部情報を披露して、この株は爆騰間違いなしの銘柄だと勧めたら、そのおじさんにやさしく微笑み、ありがとうと言って、家に帰ったあと絶対に何もしてはいけない。普通の投資家にはおいしい内部情報など手に入らない。内部情報はウォール街のプロに先にいく。もしそれが本当におじさん以外に誰も知らない情報だとしたら、次の家族の集まりではそのおじさんは牢屋に入っている可能性もある。インサイダー情報の漏洩は違法だ。

## 6 自動的に貯金する

大きな蓄えを持つには投資が一番いい方法だと思い込んでいる人は多い。もちろん、投資で成功できればそれに越したことはない。だが、どれほど運が良くても、貯金不足は補えない。確定拠出年金に登録したら、給与から天引きでその口座におカネが入るようにするといい（かならずそうしてほしい。今は苦しくてもあとで大きな見返りがある）。個人退職口座には、毎月の給料日にかならず一定額が自動送金されるように手続きしておくといい。

## 7 分散が大切

これまで何度か繰り返したように、ひとつの個別銘柄に大きく賭けるより、株式のインデックスファンドかＥＴＦに投資した方がいい。分散がリスクの軽減につながる。

## 8 おカネがすぐに必要なら、株には投資しない

３年以内に家の頭金を払う計画があったり、数か月後に結婚資金が必要なら、貯蓄口座、譲渡性預金、マネーマーケットファンドといった超安全な場所におカネを置いておこう。株に投資してそのおカネをリスクにさらしてはいけない。株式は長い目で見ればほかの投資より高いリターンをもたらしてくれるが、その分変動も激しい。たまたまタイミング悪く株が下がったときにおカネが必要にならないよう、別の場所に置いておいた方がいい。

## 9 グローバルに考える

かつて外国株はリスクの高い投資で、かなり度胸がなければ手を出せないと思われていた。今は違う。外国株のインデックスファンドに、たとえば総投資額の2割を投資すれば、分散が少し広がる。アメリカの株式市場が暴落しても、海外の市場はそれほど下がらないかもしれない。

## 10 ビンテージのおもちゃ、アンティーク、フィギュアなどは投資にならない

キャベツ畑人形、ビーニー人形、プレシャスモーメントのフィギュア、ラベーヌ&シャーリーのお弁当箱を覚えているだろうか？　こうした昔のコレクターアイテムの値段が高騰した時代があった。だが今では、こうした昔のおもちゃはイーベイにいくらでもあるし、昔の値段のほんの数分の1で取引されている。取引にならないアイテムも多い。こうした品物を想い出や愛情から買う余裕があれば、そうしてもいい。ただし、値上がりするなどとは夢にも思ってはいけない。

## 個人退職口座（ＩＲＡ）を開く（もしまだ開いていないなら）

子供がまずやるべきなのは、勤め先のマッチング型確定拠出年金に上限までおカネを入れ、それ以上は個人退職口座に入れることだ。高校生のところでロスＩＲＡにおカネを入れようと口を酸っぱくして言った。ここでは伝統的な個人退職口座について少し話をしよう。

個人退職口座への入金には税金がかからず、何年も経って退職時に引き出すときに税金を支払う。だから、若い社会人にはロスＩＲＡの方が有利になる。

まず、先ほど述べたように、若い時は給料が安く課税所得の低い層に分類されるが、引退して退職口座からおカネを引き出す頃には税率の高い層に入っている可能性が高い。だから税率の低い層にいるうちに税金を払った方が得になる。次にロスＩＲＡなら、伝統的なＩＲＡと違って途中の引き出しに対して税金や罰金がかからない。そして3つめに、伝統的なＩＲＡは、その資格を得て税額控除の恩恵をフルに受けるのがロスＩＲＡより難しい。勤め先の確定拠出年金に入るには、収入が6万２０００ドル以下でなければならない。ロスＩＲＡを開いて上限まで拠出するには、収入が11万８０００ドルより低くなければならない。２０１7年時点で、どちらの個人退職口座も年間の拠出額の上限は５５００ドルだ。ロスＩＲＡと伝統的なＩＲＡとどちらが得かの分析は、バンクレート・ドットコム上で計算できる。

どちらの口座を選ぶにしろ、どこに口座を開き、何に投資するかを選ぶ必要がある。私のお勧めは、先ほどから言っているように、運用手数料の低い株式インデックスファンド（またはＥＴＦ）と債券インデックスファンドの組み合わせだ。

たとえばバンガードのような証券会社で、インデックスＥＴＦを一株１００ドル程度で個人退職口座を開くことができる。各種ウェブサイトのロボットアドバイザーからも無料のアドバイスを受けられる。ロボットアドバイザーなら登録もいらず、無料だ。その代わり、収入、年齢、リスク許容度といった短いアンケートに答えさせられる。こうした会社はその答えに基づいて、さまざまな低コストの投資を勧めてくれる。

### 債券に少しだけ投資する。たくさん投資しすぎてはいけない

債券を買うということは、一定のおカネを企業や政府やその他の組織に一定の期間貸し出すということだ。そのお返しに、債券発行者があなたに金利を支払う。一般的に言って、債券のリターンもリスクも株より低い。株式と同じように債券にもファンドがあり、債券ファンドを選ぶときにも運用手数料を見て、コストの低いファンドを選んだ方がいい。債券には中長期のものも、短期のものもある。どの種類を選んでもいいが、運用手数料が平

均を上回らないよう、確かめてほしい。本書執筆時点での運用手数料の平均は0・5パーセントだ。

もうひとつ、別の種類の超安全な債券が、I（アイ）ボンドだ。これはインフレに対応するよう設計された債券で、一口25ドルという少額でアメリカ財務省から直接買うことができる。一年以内には換金できない仕組みになっていて、5年より以前に換金すると少額の手数料を取られる。だからこそ、アイボンドが子供にとって長期投資のいい手段になる。たとえば家の頭金といった長期目標のために貯金するのに最適だ。このところの金利は銀行預金と比べてそう高くはないが、ちょっと前までは比較的魅力的な金利がついていた。もし社会人の子供がまとまった金額を安全に貯蓄しておくには、アイボンドを考えてもいい。口座の詳細と手引きは財務省のウェブページを見てほしい。

## 昇給やボーナス分を投資する

おカネはあればあるほど、使ってしまうものだ。でもよく考えてみると、給料が増えたからといって多く使う理由などない。実際、リチャード・セイラーとシュロモ・ベナルツィのふたりの行動経済学者は、「スマート」という仕組みを取り入れることで、社員が貯金の金額を大幅に増やせることを証明した。[*13] 社員は将来の昇給分の一定割合を自動的に確定拠出年金に入れる取り決めをしておく。すると、実際に昇給したときに確定拠出年金に入れる額をいちいち考えて増やす必要はなく、そのおカネを投資に回す機会を逃すこともなくなる。子供にスマートプログラムを始めさせ、昇給分のすべてかその一部を確定拠出年金か個人退職口座に自動的に送金するように手続きをするといい。

# 第8章 社会に還元しよう

２０１２年にハリケーン・サンディが東海岸を襲った直後、台風で被害を受けた人々を助けようと誰もが手を差し伸べた。多くの人が大変な損失に苦しみ、破壊の爪痕は、特に子供にとってはそれまで見たことのないほど悲惨なものだった。

８歳になる私の息子とテコンドーのお稽古で一緒の女の子のママのディードラは、洪水で家を失くして仮設住宅にいる人たちに食べ物を寄付することを娘に知らせた。すると娘が、大切なことを話したいと言い出した。ディードラは、娘が今回の悲劇について何か深い想いでも打ち明けるのかと思い、心の準備をした。すると、娘はこう言ったのだ。「私のピーナッツバターをあげちゃやだ！」ディードラは唖然としてしまった。娘とそれほど歳の違わない子供たちはみんな、週末を使ってニューヨークのあちこちを清掃して回っているというのに、うちの娘ときたら好物を人にあげたくないとのたまっている。ディードラはわけがわからないといった感じで、私に聞いてきた。「どうしてあんなわがままになっちゃったの？」

親なら誰しもそんな経験がある。子供の思いやりのなさにショックを受け、呆れてしまうのだ。もちろん、お砂場で仲よく誰にでもショベルやバケツを貸してあげるマザーテレサのような子供がいないわけではない。だが子供はそもそも、ものを独り占めしたがる。何かを分け与えなさいと子供に言うと、それが古いＴシャツでもピーナッツバターでも、子供の生存本能を刺激してしまうらしい。

「一度も箱さえ開けなかったあのジェンガのおもちゃをホームレスの子供にあげたくないって本気で言ってるの？」と叫びたくなる気持ちはわかる。でも、怒鳴っても仕方ない。子供が離れていくだけだ。怒鳴るのではなく、恵まれない人たちに何かを与えることは、大切な家族の価値観の一部だとはっきり教えよう。親も与えるし、子供も与えなければならない。わかりやすく、簡単なことだ。

子供が「共感して」いなくても、心配しなくていい。ユダヤ教の経典でも、型に従うだけでいいと言われている。「ふりをしているうちに本物になる」という、あの考え方だ。義務感からでも、学校の単位を得るためでも、心からの善意によるものでも、行動することに意味がある。心配する必要はまったくない。子供は大きくなれば次第に他人を思いやれるようになる。

平和部隊の例を見てみよう。数年前の景気の底に、平和部隊への参加希望者が大幅に増えた。これを、若い世代が人生で何を大切にしているかの証明だと思った人もいれば、大卒者が仕事にありつけなかったからだと見た人もいる。どんな動機でも、平和部隊のボランティアが世の中のために役立っていることには変わりない。

とはいえ、子供がやりがいを持てるチャリティ活動やプロジェクトが見つかれば、さまざまな意味で素晴らしいことだ。強制ではなく自発的に慈善事業に貢献すると、人は実際に幸せになれることが、研究でも明らかになっている。[*1][*2]

寛容な子供を育てるには、親の側が本気で自分たちの心の内を探ってみることも必要になる。中学生と高校生1万人を対象にしたハーバード大学教育大学院の研究によると、「言葉と現実のギャップ」が寛容さの妨げになっていることがわかった。[*3]ほとんどの親は思いやりのある子供を育てたいと口では言っているが、実際には個人の成功や成果に何よりも力を注いでいる。その調査では、「親は、自分が学校でいい成績を収める方が、思いやりのあるコミュニティの一員であるより誇らしく感じてくれる」と思う子供が、思わない子供の3倍も多かった。

この章では、社会に恩返しができ、与えることに喜びを感じられる子供を育てるにはどうしたらいいかを語りたい。

## 就学前

ほとんどの小さな子供は、家族やお友達に優しくすることができる。4歳までにはある程度成熟し、知らない人に親切にできるようになる。[*4] 早いうちから次のことを子供に伝えて、与える気持ちを育もう。

### 寄付のための貯金箱を置く

2章でおカネを目的別に3つのビンに入れるといいという話をした。ひとつは貯金のため、ひとつは必要なものに使うため、そしてもうひとつは分け与えるためだ。これを実践している家庭も多いが、子供に持ち金の3分の1を寄付のビンに入れさせるのは現実的でないと感じる親もいる。というのは、ほとんどの大人もそれほどのおカネをチャリティに寄付していないからだ。だが、細かいことにこだわっても仕方がない。割合は3割でも、2割でも、1割でもかまわないので、いくらかをチャリティのために取っておくことが重要なのだ。そして子供が現金を手に入れた時、おじいちゃんからのお小遣いでも、どこかで拾った小銭でも、親からの誕生日プレゼントでも、その度にかならずいくらかをチャリティのビンに入れるようにしてほしい。

ここからがうれしいところだ。実際にそのおカネを誰かに分け与える時はワクワクする。学校に入る前の小さな子供は、どんなチャリティに寄付したいかをわからない場合が多いので、親が導いてあげるといい。『Raising Charitable Children（思いやりのある子供を育てる、未邦訳）』の著者であるキャロル・ワイズマンは、こう子供に尋ねることを勧めている。[*5]「もしこの世界でひとつだけ変えられることがあるとしたら、何を変える？」その質問への答えから、子供を悩ませていることは何かを掘り下げてみよう。遠いどこかの国で起きた天災なのか、それとも身近な問題か？　たとえば近所で見かけたホームレスの人か、いとこの遺伝的な病気か？　幼い子供はテレビで見た地震と、被災支援の団体への寄付を結びつけることができないことも多いので、親がそこを助けてほしい。たとえ小さな子供でも、具体的で重要だと思えるチャリティには心を掴まれるものだ。寄付先として子供に教えてあげるといい慈善組織を２９２ページのコラムで紹介している。

## 「たくさんのものを持っている人」もいれば「十分ではない人」もいる

友達のデニスがまだ小さかった頃、父親に新しい自転車をねだると父親はこう言った。

「すまないね、その余裕がないんだ」

「どうしてうちはそんなに貧乏なの?」とデニスは文句を言った。

「貧乏? 貧乏がどんなものか、見せてやる!」父親はそう答えた。

ちょうど夕食時だったが、頭に血が上った父親は家族全員を車に乗せて、同じ街でもデニスが足を踏み入れたことのない場所に運転していった。自分たちの住む中流地域とはひと目で違うとわかる場所だった。父親は、ペンキがはがれ落ち、古い洗濯機が玄関脇に置いてある家の前に車を止めた。金網の向こうではふたりの小さな女の子が泥にまみれて遊んでいた。「あれが貧乏だ」父親はそう囁いた。それから全員で家に戻り、車を玄関に着けると、自分たちの質素な家が突然お城のように見えた。そのあとも欲しいものを買ってもらえないことはあったが、「貧乏だ」と文句を言ったことは一度もない。

ここまではっきりと子供に見せることには抵抗がある人もいるかもしれないが、デニスの父親は子供たちに何事も相対的なものだと賢く教えていた。そして謙虚であることの大切さも強烈に子供の胸に刻ませた。「貧乏」という言葉を使わせないのも、ひとつのやり方だ。その言葉が、子供と助けが必要な人との間に距離を作ってしまう。

ニューヨークのスペイヤー・レガシー・スクールの共同創立者コニー・バートンは、持てる人と持たざる人を言い表すのに「たくさんのものを持っている人」と「十分ではない人」という言葉を使って小さな子供に語りかけている。人はみなそれぞれで、「たくさんのものを持っている人」から「十分ではない人」まで幅があり、自分より足りていない人がいることを子供に教えることが重要なのだ。

## 与えることは喜びだ

これは親の気分をよくするための言葉ではない。小さな子供も与える喜びを感じることは、研究でも明らかになっている。[*6]

ブリティッシュ・コロンビア大学の研究者は、子供たちにおさるの指人形を紹介したあと、子供とおさるの両方に空のボウルを与えた。金魚型のクラッカーを子供たちのボウルに入れると、子供たちは嬉しそうな表情になった。表情から感情を読み取る専門家が、子供たちの気持ちを測っていた。そこで子供たちに、おさるはクラッカーをもらっていないねと気づかせたところ、子供たちはおさるにクラッカーを分け与えた。すると、子供たちは一層幸せを感じたのだ。小さな子供も自分を犠牲にして他人に与える力があることを、見損なってはいけない。

## 親への注意：子供の寄付に親が上乗せする

寄付集めのプロたちが以前から知っていたことは、さまざまな研究でも証明されている。[*7] 寄付と同額の上乗せ（マッチング）がある場合に、人はより多くのおカネを差し出すということだ。

たとえば、ある期間内に一万ドルが集まったら、自分も同じ額を寄付するとあらかじめ誓約するのがマッチングだ。親から子供にも同じようなことができる。好きなチャリティに子供が一ドル寄付するごとに、親も同じ額を寄付することにするといい。ただし、子供に寄付させたいからといって、大きな動機づけは必要ない。子供の寄付額に親が2倍の上乗せをした場合より、同額を寄付する方が子供の寄付額は多くなるという研究結果もある。子供をやる気にさせるのはマッチングの額と言うよりも、誰かが自分の寄付に上乗せしてくれるという期待だ。子供が小さい頃からこれをやっておけば、25セントでも50セントでも自分の寄付に力があることを理解する助けになるだろう。

## 子供の寄付先としてふさわしい6つの団体

困っている人に分け与えるよう子供を励ますときには、少額の寄付でも目に見える大きなインパクトが生まれるような活動を見つけてあげることが大切だ。注目に値する結果を生み出している素晴らしい慈善団体をここに挙げておこう。

### 1 ハイファー・インターナショナル

この組織は畜産動物（ヤギ、豚、あひる、ミツバチ、乳牛）や畜産用具を、貧困や飢餓に苦しむ世界中の人々に贈り届けている。寄付額で何が買えるかが明示されているので、子供は自分のおカネで買える動物のイメージが掴みやすい。10ドル寄付したらザンジバルではヤギが買え、25ドルなら水牛が買える。50ドルなら仔牛が買える。それを見て心が躍らない子供はいない。

### 2 ノーキッド・ハングリー

非営利組織のシェア・アワ・ストレングスによるこの活動は、学校内で空腹を抱えた子供たちを助けるためのものだ。ノーキッド・ハングリーは恵まれない子供に栄養価の高い食事を与え、その家族に手頃で健康的な食事の仕方を教えている。あなたの子供が空腹のまま学校で一日過ごすことなど想像もつかないとしたら、この活動に寄付をしてみるといい。10ドルで、食べ物の必要な子供たちに100食まで提供できる。

### 3 カブーム!

遊びの機会のある子供は、遊ぶ時間のない子供より、健康で創造性があり人付き合いにも優れている。カブーム!は地域や全国的なパートナーと協力し、貧困層や恵まれない人たちの住む地域に遊び場や公園を作っている。子供の誕生日がきたら、寄付ページを立ち上げて寄付を募ることもできる。

### 4 ネイチャー・コンサーバンシー

子供がこの環境保護組織に25ドル寄付すると、環境が脅かされている区域で「1エーカーを譲り受け」ることができる。寄付と引き換えに、5つの地域からひとつを選んで、その中の1エーカーの証書と写真などを受け取ることができる。

**5 ペンシルズ・オブ・プロミス**

ペンシルズ・オブ・プロミス（ＰｏＰ）はグアテマラやラオスで学校を作り、教師を育成し、必要な学生に奨学金を与えている。非営利組織には珍しく、オンラインの寄付は100パーセント、現場の活動に投下される。ＰｏＰの「パスポート」プログラムに毎月10ドルを寄付すると、そのおカネが使われるコミュニティの子供の写真とビデオを受け取ることができる。

**6 ドナーズ・チューズ**

この組織は、授業のプロジェクト（活動）で使う教材を必要としている公立学校の先生と寄付者を結ぶプラットフォームだ。寄付者はプロジェクトを選び、一ドルから寄付ができる。それが、たとえばクレヨンを買ったり、社会科見学の交通費を助けたり、アリゾナ州の小学校の理科の授業で使う蝶々の育成プロジェクトに使われたりする。

小学生になると、他者が必要としている助けについて、より理解が進む。どのように自分の時間とお金（大きな額でなくても）を使って誰かを助けることできるかを子供たちに教えるには、次のように言うといい。

## 時間を割くことにも、価値がある

友人のフィルには3人の子供がいる。子供たちが13歳と11歳と6歳の時、感謝祭の日に食事の配給を手伝いに、地元の教会に行った。その日にたくさんの人がお手伝いに来てくれたことにスタッフは感謝していたものの、フィルは、そうした祭日には人手が余っていて、それ以外の普通の日に人手が足りないことに気がついた。そこで、フィルと家族は、毎月一度は土曜にお手伝いに行くことにした。そうすると配給所で定期的にもっと多くの人に食事を配れるようになり、人手がないときに助けてもらえるので、スタッフはとても喜んでいた。

もしできるなら、家族全員が参加できて、相手に本当に役立てる活動を見つけるといい。ボランティア活動は、子供におカネがすべてではないことを示すいい方法になる。

## 自分の（子供の）誕生日に誰かに贈り物をあげる

誕生日にプレゼントをもらってうれしくない子供はいない。だが、お店に行って、プレゼントをもらえない子供のために贈り物を買う方がワクワクするという子供もいる。

友達のメリッサは、5歳になる息子のジュードと、ニューヨークに住む低所得者層の子供を、バースデーバディという組織を通して引き合わせた。この組織では、誕生日プレゼントを買う余裕のない家族の代わりに、楽しいおもちゃやそのほかの必需品を、ひとりの子供が相手の子供に送ってあげることになっている。

先日の誕生日に、メリッサとジュードは、そのニューヨークの男の子が機関車トーマスを大好きで、雨靴と歯ブラシが必要だということを知った。その男の子が欲しがっているもののリストを見て、ジュードだけでなく母親のメリッサも驚いた。「次に私が何かを愚痴ったら、息子の歯ブラシを買うおカネに困ってない自分がどれほど幸運かを思い出させてね」と言っていた。メリッサはジュードと一緒に銀行に行き、ジュードの預金から40ドルを引き出して、その男の子の欲しい物リストにあった贈り物を買った。

誕生日やその他の機会に誰かに何かを分け与えることを習慣づけると、子供の中にある思いやりと感謝の気持ちを大きく育てることになる。

## 新しい物をひとつ買ったら、古い物を捨てなければならない

友達のセイディの家では、これがルールだった。今は母親になったセイディは自分の子供をこのルールに従わせている。「もし新しい靴を買ったら、あまり履かなった古い靴を寄付しなくちゃならなかったの。そうすることで、自分たちに何が本当に必要なのかを考えることができたし、私たちよりそれを必要とする人がいることもわかったわ。それに物が減って部屋が散らからないのもよかった！」

このルールのいい点は、子供にある程度の裁量を与えているところだ。何を寄付するかは子供が決めていい。ただ何かを与えなければならない。クローゼットの中に寄付用の袋を置いてもいいし、家族の全員が定期的に何かを寄付できるように、どこかに場所を決めて袋を置いておいてもいい。もし身体に合わなくなった服や、もう着ない服があれば、それを使ってくれる誰かにあげた方がいい。救世軍かグッドウィルに持っていき、レシートをもらおう。もし子供が抵抗したら、無理強いしなくていい。まだ心の準備ができていないだけだ。いつか大人になったら、誰かに何かを分け与える人になると信じていることを、子供に伝えよう。

## 親へのの注意：おカネを恵んでほしいと言われたら、無視してはいけない

大都市に住んでいれば、子供と道を歩いているときに、おカネを恵んでくれと頼まれたことがあるはずだ。帽子の中にかならず一ドル札を入れてあげる人もいる。ホームレスや物乞いにおカネを渡すのはよくないと感じる人もいる。

個人の信条はさておき、恵まれない人を見ないふりや聞かないふりをすべきではない。「ごめんなさい、今はダメなんです」と答える方が、まだマシだ。子供が、立て札を持って道路に座り込んでいる人やマンホールの上に寝ている人を見て、親にその人たちについて聞くこともある。そうした問いを無視してはいけない。学校や仕事に行く途中の忙しいときに深い議論はできないかもしれないが、あとで時間をとってあなたの哲学を子供に話して聞かせよう。もしおカネを直接あげない方がいいと思う場合には、どのように子供のおカネを慈善に役立てることができるかを教えよう（たとえば、依存症に苦しむ人たちを助ける地域の団体に寄付したり、まったく違う社会貢献活動に寄付してもいい）。

## 地域に根づいた貢献をする

地球上のさまざまな場所で自然災害が起き、人命が失われているのをしょっちゅうニュースで目にしている子供が、そうした人たちを助けたいと思うのは自然なことだ。とはい

え、小さな子供が手作り品を売って得たおカネで、はるか遠い地域の津波の被害者を助けるのは難しいこともある。自分の寄付が役に立っていることが子供の目に見えるような地域の活動を選ぶといい。地元の選挙のチラシを配るにしろ、近所の公園を支援するための署名を集めるにしろ、自分が直接に関係できる地域の活動なら、成果を見ることができる。自分の地域に寄付をすることで、これまで気づかなかった地元の食糧不足やホームレスといった地域社会に大きく影響する問題が、親にも子供にも見えるようになる。

子供が動物の権利に興味があったら？　地元の動物シェルターが食べ物の寄付を受け付けてくれるなら、おカネを集めて実際に食糧を買い、シェルターに持って行くと楽しいしやりがいも出る。ただし、猫と犬と豚を抱えて帰宅することにならないよう、気をつけよう。

**親への注意：なぜあなたが寄付をするのか、どうして子供も寄付すべきなのかを説明する**

親が時間とおカネを社会貢献につぎ込み、子供にお手本になる行動を見せるだけでは足りない。子供に行動させるには、どうしてあなたがそうしているのか、なぜそれが重要なのかを話して聞かせる必要がある。

国連基金とインディアナ大学の女性フィランソロピー研究所が行った最近の調査では、

意外な事実がわかった。[*8] 研究者は、900人の子供の慈善行動を一年にわたって追跡し、6年後にもう一度同じ子供たちの行動を調べた。親が寄付について子供に話していた場合には、たとえ親が寄付を続けていてもその重要性について子供に話さなかった場合より、子供たちが寄付を続けていた割合が高かった。

善行を自慢しているように思われるかもと心配しなくてもいい。あなたがどんな慈善活動に寄付しているか、そのおカネが具体的にどう役立っているか、家計にその寄付がどう組み込まれているかを説明しよう。冬の休暇シーズンはいい機会なので、毎年一定額を家族や友達への贈り物に充てるとともに、寄付にも充てていることを子供に話してほしい。

**有言実行**

私に3人の子供が生まれた時、両親はその度に、1800年代に作られたアンティークのツェダカ（ユダヤ教の寄付の習慣）の箱を、子供たちの名前で地元のユダヤ教博物館に寄付してくれた。それは子供の誕生を祝うためでもあるが、ヘブライ語で「正義」を表すツェダカの教えを実践することが、ユダヤ教徒にとっての倫理的な義務だからだ（気が向いたときに行う親切な行動とは違う）。ヒンズー教や仏教の慈悲の習慣であるダーナもそうだし、キリスト教の施しの精神も同じだろう。

宗教によっては、何を与えるかが具体的に決まっている場合もある。たとえばモルモン教徒は収入の1割を教会に寄付することが義務とされているし、イスラム教では最低限の生活ができる以上の余分な財産の2・5パーセントを他者に与えなさいと教えている。これがザカートと呼ばれる施しの習慣だ。

寄付の習慣が宗教上の義務からでも、利他主義の教えによるものでも、あるいは無宗教だとしても、その慈善の心を子供に伝えてほしい。シカゴ大学のジーン・デセティ教授が5歳から12歳の子供を対象に行った研究では、[*9] 自分たちを信心深いと言っていた家族の子供ほど、実際にはあまり寛容ではなかった（研究者は、利他主義的な行動の度合いを測るために「独裁者ゲーム」と呼ばれるテストを行った。子供たちはそれぞれ、ほかの子供たちにステッカーをあげる機会を与えられる。ほかの子供にたくさんステッカーをあげる子供もいれば、あまりあげない子供もいた）。

どうしてだろう？　デセティ教授らによると、いわゆる「モラルライセンス」と呼ばれる無意識の現象が原因ではないかと言う。つまり、それまで立派な人生を送ってきた人は、それ以上に徳を積む必要がないと無意識に思ってしまうらしい。宗教で言えば、いつもきちんと信仰の務めを果たしている人たちは、それ以外に善行を積まなくても大丈夫だと感じてしまうのではないだろうか。あなたが信心深くても、そうでなくても、子供には与えることの価値をきちんと教えてほしい。

## 中学生



この年頃の子供は、自分には誰かに与えるおカネも時間もないと感じがちだ。だが、本当の慈善というものは、今あるものの中から、少しでも誰かに分け与えることだ。お小遣いやお誕生日にもらったおカネから少額を寄付したり、課外活動の間にボランティアをすることは可能だし、そうすることで子供は自分の持てるものに感謝するようになる。こうしたいい点を、次のように伝えてほしい。

**社会貢献活動も、バイオリンのお稽古も同じくらい大切**

子供がテニスの練習や日曜学校をさぼろうとしたら、あなたはおそらくダメと言うだろう。子供がそうした約束を守ることは重要だ。最後までやり抜く習慣は、学校でも仕事でも、将来かならず子供を助ける。そして他者を助ける活動にも同じことが言える。

とはいえ、子供と親のスケジュールについては現実的に考えた方がいい。志高く人の手本になることをしたいからといって、子供に守れない約束をさせてはいけない。それよりも、どんな選択肢があって実際に何ができるかを話し合った方がいい。毎週ボランティアができないなら、2週間に一度ではどうか？　コミュニティの庭仕事をいつも3時間はできないなら、図書館で一時間だけ本を棚に戻す作業をしてみてはどうだろう？　子供が実際にできる以上のことを押しつければ、やり抜くことができないばかりか、相手の組織に大きな迷惑をかけてしまう。

## 他者が本当に何を必要としているかを考える[*10]

これは当たり前のことに思えるが、あなたと子供が時間を使ったり寄付をしたりする前に、相手の組織が何を必要としているのかを調べてみた方がいい。

たとえば、食糧供給所について考えてみよう。貧困層に食糧を配る活動は、子供にやさしく、誰もが参加できるチャリティだ。お店に行って子供にお気に入りのスープ缶を選ばせ、それを持って食糧供給所に行くのは楽しい。とはいえ、真実は次の通りだ。アメリカのほとんどの食糧供給所は食品会社から大量の食品を寄付してもらっている。そうした食品は、たとえばラベル違いと言った理由で小売店では売れないが、中身は全く問題ない。食糧供給所に現金を渡せば、こうした食品会社から必要なものを調達でき、取り扱いの費用も少額で済む。

私の友人は息子と地元のホームレスシェルターにノートPCを寄付して、コンピュータの使い方を教えたいと申し出た。数か月後、そのノートPCは誰にも使われないままそこに置かれて、授業を受ける人もほとんどいなかった。シェルターに実際何が必要かを聞いたところ、毛布だと言われた。

本当に人のためにいいことをしたいなら、子供と一緒に相手の組織に電話をするか、そこに立ち寄るかして、何が必要かを聞いた方がいい。そして子供にその会話を聞かせよう。相手の役に立つには、賢く与えなければならないことが、子供に伝わるはずだ。

## 親への注意：人々の経済的な現実を子供に理解させる

スーザンは双子の息子をホームレスシェルターに連れて行った。そこからの帰り道、双子のひとりがスーザンに尋ねた。「あの人たち、マクドナルドに行くおカネがあるなら、自炊した方が安くつくんじゃないの？」スーザンは息子たちがふざけているように感じてイラついたし、鈍感すぎるとも思った。しかし、子供たち自身の経験からはホームレスの男性の人生など想像できないことに思い至った。「新鮮な食材を料理するのはファストフードより安上がりとは限らないことを息子たちに説明して、あの男性たちはオーブンも冷蔵庫もお鍋もフライパンも持ってないことを教えたの。かなり長いこと説明したら、やっと子供たちもわかってくれた」

子供たちは、時事問題を親と語り合うことで、経済格差について学ぶ。中西部に住む600人の中学生と高校生を対象にした調査では、[*11] 両親とニュースについて話をしている子供たちは、所得格差についてより深く理解していることがわかった。そうした子供たちは、人々が貧乏なのは、彼らが知的でないからとか勤勉でないからといった、多くのアメリカ人が信じる考え方を鵜呑みにしてはいなかった。自分を取り巻く世界をより深く理解している子供ほど、多くの人が自分よりも厳しい状況にあることがわかるようになる。

## 親への注意：親が寄付をするときに、子供にも寄付をするよう励ます

もしあなたが定期的にどこかの組織に寄付をしていたり、毎冬恵まれない人を助ける活動をしたり、特定の慈善活動に貢献している場合には、子供をそこに参加させよう。

知人の女性は、あまりおカネのない家庭に育ったが、どれほど自分たちがつつましく暮

らしていても、クリスマスになると毎年彼女の父親は、貧困家庭に食糧と医療を提供する国際的な組織のCAREに小切手を送っていた。そこから彼女が学んだことは？　与えることの大切さはもちろん、世界には自分より貧しい人がたくさんいることを知り、感謝の気持ちを持った。

中学生の子供はそれほどおカネを持っていないかもしれないが、自分が一番大切に思う活動のためにおカネを貯めておくように勧めてほしい。いくら寄付すればいいという割合はないが、子供がもらったおカネの1割を寄付するというルールなら法外ではない。10ドルもらったら1ドルは寄付のために缶に入れて貯めておけば、そのうちに結構な額になる。

## 親への注意：子供の社会貢献活動を褒めすぎない

13歳のキムは友達のアナと教会で古着の仕分けのボランティアをした。数時間するとアナの母親が迎えに来て、その仕事がどれほど大切か、そのボランティアをしたふたりがどれほど偉いかを延々と語り続けた。「アナのお母さんったら興奮しすぎて、ボランティア体験が台無しになっちゃった。私たちがいい気分になるためにやってるわけじゃないのにね。仕事の方が大切なんだから」キムはそう言っていた。賢い子だ。親の役割は、与えることが習慣になるよう子供を手助けすることだ。ちょっとした慈善活動に、「私たちってなんて思いやりがあるんでしょう！」なんていう興奮を吹き込むことではない。本当に大切なことに目を向けてほしい。

## 高校生

ボランティア活動をしているティーンエイジャーは、地域や学校により熱心に関わっているという研究がある。[*12] 重要なのは、高校生の子供に、自分の時間とおカネをどう使って社会にインパクトを与えるかを決めさせることだ。

### 周囲に流されて寄付しない

数年前に大流行した「アイスバケツチャレンジ」を覚えていらっしゃるだろうか？　筋萎縮性側索硬化症（ＡＬＳ）協会の人たちが、ソーシャルメディアを使った素晴らしいアイデアを思いつき、特に若い層にこのチャレンジが拡散した。挑戦を受けた人たちは、冷たい氷水を頭からかぶり、その様子を動画に収めた。その動画をオンラインに投稿し、友達をタグ付けして、同じチャレンジを勧めた。参加者にＡＬＳ協会に寄付してもらうのが当初の目的だった。ルー・ゲーリック症候群として知られるこの難病の研究や認知度の向上に、そのおカネを使おうと考えていた。遊びで氷水をかぶっただけの人もいたが、アイスバケツチャレンジが拡散したおかげで、たくさんの人が気前よく寄付を行い、協会には2億2000万ドルの資金が寄せられた。

こうしたメディアの注目を集めるイベントに参加するのは素晴らしいことだし、アイスバケツチャレンジの大成功で集まった資金が未来のブレークスルーにつながるかもしれない。だが一方で、誰にも注目されない大切な活動も多いことは、知っておいた方がいい。ソーシャルメディアで拡散されないような活動の中にも、注目に値するものがたくさんあることを、ティーンエイジャーの子供と話し合ってみよう。チャリティ組織に寄付する前に、312ページの枠内にある3つの問いを考えるよう、子供に伝えてほしい。

## おカネを払ってボランティアをしない

ティーンエイジャー向けに、遠い国で家を作ったり、英語を教えるボランティアをさせる旅を企画するチャリティ組織は多い。そして、何千ドルもの料金を請求して「社会に還元」させるのだ。こうした活動から、子供たちがよそでは得られない素晴らしい国際経験を得て、新たなものの見方を身につけることは間違いない。しかし本当の社会奉仕活動では、収益のほとんどが慈善目的に使われるのに対して、こうした組織は意識の高い若者向けのツアービジネスから自分たちが儲けを得ていることも少なくない。しかも、そうしたツアーでの子供たちの「仕事」も、作り物の可能性もある。

コメディアンのルイス・C・Kはそんな「ヤラセ」をこう表現していた。「グアテマラに修学旅行に行って、人助けしたつもりでも、全然人助けになってない。現地の人は『こっちは家が地滑りで傾いてるのに、バカな大学生の子守りまでさせられて、たまったもんじゃない』って言ってるよ。大学生にショベルを持たせて写真を撮って送り返し、それをフェイスブックに載せるのが目的だからね」ずばりその通りだ。

## 余裕のない人にチャリティを無理強いしない

子供は社会貢献に熱を入れるあまりに、誰もが自分と同じように人に与えられる環境にあると思い込んでしまうことがある。そんなときには、親がそれとなく、人の置かれた環境はそれぞれ違うし、その前提で計画を立てた方がいいと諭してほしい。

たとえば、富裕層が住む地域の学校のダンス部の子供がチャリティイベントを開くことを決め、地元のほかの学校のダンスチームにも参加を呼びかけたとしよう。そして、チケットを一枚15ドルで売ることにした。チケット代はもちろん慈善活動に使われる（貧困層が住む地域のコミュニティセンターに寄付される）が、それほど裕福でない親たちは、15

ドルという高いチケット代に驚いてしまった。裕福な家族にとってひとり15ドルは大した金額でないかもしれないが、そんな余裕のない家族もいる。それよりも、有志から20ドルの寄付を集める方が金額も増えるし、おカネのない人も参加できるようになる。

## 時間を割く

卒業の条件として一定時間の地域貢献を要求する高校もあれば、そういう学区もある。メリーランドは中学2年生から全員に地域貢献を課し、高校卒業までに75時間の活動をすることを学位授与の条件にしている。もしあなたの子供の学校が社会貢献活動を卒業条件にしている場合には、きちんとそれを満たしているか確かめよう。

しかし、その活動を行ったからといって、子供がチャリティのスーパースターになるとは思わない方がいい。地域貢献活動を必須にしている学校の子供は、長期的にはあまりボランティアをしなくなるという研究もある[*13]。おそらく、チャリティを必須にすることが、子供の他者を助けたいという純粋な善意を吸い取ってしまうからだろう。

必須であろうがなかろうが、時間とおカネの両方を社会貢献に割くことはあなたの価値観の一部だということを子供にきちんと伝えよう。そして、子供自身が大切に思う社会貢献活動を行うように励まそう。

## 親への注意：子供の学びを親が支配することはできない

ボランティア活動から戻ってきた子供が、自分の家庭の価値観や習慣を批判し始めるのは、よくあることだ。それを面白がる親もいれば、困ってしまう親も、怒り狂う親もいる。ある父親は、公園の清掃ボランティアを終えた娘が、家でストローを使っていることを批判し、アメリカ人は一日に5億本ものストローを使っていると言い出したと語っていた。もちろん娘が環境に目覚めたのは嬉しいが、コカ・コーラを注文した弟を悪の権化のように罵り、国全体がプラスチックの海に沈んでも気にしないのかと批判し始めた時には、さすがにやめなさいと叱った。

子供が熱くなり過ぎた時、親はそれを個人攻撃だと思わない方がいい。子供は、子供なりのやり方で、この世界にどう折り合いをつけたらいいかを探している。もしあなたの子供が理にかなわない個人攻撃をしていたら、親は、子供が本人なりの価値観を育んでいることを嬉しく思うと伝えた上で、ほかの人の価値観も尊重しなければならないことを教えてほしい。子供が独立したら、グアテマラの環境にやさしい硬材から作った織機で編んだ洋服を着ればいいし、友達に炭素排出量について説教しまくって周りに誰も寄りつかなくなっても仕方ない。しかし、独立するまでは、自動車を運転しプラスチックのストローを使う家族ともうまくやっていく必要があると伝えてほしい。

## 寄付の前に考える3つの問い

大きな買い物をする前やクレジットカードを比較するとき、投資を選ぶときには、かならず調査をしなさいと親は子供に教える。寄付するときも同じだ。それほど面倒な調査はしなくていい。寄付の際の善意や慈悲の心が薄れない程度にしてほしい。それでも、賢く与えることを子供には学んでほしい。

### 1　その団体は認定NPOか？

組織への寄付を考えている場合には、それが特定非営利活動法人（501（c）（3））として認定されているかを調べてほしい。認定を受けていれば、その組織は営利団体ではないことになる。内国歳入庁のウェブページに行って非課税組織の一覧を見ればわかる。この認定を確かめることが、詐欺師を避けるための第一歩だ。たとえば、近所のスーパーで子供といるときに寄付を頼まれたら、丁寧にこう言うといい。「ありがとう。でもどんな組織でも寄付をする前にかならず調べることにしているんです」と。子供にとってもそれが賢い教えになる。

**2 その団体は寄付を賢く使っているか？**

そのチャリティがどんな活動をしているかと、その活動が実際に前進しているかどうかを見てほしい。賢い寄付協会（Give・org）では1300の全国的な慈善団体と1万の地域団体を、効率、理事の報酬、資金調達コストなどを含む20種類の基準で評価している。

**3 その組織の成功はどう測られるのか？**

組織のウェブサイトはもちろんだが、年次報告書や監査報告書にはどんな情報が開示されているだろう？ もっと知りたいと思ったら、数千という非営利組織の詳細な情報を無料で提供するサイト（GuideStar.orgとCharityNavigator.org）に行ってみるといい。そうした情報を見ることができる。

## 大学生

ほとんどの大学生は、学費や寮費や教科書代などの支払いに精一杯で、寄付に回すようなおカネはないのが現実だ。だからといって、時間を割かなくていいというわけではない。しかもこれには利点がある。大学時代のボランティアは、非営利の世界でのキャリアを試してみる絶好の機会になる。その正しいやり方を子供に伝えてほしい。

## 大学のリソースや教授陣を活用して、ボランティアを始める

大学キャンパスにはボランティアの機会やNPO団体がごまんとある。イエール大学の卒業生が始めたプリズン・プロジェクトは、受刑者たちが高校卒業の資格を取る手助けをしている。メリーランド大学カレッジパーク校の学生は、学食で大量の食べ物が廃棄されているのに気づき、食品回収ネットワークを始めた。今は全国的な組織となり、必要な人たちに食糧を届けている。大学でのチャリティ活動を見てみるよう子供に勧めよう。

## 寄付マーケティングに気をつけよう

利益の一部をチャリティに寄付することを約束する企業もあれば、商品の一部（靴、眼鏡、水など）を寄付する企業もある。クレジットカード会社の中にも、利用額のほんの一部をチャリティに寄付することを宣言している会社もある。スーパーのレジでも、チャリティ団体にお釣りを寄付しますかと聞かれることがある。それ自体が悪いわけではない。

こうした努力によって多額の寄付が寄せられる。そうでなければポケットに収まっていたおカネが必要な人のもとに届くかもしれない。

しかし、はるかに効率的な寄付の方法があることは、心に留めておくべきだろう。そうしたブランドよりも安い靴やメガネや水を自分で買って、節約分を本当に支援したい団体に回せばいい。収益の一定割合を寄付に充てると宣伝しているようなクレジットカードは、金利も年会費も高い。ならば、普通の安いクレジットカードを使って節約した分を、社会貢献活動に充てた方がいいのでは？　寄付が消費に紐づけられていると、あまり買う必要のない物を買ってしまったり、気分が上がって使い過ぎてしまうこともある。

## 親への注意：ボランティア活動では食べていけないと子供に伝えてもいい

誤解しないでほしい。今どきの大学生の社会貢献や意識の高さは素晴らしいことだと思う。とはいえ、現実を見ることも大切だし、親は家計の状況をはっきりと子供に伝えていい。厳しいと思われるかもしれないが、夏休みにきちんと仕事で稼いで大学の学費を多少は負担してもらわないといけない場合には、コスタリカの絶滅危機に瀕したウミガメを救いたいという子供の希望を脇に置くことに罪悪感を覚える必要はない。

もし大学の学期中に特定の組織や社会貢献活動に子供が情熱を示し始めたら、励ましてあげるといい。それでも、アルバイトを辞めてボランティアに打ち込むとか、夏のインターンの代わりに社会貢献活動をしたいとほのめかすようなら、大学の学費を負担すべきことをそれとなく念押しした方がいい。夏休みに仕事が終わってからボランティアをする分にはかまわないと伝えてもいい。

## 社会人

20代の前半はボランティアに最適な年代だし、定期的に少額を寄付することもできるようになる。おそらくまだ子供もいないし、ほかの責任や支出もないからだ。しかも、ボランティア活動から新しい考え方を学ぶことができる。

**求職中にボランティアをする**

大半の若者は大学を卒業してすぐ仕事に就く。幸運ならすぐに仕事が見つかるかもしれない。でも、すぐに仕事が見つからなかったら、余った時間を人助けに使ってもいいし、それが自分を助けることになるかもしれない。ボランティアをしている人は、していない人よりも仕事にありつける確率が27パーセントも高い。[*14] おそらく、ボランティアをするような意識と決意のある人は、仕事を見つけやすいということだろう。ボランティアによって人脈が広がり、それが就職につながることもある。面接で「大学を卒業してからテレビドラマの『ロー&オーダー』を150話イッキ見してました」と言うより、ボランティアの方がはるかにいいことは間違いない。

## 給料の一部をチャリティに寄付する

大学を出てすぐの若者はさまざまな支払いに追われて、チャリティへの寄付などあり得ないと思うかもしれない。ならば、1パーセントから始めてみてはどうだろう? 大卒者の初任給の平均は5万ドルあたりなので、その1パーセントは500ドル、つまりひと月に40ドル程度だ。社会人ならそれくらいは不可能な金額ではない。あなたの子供のさまざまな支払いが少し落ち着いたら(あるいは、しばらくして昇給したら)、寄付の割合を増やしてもいい。その間に、勤め先の会社がチャリティへの寄付にマッチングしてくれるような制度があるかどうかを調べるといい。マッチング制度のある会社は多い(社会的責任に注目した投資も、社会人ならひとつの選択肢として考えていい。詳細は267ページを参考にしてほしい)。

## 衝動的に寄付しない

衝動的に寄付をしてしまう人は多い。道で誰かに声を掛けられたり、電話で勧誘されたり、フェイスブックの嘆願を見たりすると、その場でおカネを渡すかどうかを決めてしまうのだ（どちらに決めても、気分がすっきりしないことも多い。あげすぎてしまって、騙されたと感じることもある。金額が少なすぎたり、何もあげなかったりして罪悪感を覚えることもある）。気まずいかもしれないが、イエスかノーかを答える前に、きちんと調べた方がいい（312ページのコラムを見てほしい）。すると、決断を遅らせることになるが、それは悪いことではない。たとえば、電話で寄付の勧誘をしているのは、非営利組織に雇われたテレマーケターかもしれない。そのテレマーケターに寄付の大部分が回ることも考えられる。詐欺の場合もある。だから確かめた方がいい。

子供には、道端で署名ボードを持った誰かに声を掛けられたり、電話で寄付を頼まれたりしたら、パンフレットをもらうかウェブページを尋ねて、調べてから寄付をするかどうかを決めなさいと伝えてほしい。信頼できる組織なら、それに異論はないはずだ。

## 寄付の領収書を保存する

現金を寄付する場合でも、古着や中古ノートPCを寄付する場合でも、認定NPOへの寄付は申請すれば税金から控除される。それを申告しない若者は多いが、もしあなたの子供がチャリティにたくさん寄付をしている場合は、きちんと申告した方がいい。物を寄付したら、その価値の分が控除されるが、たいていは買った時の値段より安く評価される。救世軍やグッドウィルのウェブサイトで、中古品の申告価値を調べてほしい。どのくらい控除を得られるかは、あなたの子供の所得税率による。たとえば、所得税率が25パーセントなら、100ドルの中古ソファを寄付すれば25ドルの還付を受けられる。

子供にはきちんとルールに従うことを伝え、かならず領収書をもらうように教えてほしい。寄付の日付、組織名、金額が書かれた領収書が必要になる。250ドルを超える寄付の場合、正式な領収書がなければ控除は受けられない。また、寄付と引き換えに、寄付者が物やサービスを受け取っていないことが領収書に明記されていなければならない。

# 第9章

# 子供にとって何より大切な決断：大学の学費

アレックスは誰もがハッとするようなハンサムな高校3年生で、魅力的な笑顔をふりまき、人付き合いが良く、成績はいつも中の中だった。学費が高いことで有名な私立大学に合格した彼は、両親に提案を持ちかけた。大学に行かない代わりに、20万ドル超の学費をアプリの開発に使わせてほしいと言う。アプリ名はクイックEキルト。237種類の模様から、ウールかシルクかコットンのいずれかのキルトスカートを選べて、一時間以内に国内のどこへでも配達するというアプリだ（追加料金を払えば、魅力的なスコットランド女性がビデオチャットを通して、キルトの正しい巻き方やスポーランの位置を教えてくれる）。

金持ちで物わかりが良く、あり得ないほど美男美女で洋服のセンスもいい両親は、アレックスの提案に同意した。1年半もしないうちにそのスタートアップは一流ベンチャーキャピタルから出資を受け、1500万ドルもの価値がつき、有名なリアリティ番組にも登場した。

もちろん、これは完全な作り話だ。しかし、郊外のちょっと変わった高校生が、大学に行かずにわけのわからないテクノロジー会社を作って大金持ちになったというような話を、あなたも聞いたことがあるはずだ。その背景には、大学の学費がバカバカしいほど上がりすぎて、大学に行くこと自体がおカネのムダだという考えがある。

ではここで、真実を見ることから始めよう。今ほど大卒の資格が必要な時代はない。あなたが何を聞こうと、読もうと、心の奥深くで何を感じていようと、子供をおカネの天才にするために親ができる最も大切なことは、大学教育の手助けだ。大卒者は、高卒者に比べて、生涯賃金で平均100万ドル多く稼ぐ[*1]。大学の学費と、その期間に失われた収入と、インフレを差し引いても、大卒の資格は平均で30万ドルの価値がある[*2]。

もちろん、すべての子供にとって可能性を開花させるためには4年制大学の学位が必要だとは限らない。看護師や機械技術者など、仕事でスキルを積めば、高額の収入を得る道はある。正式な訓練を経る場合もあれば、専門の資格を取得する場合もある。子供がそうした道に進みたいと言ったら、私は背中を押す。それでも、多くの若い人にとって大学教育は手堅い未来への最良の道だ。そこでこの章では、大学進学に的を絞って話をしよう。

大学教育が必要なことは確かだとしても、高等教育をめぐる環境は大きく変わってきた。今どきの大学教育では、最初の学費を払う前に、親たちが賢い消費者になることを求められる。その第一歩は、大学の学費についての思い込みを見直すことだ。もしかしたら皆さんは、奨学金を受けるには自分たちの収入が高すぎると思っているかもしれない。現実には、私立大学に通う子供のうち、世帯収入が15万ドルから25万ドルの家族の7割が、奨学金を受けている。もしかしたら、公立大学の方が私立大学より学費が安いと思っているかもしれないが、奨学金を含めると、かならずしも公立大学の方が安いとは言えない。もしかしたら、親として、大学卒業時点で子供に借金だけは背負わせたくないと固く思っているかもしれない。逆に、莫大な学資ローンを抱えるのは仕方のないことだと諦めているかもしれない。どちらの考え方も見直した方がいい。

この章では、親である皆さんに、賢い貯蓄の戦略と、奨学金の獲得術と、子供への率直な伝え方を教えたい。

数年前、私は大学を出たばかりの若いカップルと話す機会があった。そのカップルはどちらも10万ドルずつ学資ローンの借金を抱えていた。学資ローンのひとりあたり平均残高は3万7000ドルなので、これはかなり大きな額になる。ふたりとも才能あるアーティストで、絵本作家を目指していた。一流の芸術教育を受けられたことに感謝はしていたものの、これからそれだけの借金を返しながら生活を始められるのかと、真剣に悩んでいた。私は、周りの大人たちはいったい何をしていたのだろうと頭をひねらずにいられなかった。たとえば、誰かが夢見がちな子供たちに、10万ドルの借金を抱えるのがどういうことかを少しでも話してあげられなかったのか？　少しでも調べれば、州内の公立大学や、もっと気前よく給付型の奨学金を出してくれる私立大学があったのでは？　それに、もっと必死に給付型の奨学金や教育資金を探せたはずではなかったか？　この章の私のアドバイスに従えば、あなたの子供はそんなふうにはならないだろう。

最後に一言。私は、この本のほとんどで親から子供に伝えるべき具体的な教えを書いた。この章は少し違う。この章では、あなただけ、つまり親に向けて述べている。背筋を伸ばして読んでほしい。

## 就学前

子供に高等教育を与えるための確かな道は、ゆりかごに向けてモーツァルトのピアノコンチェルトを繰り返し聞かせることではない。それは大学進学の資金を貯める貯蓄口座を開くことから始まる。

**子供が生まれたらすぐ、大学のために貯金を始める。物心ついたら、貯金について伝える**

皆さんはアホらしいと思うかもしれない。幼稚園児なんて10セント硬貨と25セント硬貨の違いさえわからないのに。だが、少し考えてほしい。大学進学のための貯蓄口座を持つ子供は、そうした口座を持たない子供より実際に大学に行く可能性がはるかに高い。所得水準にかかわらずこの傾向が見られるが、収入が5万ドルに満たない家庭では特に、この傾向がはるかに際立っている。

カンザス大学の研究では、[*3] 子供が小さい時から大学向けの貯蓄口座を開いていた家庭では、大学に子供を送る確率が少なくとも3倍は高かった。大学進学のための貯蓄口座を持つことが、子供（と親）の夢に大きな影響を与えているようだ。このことは証明済みで、サンフランシスコの公立学校ではすべての小学生に少なくとも50ドルの大学進学貯蓄口座を与えるプログラムを始めたほどだ。そして、この動きが全国的に広がりつつある。

529プランと呼ばれる学資貯蓄制度なら、運用益を教育費に充てる限り、税金がかからない。この口座を開く場合には、子供の名義でなく、親の名義で開いた方がいい。いったん口座を開いたら、毎月自動的にこの口座に送金できる仕組みを整えよう。勤め先の給与課から直接送金してもいいし、給与振り込み口座から引き落としてもいい。そうやって、子供の学費が積み上がるのを見守ろう。

## 小学生

親の卒業大学に子供を入れようとして小学生にプレッシャーをかけるなど、もってのほかだ。とはいえ、高等教育に備えるには早すぎるということはない。

### 子供の好奇心を利用して、大学に興味を向けさせる

アンジェラは、小学校2年生の娘がなぜか血液に奇妙な好奇心を持っていることに気がついた。家族の切り傷や擦り傷にバンドエイドを貼りたがり、医療ドラマの手術シーンに興奮していた。娘の興味はあまり普通じゃないと感じたし、ちょっと気味が悪かったが、アンジェラは医療の仕事について娘に話し、優れた医師が世界にどれほど貢献できるかや、医師になるには大学やメディカルスクールの学位が必要なことを伝えた。その娘は今大学生でメディカルスクールへの進学準備中だ。アンジェラは、娘が連続殺人鬼ではなく、救命救急の仕事を目指していることに、ほっとしている。

子供が小さいうちに大学進学への夢を育むチャンスはいくらでもある。動物が好きなら、獣医さんになるにはペットのお世話をするために大学（と獣医学部）の学位が必要だと教

えてあげよう。新しい家に引っ越したら、その家を設計した建築家も大学（とおそらく大学院）に行ったことを話すといい。もうおわかりだろう。学位を取るのにどの授業が必要かといった細かいことまで話す必要はない。この年齢の子供には、大学に行けば、いろいろなかっこいい仕事ができることを教えてあげるだけでいい。

## 中学生



中学生は、大学に行くことについて話し始める時期だ。入試競争や学費についての親の不安は抑えてほしい。それについて心配する時間はあとでいくらでもある。

### 地元の大学や自分の母校に子供を連れていく

親なら誰でも子供に好きなことを見つけてほしいし、それで成功してほしいと思っている。世界を救うことにしろ、マジソンスクエアガーデンで公演することにしろ、少しでも可能性がある限り、大学の学位はかならずプラスになる。大学キャンパスを訪問すれば子供はいつか大学に行く日を考えてワクワクするし、そんなときはなぜ大学が大切かを楽しく話すいい機会になる（友達と一緒に大学に行ってみてもいい）。

昔は高卒で就けた仕事でも、今は大卒の資格が必要だということを説明しよう。実例を挙げるといい。今、秘書として働いている人の多くは大卒ではない（大学卒業者はわずか19パーセント）が、現在の秘書の求人の65パーセントは応募者に大卒資格を求めている。[*4]

もしあなたが大学生活を楽しんだなら、そのいい点を教えてあげよう（目から鱗を落としてくれた教授、一生の友達、運動部での素晴らしい経験）。もしあなたが後悔していることがあったら（経営学ではなくリベラルアーツを専攻してしまったとか、巨大な州立大学ではなく小規模な大学にいったなど）、それを子供に話してほしい。

あなたが大学に行かずにそれを後悔している場合には、子供にその理由を説明してほしい。大学に行かずに特殊な仕事で大成功している人たちの中には、哲学を勉強したかったと言う人や、マーケティングを学んでおけばよかったと言う人、キャンパスライフを経験したかったと言う人もいる。この章のはじめに触れたが、大学を卒業している人は、していない人より、何十万ドルも、時には何百万ドルも収入が増える可能性がある。[*5] 今のうちに子供にもそれを知らせておいた方がいい。

## おカネでいい成績は買えない

アーニーとキャロラインは中学2年生の息子の担任に、どうしたら息子が本気で数学に取り組むようになるかを聞いた。その答えにふたりは驚いた。Aを取ったらプレイステーションを買ってあげると約束すればいいと言ったのだ。先生はそれがあまり道徳的でないことは自覚しつつも、中学生にはそれがうまく行った例があると言っていた。

アメリカ人の親のほぼ半数は、いい成績を取ったら何かを買ってあげると子供に約束する。[*6]しかし、道徳は脇に置いても、おカネで成績を買うやり方には大きな問題がある。効き目がないのだ。ハーバード大学の経済学者ローランド・フライヤーが数都市の公立学校で4万人近い生徒を調査したところ、[*7]現金で釣っても数学の点数も国語の点数もまったく上がらないことがわかった。評定平均全体はほんの少しだけ上がったものの、改善幅は0.1パーセントで、効果があるとは言えなかった。逆に、おカネで釣ることの道徳的なマイナス面と生徒に与える悪い影響は大きいと私は思う。

子供の自尊心や長期的な成績への影響は、ここでは測られていない。結局、おカネで釣っても、子供のやる気を大人が信じていないという信号を送るだけだ。

しかも、勉強することの価値がそれによって下がってしまう。これは直観に反するようだが、有名な心理学者のレオン・フェスティンガーとジェイムス・カールスミスは数十年前に、それを証明する実験を行っていた。[*8] 誰にでもできるようなつまらない仕事におカネを払えば払うほど、労働者は仕事そのものの価値を低く見るようになった。低い賃金で働いた労働者は逆に、仕事そのものにもともと価値があるのだと自分に言い聞かせていた。「そうでなければ、やってられない」からだ。高い賃金で働いていた人たちは、その仕事が面白くも大切でもないからこそ、埋め合わせにおカネをもらっているのだと考えていた。つまり、こういうことだ。勉強させるためにおカネで釣ったり、モノで釣ったりすれば、逆効果になりかねない。

もちろん、ご褒美が効く場合もある。結果ではなく、子供の努力にご褒美を与えると効果がある、とフライヤー教授は言う。[*9] たとえば、翌月の数学の宿題をすべてきちんと終わらせたら、最新のビデオゲームを買ってあげると言う方が、代数でAを取ったら何かを買ってあげると言うよりいい。具体的かつ特定の努力に報いれば、勤勉さを強化することになる。勤勉さは子供自身が管理できることで、それが何かを達成する大きな原動力になる。

大学入試のプロセスは、親にとっても子供にとっても恐ろしいものだ。しかし、一歩一歩進むことと、気持ちを落ち着けることが、このプロセスをくぐり抜ける助けになる。

## 高校1年生から大学の学費について話し始める

早すぎると感じるかもしれないが、大学の学費についての話を早く始めることが、親も子供も目覚めるきっかけになる。大学に行くのはもう4年後に迫っていて、学費をそれまでに工面しなければならない。今その計画を始めれば、備えができる。

今では、大学に進む5人のうち4人は何かの学費援助を受けている（政府が提供する低金利の貸与型奨学金も含まれる）。子供が高校に入ったばかりだとしても、また援助の水準は変わるにしても、だいたいの金額を把握しておけば、会話を進める助けになる。

また大学の学費について話し合うことで、親の側はいくらまで出すつもりがあるのか、また出せるのかを自分に問い直すことができる。親が借金をしても大丈夫かどうか、子供が借金をしなければならないかを嫌でも考えることになる（ほとんどの大学生は学費の少なくとも一部を借金で負担していることを子供に話せば、みんな同じなのだとわかってもらえるかもしれない)。

大学の学費について話し合うことで、いくつかの重要な問いが浮かび上がってくるだろう。家族の支出を控えるべきか?　もっと貯金するために親と子供に何ができるか?　収入を上げる方法はあるか?　正しい答えはひとつではない。子供が名門大学に入ってくれたら、どんなことでもするという親もいる。アイビーリーグの大学に子供を送るためなら、借金漬けの生活もいとわないという人もいる。逆に、自分と子供を借金から遠ざけるためなら何でもするという親もいる。大学の学費について考えただけでも汗が出るという人は、感情より事実に目を向けて、話し合いをしてほしい。

早いうちに大学について子供と話し合うと、おまけがついてくる。大学入試の選考では、高校1年生の時の成績から見られていることを、子供に念押しすることができるのだ。

## 名門大学に入学しても、一生安泰とは限らない

一流大学の入試は、あり得ないほど競争が厳しくなっている。そんな中で、超名門校に入らなければ子供の人生に傷がつくと考える親もいるようだ。経済学者のアラン・クルーガーとステイシー・デイルが行った驚くべき研究がふたつある。[*10]アイビーリーグや同等の

名門大学に合格したものの結局知名度で劣る大学に入学した子供たちは、名門校の卒業生とそれほど変わらない収入を得ていた。名門大学に合格した生徒とSATで同じくらいの点数を取っていたのに、合格できなかった人にも、同じことが言える。

例外はある。ラテン系アメリカ人、アフリカ系アメリカ人、低所得者層の子供たち、そして親が大卒でない子供たちは、アイビーリーグの大学に行ったことで収入が大きく増加していた。おそらく、こうした子供たちの場合、普段なら知り合えない人脈を一流大学で築けることがその理由ではないかとふたりの経済学者は推測している。

## 営利目的の大学には警戒する

ほとんどの大学は非営利だが、おカネ儲けを目的に運営される学校も少なくない。そうした学校はよく大々的に広告を出しているので、目にしたこともあるだろう。営利目的の大学は学費が高く、卒業できる学生の割合はあり得ないほど低い。政府調査によると[*11]、営利目的の大学で学士号を取るには公立大学の6倍から13倍の費用がかかると言われる。営利大学の学生が卒業できる可能性は低く、給料のいい仕事に就ける可能性も低い。だから、学資ローンが返済不能に陥る可能性も高い。

もしあなたの子供が考えている大学がそうした営利目的の学校かもしれないと思ったら、

大学協議会のウェブサイトや、政府が運営する大学案内のサイトを調べてほしい。もしそれが営利目的大学なら、子供にやめた方がいいと伝えよう。

**もしあなたの子供が、最初に学費の安い大学に入学して、その後一流大学への転入を狙っているとしたら、挫折しないよう手堅い計画を立てた方がいい**

大学の学費を抑えるために、最初に学費の安い地元の短大などに入学してから、1年か2年後に有名公立大学や名門私立大学に転入しようと目標を立てる学生は多い。そうすれば確かにおカネの節約にはなるが、この目標を達成するには人並外れたやる気が必要になる。

少なくとも、最終目標にしている4年制大学が、短大の単位を受け入れてくれるかどうかを確かめた方がいい(短大からの転入生の14パーセントが、短大の単位のほとんど、またはすべてを失っているという調査もある)[*12]。また、短大から4年制大学への合格率が高校からの合格率よりも低いことを、知っておいてほしい。短大の1年または2年から4年制に転入するのに必要なGPA(評定平均)の条件は、各大学のサイトに載っている。たとえば、ブラウン大学に転入するには評定平均が3・8はないといけないし、カリフォルニア大学サンディエゴ校なら3・5、オハイオ州立大学なら少なくとも3・2は必要になる。だから、子供にいい成績を維持するように伝えてほしい。

# 大学生

大学入学、おめでとうございます！　深呼吸して、自分に拍手し、リラックスしてほしい。でもそれも一瞬だけだ。さてここから、親も子供も、卒業するまで大学の学費をきちんと払い続けることが仕事になる。

## 4年で卒業するように子供に伝える

4年制大学に通う学生で、昔のように4年で卒業する人は半数もいない。在学が一年延びればその分学費もかかるし、もちろんフルタイムの仕事について収入を得る時期がその分遅れることになる。大学に1年余分に在籍すると、6万8000ドルから8万5000ドルもの余分な費用がかかると言われている。[*13] やめてほしい。本当にまっとうな理由がない限りは、4年で大学を卒業しなければならない。4年での卒業を妨げるような要因に対しては子供にあらかじめ注意を促そう。たとえば、必修科目を取り損ねてしまったり（大規模な公立大学では起きがち）、専攻を変えたり（追加の単位が必要になる）、転入で単位を認めてもらえなかったり、アルバイトに時間を使いすぎたり、ただ取得単位が少なすぎたりということだ。いいアドバイザーと授業の選択について話し合うよう子供に言い聞かせ、専攻の必須条件をきちんと理解させよう。

## 大学生活の予算を立てる

家族として、親がどの費用を持ち、子供がどこまで貯金やアルバイトや夏休みの仕事といった自分のおカネで費用を賄うのかをはっきりと決めておく必要がある（大学で働くことについては、3章にも詳しく書いた）。親からの月々の仕送りは、家庭によって100ドルから1000ドルまでさまざまだ。文房具代、映画代、散髪代など、いろいろな費用がここに含まれる（もちろん、こうした費用をすべて子供に支払わせる家庭も少なくない）。

子供にいくらか仕送りをする場合には、月額を決めて、はじめからこれ以上は絶対に出さないと子供に伝えておくことをお勧めする。もし子供が、友達と出かけて一晩で全部使ってしまったら、次の映画代は子供自身がどうにか捻出しなければならない。一定額を決めてそれ以上あげないことを守れば、子供はこれまでと違って責任を持って予算を立てなければならなくなる。仮に親が裕福で、子供の出費を全部支払ってあげることができたとしても、親からの支援を制限すれば、子供は予算内で生活することを学ぶ。それは価値ある経験だ。342ページの予算表を参考にしてほしい。

## 教科書代を節約する

大学生は教科書と文具に年間1200ドル以上を使うと言われる。学生の65パーセントは、おカネがないために、少なくとも一冊は教科書を買わずに済ませているという調査もある。[*14] たとえ教科書を全部買う余裕があったとしても、中古本を200ドルで借りられるなら、400ドルも出して新刊を買う必要はない（驚くかもしれないが、一冊でそのくらい値の張る教科書もある）。子供と一緒に安い教科書を探すことで、割安なものを手に入れる習慣を身につけさせることもできる。

大学キャンパス内の書店では、新しい教科書や中古教科書を、受付順に貸し出している。アマゾンその他のサイトでも中古本を買ったり借りたりできる。電子本ならかなり安くなる場合もある。買った教科書は使ったあとに大学の書店に売ることもできる。オンラインのサイトより大学書店の方がはるかに高い値段で教科書を買ってくれる。

## 親への注意：大学教育に関連する税金の控除を受ける

確定申告時に、子供の大学の費用を申告すればおカネの節約になるかもしれない。そのチャンスを見逃さないでほしい。共稼ぎで世帯収入が16万ドルに満たない場合や、ひとり親世帯で収入が8万ドルに満たない場合、大学生の子供がいれば2500ドルは税額から免除される。課税所得が減るのではなく、税額から直接免除されるので、こちらはありがたい。大学生ひとりにつき、4年間は毎年2500ドルの高等教育費用が税額から控除されることになる。控除の対象となる費用は、学費、手数料、教科書、機器などだ。また政府奨学金と親の名義で借りている民間の学資ローンの金利も、毎年2500ドルまでは控除の対象になる。

## 社会人

大学卒業後の数年間は、仕事を始めたばかりで、進路を変えたいと思ったり、大学院に行きたいと思ったりする時期だろう。またこの時期は、切り詰めた生活をしながら、なんとか学資ローンを返済しようともがく時期でもある。

**もしあなたの子供が学資ローンを抱えていたら、手堅い返済計画が必要だ**

親が子供の学資ローンを返済しなければならないと思う必要はない。それよりも、返済の選択肢を一緒に見直してあげる方がいい。最も一般的な賃与型連邦奨学金は卒業から半年後に返済が始まる。だから、卒業後すぐに返済計画を立てた方がいい。幸い、連邦奨学金の返済計画を助けくれるオンラインツールはたくさんある。

民間のローンを借りている学部生は全体の3割と言われる。もしあなたの子供が民間の学資ローンを借りていたら、その返済義務もきちんと理解しておく必要がある。まず、貸し手に連絡を取って次の項目を確かめてほしい。(1) 猶予期間があるかどうか、(2) 最初の支払い予定日はいつか、(3) 支払い金額はいくらか、そして (4) どのような返済方法が選べるのか。

子供がどんな状況であっても、延滞は許されないことをきつく教えてほしい。延滞には重い延滞金利が課され、信用スコアが台無しになる。その影響は計り知れない。あなたの子供がソーシャルワーカーや教師といった公共サービスに就いている場合には、何らかの免除が認められるかもしれないので、調べた方がいい。

## 大学院に行くかどうかを計算して決める

子供が大学院を目指しているとしたら、それはいいことだ。修士号の取得者は仕事が見つかりやすく、学卒者に比べて平均で1万1700ドルほど年収が高い。しかし、ほとんどの人は大学院を出た時点でかなりの借金を抱えることになる。大学と大学院を合わせて6万ドル程度の借金は普通だ。10人にひとりは15万ドルを超える借金を抱えている。数論の博士でなくても、それがどれほど大きな負担かはわかるだろう。

もちろん、何の分野で学位を取るのかも考えてほしい。コンピュータ・サイエンスで博士号を取れば、同じ専攻の大卒者よりはるかに収入は高くなる。とはいえ、専攻によっては大学院卒でも仕事を見つけるのが難しいこともある。アメリカでトップ6位以内の大学院で英語の博士号を取った人たちの中で、大学教員としてテニュアトラックに入れるのは約半数だ。[*15] 以前は超安泰と思われていた法曹の仕事も最近では激変し、名門弁護士事務所でも大規模な人員削減が行われている。さまざまな大学院の専攻の価値を考えるには、ジョージタウン大学の教育と仕事に関する研究所のウェブサイトに行くといい。

私のアドバイスは次の通りだ。もし親の懐具合が厳しい場合には、子供の大学院進学を経済的に助けなくてもいい。もしおカネを出せない場合には、そう伝えた方がいい。そうすれば子供は、借金を背負ってまでその学位を取る価値があるかをしっかり考えるだろう。大学院生向け政府奨学金は、学部生向け奨学金ほど低金利ではない。

## 働きながら勉強を続ける

社会人になった子供が、仕事をしながら追加の学位を取ろうとしている場合や授業を取っている場合には、学費の援助を受けられる可能性もある。次の方法を子供に伝えよう。

・上司に頼む

社員の教育にかかる費用の一部を負担する企業は多い。学費、授業代、教科書、文具、機材などの費用を、5250ドルまでなら無税で援助してくれる会社もある（ただし、食費、交通費、道具、授業で使う教科書以外の教材、スポーツやゲームや趣味に関わる授業代などは含まれない）。5250ドルを超える会社からの援助には、所得として税金がかかる。例外もあるので、詳細は内国歳入庁のウェブページで「教育の税控除」を見よう。

・税控除を申告する

もし会社が学費を出してくれない場合には、授業の費用を税額から控除してもらうと、かなりの金額を節約できる。ただし、そのルールはややこしい。たとえば、その授業が今の仕事に必要なものか、今の仕事に必要な能力を伸ばすものでなければ、税控除の対象にならない。新しい仕事を得るための授業は対象にならない。

例を挙げよう。数学の教師が毎年数学の授業を取った場合、学校が学費を支払わなければ、本人の税額からその費用が控除される。授業をすべて取り終えて最終的に修士号が取得できるまで、それを続けることができる。しかし、もし数学教師がライオン使いになるための授業を取って、学者からサーカス団員にキャリアを変えたとしても、ライオン使いになるための授業料は控除の対象にならない。

・生涯学習の税控除を受ける

生涯学習の認定授業を受けると、年間上限2000ドルは税金が安くなる。2017年は、年収が5万6000ドルより少ない個人、または世帯収入が11万2000ドルより少ない夫婦なら、この税控除が受けられる。もしその授業が学位につながらなかったとしてもこの控除が受けられるし、年数にも上限がないので、大学院生でこの控除を申請する人は多い。残念ながら学校ではこうした知恵は授けてくれない。

## 親への注意：学資ローンの金利が子供の課税所得から控除されていることを確かめる

大学を出たばかりの子供の収入が8万ドルに達していなければ、課税所得から、政府奨学金と民間の学資ローンの両方の金利を引くことができる（支払い金利だけで、元本は控除できない）。もし親が支払いを助けていても、控除は申請できる。子供がこの控除を見逃さないように注意してほしい。このいい点は、項目別の申請が必要ないことだ。学資ローンの回収業者から受け取る書式1098Eを見るように子供に伝えてほしい。もしあなたの子供の所得税率が25パーセントで、課税所得から2500ドル引かれたら、税額は625ドル安くなる。

## 子供が大学に入ったら、誰が何を支払うか

子供の大学が決まり、奨学金の額も決まり、子供の荷造りをしたら、親と子供でお互いに納得できる予算を作った方がいい。これが意外にややこしい。次の表を使って、親がどの費用を支払い、子供が何を支払うかを書き込むといい。お菓子や娯楽といった遊びのおカネのほとんどは子供が支払うことにするのは、まったく問題ない。

| 支出項目 | 推定年間コスト | 親 | 子供 |
|---|---|---|---|
| 学費、寮費、食費 | 家族が支払う学費（奨学金の額によって違う） | | |
| 教科書と教材 | 1200ドルから1600ドル | | |
| ノートPCとプリンタ（一度きり） | 1000ドルから2000ドル | | |

| | | | |
|---|---|---|---|
| 休暇時の帰省にかかる交通費（3回分往復） | バス：200ドル、電車：450ドル、飛行機：1200ドル | | |
| 食事とおやつ（寮の食費以外） | 週に50ドル、年間1800ドル | | |
| 身の回り品、トイレタリー | 250ドルから350ドル | | |
| 娯楽 | 800ドルから1250ドル | | |
| 洋服 | 500ドルから750ドル | | |
| ベッド、タオル、ハンガーなど（一度きり） | 200ドル | | |
| ジム | 350ドルまで | | |
| 友愛会／社交クラブ | 1100ドル5500ドル（女子）、1500ドルから4500ドル（男子） | | |
| 部活動 | 700ドルまで | | |
| 誕生日プレゼント／ディナー | 350ドルから600ドル | | |
| 散髪／美容院 | 125ドルから325ドル（男子）、200ドルから350ドル（女子） | | |
| 洗濯／クリーニング | 125ドルから200ドル | | |

# 第10章

# 親へのおカネのアドバイス

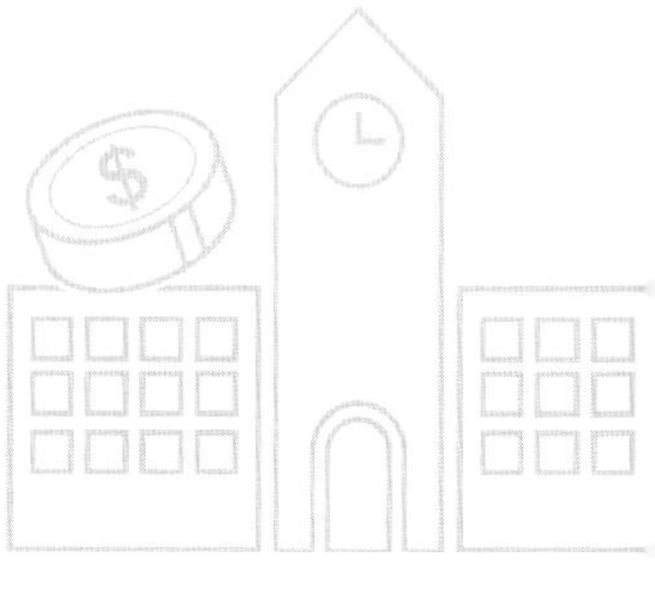

さてここで、例の呪文を唱えてみよう。親がおカネの天才でなくても、子供をおカネの天才にすることはできる！

とはいえ現実には、子供におカネのことで説教をしたければ、まずは親が模範を示した方がいいだろう。皆さんの多くは子供を授かって、おそらく自分の生活を見直したはずだ。ジャンクフードを減らし、夜更かしを切り上げ、たばこをやめ、地下室でハイになることからも卒業しただろう。ここで悪いおカネの習慣を変えてみようと考えるのは当然だ。あなた自身の人生がいい方に変わるばかりか、子供にとって素晴らしいお手本になれる。ライオンキングじゃないけれど、人生はめぐる。おカネの習慣も親から子にめぐるのだ。

もちろん、たいていの大人にとっておカネの使い方を見直すことは、何年も流し台につっこんだままの汚いお皿を一晩ですべてきれいにしようと試みるようなものだ。考えただけでも嫌になるし、どんな恐ろしいことを見つけてしまうかわからない。この章では、自分の財政状況を把握することは、そこまで恐ろしくはないことを伝えたい。この中のひとつかふたつに手をつけるだけで、何もやらないよりははるかにおカネの使い方がマシになる。そうした小さな努力を続ければ、時間が経つうちに本当に大きな違いが生まれる。

あまり重苦しい雰囲気にならないよう、ここでは親同士、あなたと私がふたりでお茶を飲みながら話していると思ってほしい。あなたがすでにおカネに通じている場合は、お酒を飲みながら話していると思ってもらってもいい。いずれにしろ、皆さんが日がな一日私の話を聞いているほどヒマでないことは承知している。話は短く、優しく留めることにする。では始めよう。

## 自分と家族を守る：健康保険、生命保険、障害保険に入る

親になったら、何か悪いことが起きたときのために備えをしておくことも、責任のひとつだ。特に、あなた自身か家族の誰かが病気になったり、怪我をしたり、亡くなったりした時に備えることは大切だ。まずはきちんとその責任を果たしておこう。

**健康保険**

これは言うまでもない。あなた自身と子供たちがきちんと健康保険に加入していることは絶対に必要だ。実際には、社会人になった子供の健康保険は本人の責任だが、親としては子供が健康保険に加入していることを確かめた方がいい。これは子供の健康のためだけでなく（もちろんそれが一番大切だが）、親のおサイフを守るためでもある。もし子供が大事故を起こしたり、大病にかかったりしたときに健康保険がなかったら、親としてはどんなことをしても子供を助けたいと思うだろう。幸い、本書執筆時点では、子供が26歳になるまでは親の保険に加入することが認められている（もっと上の年齢まで許している州もある）。

職場の健康保険に加入している場合には、数年前に選んだプランがあなたと家族に最適なものかを確かめた方がいい。最初に選んだ時とは家庭の状況が変わっているかもしれない。職場の健康保険に加入していない場合は、保険に加入する方法を探し出してほしい。政府サイトに行ってもいいし、健康保険の比較サイトもある。保険代理店を通してもいいし、保険会社に直接問い合わせることもできる。

### 生命保険

これを「収入保証」と呼べば、話ははるかに簡単になる。実際にはそうだからだ。一家の大黒柱が亡くなった時、その収入に頼っていた家族が自立するまでに必要なおカネを一括で受け取れるのが生命保険だ。もし子供がすでに成人していて、自分で生活していけるようになり、配偶者にも収入があるなら、生命保険はいらない。心温まる深夜のテレビ広告が何を訴えようと、子供に生命保険をかける必要はない（息子のバンドが大ヒットを飛ばして、あなたが息子の稼ぎに頼っている場合は別だ）。

あなたが生命保険に入る場合には、あなたの死亡後に配偶者と子供たちが生活していくのにおよそどのくらいの金額が必要かを計算してほしい。残念ながら、簡単な計算式はない。たとえば、もし片方の親が働いて、片方の親が家に留まっている場合には、子供が大学に行くまで誰かに料理や掃除や子供の世話をしてもらうのにいくらかかるかも計算に入れる必要がある。アメリカ公認会計士協会のサイトに行けば、生命保険計算表があるので、それを使って計算してみるといい。

たいていの場合は、いわゆる定期生命保険が適している。保険料は比較サイトで見ることがきる。今どきはすべてオンラインで終わらせたくなるものだが、保険の内容に質問があったら、代理店か保険会社に直接電話して確かめてほしい。

前もって警告しておく。保険会社はさまざまな種類の生命保険を売りつけようとする。その方が儲かるからだ。生涯にわたって投資や貯蓄への「税金が繰り延べされる」保険もあれば、終身保険や変額保険もある。専門家と呼ばれる人たちが、そうした商品を熱い口説き文句で売りつけようとする。そんな話は無視してほしい。

**後遺障害保険**

この種の保険はほとんど注目されないが、若くして死ぬ可能性よりも、病気になったり事故で重傷を負って一定期間働けなくなる可能性の方がはるかに高い。仕事で怪我をしたときに下りる労災保険と違って、障害保険は怪我の理由にかかわらず、働けなくなった場合の補償になる。障害を負った場合に、収入の6割から7割を補償してくれる保険を探すといい。勤め先の会社が障害保険を提供しているか（大企業は提供している場合が多い）、あるいは会社を通してそのような保険を購入できるか（個人で買うより安い）を調べてみよう。自分が加入する場合には、障害補償専門の保険会社で価格を比べた方がいい。メットライフ生命やノースウェスタン相互生命保険などのサイトに行くといい。こうした保険会社が出している保険料と、一般の保険比較サイトの料金を比べてほしい。

## 死んだあとの計画

この話は切り出しにくいが、話しておくべきだろう。親であるあなたに何事か起きた場合に備えて、書類を準備しておいた方がいい。10分かけて年に一度の見直しをするのはもちろんのこと、今これをやっておけばあとは幸せなことだけを考えていられる。必要な書類をここにざっと書き出しておく。

### 遺言書

遺言書は絶対に必要だ。それなのに、親たちのほとんどは遺言を残さない。遺言書によって誰が何を受け取るかが決まり、その執行者（遺言書の内容を実行する人）が指定され、子供の後見人が指名される。両親が両方亡くなって遺言がない場合には、法廷が子供の後見人を決め、遺産は法廷の許可がなければ引き出せない口座に保護される（遺言で指定できない財産もある。たとえば退職口座の受取人は別に指名しなければならない）。

共同名義の口座にあるおカネを子供に残す場合には特に注意してほしい。あなたが亡くなったあとで共同名義人がすべてのおカネの権利を主張する可能性もある。

## 家計の委任状

　あなたが亡くなったあとに、法律に基づいてあなたの資産から家族の生活費を払い、税金を申告し、投資を管理する人を指名することができる。身近な誰か、たとえば配偶者をこの役目に指名した方がいい。そうでないと、複雑でおカネのかかる法的な手続きを経なければ、普段の生活費さえ払えなくなってしまうからだ。ここでの代理人は遺言執行者とは違う（同じ人にすることもできる）。

## リビング・ウィルと医療の委任状

　リビング・ウィルとは、人生の終末ケアをどうしたいかの意思を示し、家族に延命治療を望むかどうかを伝えるものだ。医療の代理人を任されるのは、通常は配偶者や親戚や近しい友人で、弁護士とは限らない。本人が決断を下せなくなった時、代理人は生前の意思が実行されることを見届けなければならない。

## 撤回可能生前信託

　これは遺言書や委任状と違って必須ではないが、考えてみてもいい。これを設定しておけば相続人が検認（遺言書の内容を明らかにして偽造などを防ぐ手続き）を経る必要がなくなる。遺言書の検認には時間とおカネがかかる場合もあり、撤回可能な生前信託なら子供があなたの財産を簡単に受け取れる。こちらの方がいいかどうかは法的な助言を得た方がいい。債務者や税金の問題も絡んでくる。

こうした書類の準備には、プロの手を借りることをお勧めする。遺言設定を専門にする地元の弁護士のリストは、全米遺産信託弁護士協会か、全国遺産プランナー＆アドバイザー協会のウェブページにある。簡単な遺言書なら１０００ドルもかからないし、代理人への委任状なら数百ドルでできる。信託財産の設定は２０００ドル程度で始められる（遺産計画の専門弁護士なら、もう少し料金が高いかもしれないが、その価値はある）。

こうした文書を自分で準備できれば安上がりだ。そのためのソフトウェアもオンライン上にはある。しかし、間違った書式をダウンロードしたり、サイトやソフトウェアに誤りがあったりすると、あなたの家族がおカネをかけてその間違いを正さなければならなくなる。もし自力で書類を準備する場合は、弁護士に少なくとも確認を頼んだ方がいい。

## クレジットカードの借金を清算する

アメリカ家庭の世帯あたりクレジットカード負債の中央値は2300ドルで、平均金利は15パーセントだ。[*1] あなたの目標は、この負債額をゼロにすることだ。負債がなくなるということは、その分から15パーセントの税引き後収入を得るのと同じになる。マッチング型の確定拠出年金を除けば、そこまで高いリターンを保証する投資はほかにない。言い換えると、高金利の借金を返さないということは、出血を止めないのと同じことだ。出血を止めるには、手元の現金を使って今すぐ借金を清算するしかない（ただし、例外がひとつだけある。親はまさかの時のために最低限の備えを残しておかなければならない。そのことについては後述する）。

現金を手放して高金利のクレジットカード負債を返済すると、損をしたような気分になるかもしれない。返済を終えたら、手元の蓄えがほとんどなくなる。しかし、ここがポイントだ。預金口座に貯金があっても、クレジットカード負債を抱えていたら、実際にはおカネを失ってしまう。借金の金利は預金金利よりはるかに高いからだ。

クレジットカード負債が1万ドルあり、その金利が15パーセントだとしよう。預金口座にも1万ドルあって、その金利は1パーセントだとする。預金口座の受け取り金利は一年で100ドルにしかならない。同じ期間にクレジットカード会社に支払う金利は1500ドルだ。差し引き1400ドルの損になる。預金を使ってクレジットカード負債を返済すると、受け取る金利はなくなるが、支払う金利もなくなる。言うまでもないが、おカネを失うより、差し引きトントンの方がいい。だから、貯金する前に高金利の負債を返しておいた方がいいのだ。そうしなければ、貯金するよりも支払いの方が多くなり、全体の収支は赤字になる。

痛みを和らげたければ、今の金利を引き下げる努力をしてみよう。まずはカード会社に電話して、金利を下げてもらえないかどうかを聞いてみるといい（丁寧に尋ねることがポイントだ。そして、ほかのカード会社にも問い合わせているとかならず伝えてほしい）。もし金利を下げてもらえない場合には、最初の6か月から18か月間に低金利を約束してくれるようなほかのカード会社に残額を移してもいい（それまでの間に、全額でなくてもかなりの額を返済していることが望ましい）。

カード会社を替える前に、借り換え手数料（3パーセントか4パーセント）をかならず調べてほしい。比較サイトで低金利のカードを探し、サイト上で借り換え手数料を含めた計算をして、カード会社を替えた方が節約になるかどうかを計算しよう。そして初期金利が上がる時期をかならずチェックしておこう。それまでに負債を清算していない場合には、別の新しいカードで借り換えることを考えた方がいい。

## まさかの時のために、引き出しやすい口座におカネを貯めておく

人生の思いがけない出来事が、親にとっては何よりも恐ろしい。子供が腕の骨を折るかもしれないし、あなた自身が失業するかもしれないし、洪水で地下室が水浸しになるかもしれない。子供ができる前はクレジットカードでなんとかやりくりしたり、友達からおカネを借りて予想外の出費を賄えたかもしれない。でも今はもう親になり、責任も増え、それもできなくなってきた。

アメリカ人の約半数は、まさかの事態が起きた場合に2000ドルの支払いにも困るという調査がある。[*2] 驚いたのは、2000ドルも貯金がないということではない。それなら驚くほどではない。驚いたのは、多くの人がクレジットカード会社にも、銀行や友達や家族にも、それだけのおカネを借りられないと認めていたことだ。それほど多くの人が、突然おカネが必要になってもどうすることもできないと言う。特に、子供がいる人たちがおカネを借りるすべもないことに驚かされる。それほど経済的に脆い状態にある親は、本当に悲惨だ。

まさかの時の備えとして、少なくとも3か月分の生活費は貯めておこう。6か月分ならもっといい。9か月分なら、もちろんなおさらいい。そこまでの貯金を作るにはまず、時間を取って自分の出費を見直してみる必要がある。住宅ローンまたは家賃、食費、電話とインターネット代、光熱費、保険料、その他生活に欠かせない毎月の出費。ひと月にかかる生活費がわかったら、その金額に必要な月数を掛ける。

出てきた金額が大きくても、がっかりしてはいけない。全額を貯金するまでには時間がかかるが、こつこつ貯めて、そのおカネを超安全な場所に置いておこう。オンラインの預金口座でもいいし、マネーマーケットファンドでもいい。金利は低くてかまわない。ここでの目標はおカネを大きく増やすことではなく、本当に思いがけない人生の出来事が起きた時に身を守ることだ。

## インデックスファンドに投資する

人生は複雑だ。だから、投資に関してはシンプルに行こう。最もシンプルなやり方が最も賢い。確定拠出年金を持っている人も、個人退職年金口座を持っている人も、両方を持っている人も、最良の投資先は同じだ。運用手数料の安いインデックスファンドに投資するといい。退職口座以外のおカネを投資するときも、同じものをお勧めする。運用手数料の安いインデックスファンドはあなたの味方だ。

ここで私からの宣伝文句を一言。株式投資に絶対はないが、一般的にはポートフォリオの中に株式を入れておいた方がいい。少なくともこれまでは、株式への投資は長期的にインフレに追いついてきた。もちろん、株が下がる期間もあるが、長い目で見ればほかのものより上がっている可能性が高い。株に投資するなら、リスクを分散し、たくさんの銘柄を買うのが一番だ。

最も簡単なやり方は、株式インデックスファンドに投資することだ。インデックスファンドはたくさんの投資家からおカネを集め、特定の指標を構成する銘柄を買う。インデックスとは、株式市場の中の特定のグループを代表する銘柄の集まりだ。たとえば、S&P500インデックスは、アメリカの代表的な大企業500社の銘柄で構成される。インデックスファンドはほかの投資信託より運用手数料が安い。運用手数料が安ければ安いほど、あなたの懐に入るおカネは増える。もうひとつのやり方は上場投資信託、通称ETFに投資することで、こちらの方がさらに運用手数料が安い。

インデックスファンド、ETF、その他の投資商品の説明は7章をもう一度読んでほしい。バートン・マルキールの『ウォール街のランダムウォーカー――株式投資の不滅の論理』

も読んでみるといい。投資について知るべきことはすべてここに書かれている。

## 自分の信用スコアを知り、700以上まで上げる

子供の頃、覚えておくべき大切なことがいくつかあった。自宅の電話番号、住所、もしかしたらSATのスコアだったかも知れないし、大好きな野球選手の打率だったかもしれない。親として絶対に心に留めておきたいのは、自分の信用スコアだ。ほとんどの貸し手が使っているFICOスコアと呼ばれる信用スコアは、最低は300から最高が850までで、請求書の支払い状況、借金の残額、クレジットの利用期間などによって決まる。一般的には700程度が普通で、少なくともそれ以上が望ましい（信用スコアの詳しい要因については4章を見てほしい）。一度でも支払いに遅れると、信用スコアは100ポイント以上も下がる。このスコアが低ければ低いほど、ローンの金利は高くなる。信用スコアが下がれば、住宅ローンの支払いが何万ドルも増えることになる。もちろんアパートを借りるのも、難しくなる。

自分の信用スコアを理解するには、そのもとになる信用履歴のコピーを手に入れるところから始めるといい。大手信用調査機関は、イクイファックス、エクスペリアン、トラン

スユニオンの3社だ。それぞれ、少しずつ違う方法で、あなたの支払い履歴を記録している。アニュアルクレジットレポート・ドットコムに行けば、年に一度までなら無料で、この3社すべてに信用履歴を請求できる。履歴に間違いを見つけたら（残念だが、よくある）、たとえば、クレジットカードの延滞といった間違った記録があったら、その調査機関に間違いを報告してほしい。それぞれの機関のウェブページに、紛争解決の窓口がある。

クレジットカルマ（CreditKarma.com）に登録すれば、無料で自分の信用スコアが受け取れる。これはFICOスコアとは違うものだが、これを見れば自分の評価がだいたいわかる。このサイトから、大手信用調査期間の信用履歴に何度でも無料でアクセスできる。ただし、近々ローンを借りる計画があるなら、60ドル払って（20ドルずつ3社分）正式なFICOスコアを取った方がいい。

請求書の期限までにかならず支払いを行えば、信用スコアは上がる。これが一番重要な要因だ。月々の支払いは、クレジットカードやその他のローンの最低返済金額より多い方がいい（月に20ドルだけ多く支払うだけでもいい）。

もうひとつアドバイスがある。返済を終えても、古いクレジットカードの口座を開いておいた方がいい。意外かもしれないが、信用調査機関はそれを見て、あなたの信用履歴は長く、（使っていなくても）借り入れ限度額は大きいと思い込む。もしカード借り入れの限度額が1万ドルだとしたら、借り入れは2000ドルより下に留めておこう。

最後に、子供のカードの連帯保証人になったり、子供にあなたのカードの利用権限を認めてはいけない。子供が無軌道な使い方をしてしまったときに、あなたの信用スコアが下がるからだ（あなたの完璧な子供なら、そんなことはないと思う。一応言っておくだけだ）。

## 大学の学費を貯めよう——でも賢く貯めよう

大学の学費の話題になると、どんな親でも胸が騒ぐ。親が知っておくべきことはすべて9章に書いた。ここに要点だけを挙げておく。退職口座にそれなりのおカネを入れたら、529プランに投資を始めよう。これは大学の学費専用の積立で、さまざまな税金が優遇される。子供には、教育のためにおカネを貯めていることを伝えてほしい。大学に行くためのおカネが積み立てられていることを知っている子供は、実際に大学に入る傾向が高い。そして大学に出願するときがきたら、可能性は低くても、かならず奨学制度に応募しよう。思いがけず援助を受けられる場合もある。

これまで言ってきたように、いい教育を与えることは、子供が将来経済的にしっかりとした土台を築くために親ができる、最も賢い投資なのだ。

# 近しい人たちへの謝辞

まずは、両親に感謝したい。生まれながらの教育者だったふたりは、私におカネの価値を教えてくれながら、また一方でおカネがすべてではないことも教えてくれた。それこそ、天才のなせるわざだと思う。ふたりがいなければ、今の私はなかった。両親を心から愛している。ふたりの兄、ペリーとケネスにもお礼を言いたい。クイーンズで一緒に育ち、「コブリナー家の流儀」を共に身につけたふたりにも感謝している。

ウィリアム・モリス・エンデヴァーの天才的なエージェント、スザンヌ・グラックは、賢く、面白く、そして厳しく私を導いてくれた。サイモン&シャスターの大胆なリーダーであり親友のジョン・カープにも感謝している。今でもクラスで一番賢いのはあなただと思う。編集者のプリシラ・ペイントンは作家にとって理想の編集者で、人としても素晴らしく、またこの本を強力に推してくれた。ミリセント・ベネットは、執筆中ずっと私を励まし続けてくれた。レスリー・シュナー、フランシーヌ・アルマッシュ、チャールズ・アルダイ、ジェシカ・アッシュブルック、マリサ・バルダッチ、カレン・チェニー、アリアナ・コドッシュ、ダニエル・クラロ、マックス・ディックスタイン、リン・ゴールドナー、マジョーリー・インガール、ジェニファー・ジャエク、マイケル・カンター、ミリアム・

コブリナー、キャシー・ランドー、カイル・メーリング、アレックス・オニール、バレリー・ポップ、ザッカリー・ポート、エリック・プレッツフェルダー、ケイトリン・プッチオ、ジェフリー・ロッター、ノア・ショルニック、ケリー・ショー、マイケル・スパルター、ジュリア・ウェザレルにもお礼を言いたい。才能豊かな編集者のサラ・コールトーの見事な仕事のおかげで、この本が出来上がった。スコット・デシモンはすべてを取り仕切り、さも簡単そうに何事も引き受けてくれた。

もうずいぶん前になるが、いとこのシャーナ・パスマンとその夫のドンに、4人の息子をあれほどしっかりした責任感のある素晴らしい男性に育て上げた秘訣を聞いた。すると、シャーナはこう答えてくれた。息子たちが何か困難にぶつかったときにはかならず、彼らの目をまっすぐに見てこう言っていたそうだ。「あなたが正しい選択をすることはわかっている」と。それは本当に心に響くアドバイスで、私も自分が子育てをする中でこのアドバイスをずっと心に留めている。

文才あるレベッカは、誰よりも上手に私の文章を直してくれる。それに、いつも私たちを笑わせてくれる。3歳の頃から複利について（それと、他のすべてのことについて）質問するようになったアダムは、今では私が尋ねる質問に何でも答えてくれる。ジェイコブの知的好奇心と勤勉さは、会う人すべてを巻き込み、力を与えてくれる。

最後に私の親友であり人生のパートナーのデビッドへ。あなたのやることなすことすべてが本当に天才的だと思う。それに世界一素敵な男性だとも思っている。あなたを愛しているわ。もちろん、トロント・ブルージェイズもね！

# 謝辞

もうおわかりの通り、この本には多くの親と子供のおカネにまつわる実話がちりばめられている（名前と詳細は変えてある）。彼らが私を信頼して率直に話をしてくれたことに、お礼を言いたい。また、何百人という学術関係者、研究者、そして金融のプロにも話を聞かせていただいた。そうした皆さん全員の知恵とひらめきに感謝している。もしお礼を言いそびれた人がいたら、この場で深くお詫びしたい。

多くの方が時間と意見と専門知識を授けてくださったおかげで、この本が今の形になった。ニューヨーク連銀の地域分析課長兼研究部長を務めるジェイソン・アベル、ディフェンス・クレジット・ユニオン協会の会長兼ＣＥＯのローランド・アルティエーガ、ミシガン大学の社会学研究所の上級研究員であるジェラルド・Ｇ・バックマン、リフトファンドの創業者ＣＥＯのジェイニー・バレーラ、都市研究所内の所得と福祉政策センターのシニア・フェローであるサンディ・バウム、全国金融教育協会の会長兼ＣＥＯのテッド・ベック、作家でありマネー誌の元同僚のゲイリー・ベルツキー、セサミ・ワークショップで教育研究社会貢献部門の部長を務めたルイ・バーンスタイン、同じくセサミ・ワークショップの地域家族参加部門のジャネット・ベタンコート、全米アメリカン・インディアン協会のディレクターであるシェリー・サルウェイ・ブラック、イエール大学の心理学教授であり作家のポール・ブルーム、シェフィールド大学の経済学教授であるサラ・ブラウン、オペレーションHOPEの創立者兼CEOのジョン・ホープ・ブライアント、スペイヤー・レガシー・スクールの共同創立者コニー・バートン、ミネソタ大学の育児研究所ディレクターのステファニー・カールソン、キャンパス・コンサルサンツの学資ローンアドバイザー兼所長のカルマン・チャニー、『Child Identity Theft: What Every Parent Needs to Know（子供の個人情報盗難　すべての親が知るべきこと、未邦訳）』の著者であるロバート・P・チャペル・ジュニア、全米ガールスカウト元CEOのアナ・マリア・チャベス、サンフランシスコ市の財務担当者ホセ・シスネロス、クラリティ投資計画有限会社のアネット・クリアウォーターズ、ウィスコンシン大学マジソン校のファイナンシャルセキュリティセンターでディレクターを務めるJ・マイケル・コリンズ、シティグループCEOのマイケル・L・コルバット、ナブの市場教育担当長で作家のゲリ・デットワイラー、ライトハウス・キャピタル・パートナーズのプリンシパルであるアン・ダイアモンド、パシフィックアジア・コンソーシアム・イン・エンプロイメントのケリー・土井CEO、ペンシルバニア大学心理学教授のアンジェラ・ダックワース、カンザス大学の資産教育統合センターの創立ディレクターであるビリー・ヘンズレー、大統領政策アドバイザーでありアイオワ州立大学でパーソナルファイナンスと消費者経済を教えるタヒラ・K・ハイラ教授、ウィスコンシン大学マジソン校の政策大学院名誉教授のカレン・ホールデン、女性の退職研究所の所長を務めるシンディ・ハウンセル、全米消費者連合会の保険部長であるJ・ロバート・ハンター、エコノミック・エンパワメント・イニシアチブの創始者兼会長兼CEOのサミュエル・T・ジャクソン、コーネル大学の応用経営経済学大学院のデイビッド・ジャスト教授、奨学金専門家のマーク・カントロウィッツ、FINRAの元会長兼CEOのリチャード・ケッチャム、弁護士のモイラ・S・レイドロー、全米遺産計画協会のローレンス・M・リーマン会長、アリゾナ州立大学のポール・ルポーレ副学長、ジャンプスタート協会の会長兼CEOであるローラ・レヴィーン、ブランド専門家で作家のマーティン・リンドストローム、フューチャーレディ・コロンバスのリリアン・M・ローリーCEO、ジョージワシントン大学経営大学院で経済学と会計学の部長を務めるアナマリア・ルサルディ、BETネットワークでチーフ・デジタル・オフィサーを務めるケイ・M・マダティ、バッファロー大学経営大学院で金融の名誉教授を務めるルイス・マンデル、バンクレート・ドットコムのチーフ金融アナリストであるグレッグ・マクブライド、コロンビア大学心理学教授のウォルター・ミシェル、カリフォルニア大学ロサンゼルス校の教育学准教授ラシュミタ・S・ミストリー、ナショナル・アーバン・リーグCEO兼会長のマーク・モリアル、経済教育協会CEO兼会長のナン・J・モリソン、ガーディアン生命保険社長兼CEOのディアナ・M・ムリガン、ラトガース大学教授で金融リソースマネジメント専門家のバーバラ・オニール、ブログ「オブリビアス・インベスター」を運営するマイク・パイパー、デイビッドソン・カレッジ学長のキャロル・E・クイン、AARP元CEOのアディソン・バリー・ランド、アリエル・インベストメントのCEO兼最高投資責任者のジョン・W・ロジャーズ、パブリック・プライベート・ストラテジー・グループのエイミー・ローゼン、金融教育ペンシルバニア支部の元支部長メアリー・ローゼンクランツ、ペンシルバニア大学慈善センターの創立者キャサリーナ・ロスクエタ、ビザ元CEOチャールズ・シャーフ、プリンストン大学行動科学政策教授のエルダー・シャファー、メアリー・ワシントン大学心理学准教授のホリー・シフリン、チャールズ・シュワブ財団会長のキャリー・シュワブ-ポメランツ、インテュイット会長兼CEOのブラッド・D・スミス、国家経済諮問委員会元議長のジーン・スパーリング、アリゾナ大学家族と消費者科学大学院の消費者金融教育センターでディレクターを務めるマイケル・E・スターン、テンプル大学心理学名誉教授のローレンス・スタインバーグ、スカイラインカレッジ学長のレジーナ・スタンバック・ストラウド、アメリカ銀行協会で広報ディレクターを務めるマイケル・タウンゼント、セサミ・ワークショップでカリキュラムとコンテンツを担当するローズマリー・トルグリロ、クレジット・セサミの信用エキスパートのジョン・ウルザイマー、アンコンシャス・ブランディング創立者のダグラス・バン・プラエット、バンク・オブ・アメリカで地域関係担当エグゼクティブを務めるケネス・ウェイド、マサチューセッツ州選出上院議員のエリザベス・ウォレン、作家でボード・ビルダーズ会長のキャロル・ワイスマン、スレート誌でビジネス経済分野のシニア・コレスポンデントを務めるジョーダン・ワイスマン、コロンビア大学ティーチャーズカレッジのディレクターであるリサ・ライト、マインド・ブロウン研究所創立者兼ＣＥＯのジェイソン・Ｗ・ヤングにお礼を言いたい。

# 訳者あとがき

金融業界にいたというのに、自分のカネ勘定となると恥ずかしいくらいにいい加減にやってきた。自分がドンブリ勘定なので、子供にも偉そうなことが言えない。私ほどひどくはなくても、子供とはおカネの話はしにくいし、おカネについて何をどう教えたらいいかわからないという親は多いのではないだろうか。

この本は、そんなダメ親でも、子供をおカネの天才にすることはできると教えてくれる。「おカネの天才」と言っても、たとえば株や不動産投資で大儲けするような投資のプロを育成しようという話ではない。自分のおカネに責任を持ち、身の丈にあった生活を送り、まさかの時のために蓄え、できるだけ賢くその蓄えを育てていけるように、小さな頃からいい習慣をつけようという、しごく当たり前の話だ。だが、この当たり前が意外に難しい。

著者によると、子供は大人が思うより幼いうちからおカネの概念を理解すると言う。そして、大人の言うことを聞いてくれる小さなうちから習慣をつけさせておく方が、大人になってから無理やり自制心を働かせようと努力するよりも、はるかに効率がいい。幼い時からおカネに関心を持たせることにはふたつの大きなメリットがある。ひとつは「時間」。

もうひとつは「複利」だ。時間と複利の相乗効果は、予想外の大きな違いをもたらす。少額でも10歳から貯蓄を始めるのと、30歳から貯蓄を始めるのとでは、20年間の違いがある。その20年間に複利でおカネが増え続けると、恐ろしいほどの差が生まれるというわけだ。

本書では、子供におカネに関するいい習慣をつけさせるためのコツを年齢別に分けている。各章で、就学前、小学生、中学生、高校生、大学生、社会人と6段階に分類し、それぞれの年代に合ったアドバイスを与えてくれる。ただし、内容はアメリカのおカネの事情をもとにしていることに注意してほしい。

アメリカと日本の家計の事情は、ふたつの分野で大きく異なっている。ひとつは教育費。もうひとつは医療費だ。アメリカの大学の学費は、日本に比べると、ざっくり3倍から5倍高い。アイビーリーグの大学では年間５００万円以上の学費がかかる。ほとんどの家庭は奨学金と学資ローンを組み合わせて大学の学費を賄う。その負担は親だけでなく子供にものしかかる。一方、医療制度は州によって違い、日本に比べて医療費そのものも高いが、保険料も高い。保険が適用されない治療も多い。盲腸で入院しただけで数百万円も請求されたという話も聞く。アメリカでは自己破産の6割以上が、医療費の未払いが原因だと言われている。そんな背景を知ると、子供の頃からおカネを貯めなさいという説教がますますもっともに聞こえてくる。子供を将来アメリカの学校に行かせたい親たちには特に、本書のアドバイスは役立つだろう。

とはいえ、今どきの「自己責任」の世の中で、アメリカの事情は他人事ではない。おカネの知識があるかないかで、これからますます格差は開いていく。日本の子育て中のカップルやこれから社会に出る人には必須の知識が本書にはまとめられている。私のようないい年をした大人に役に立つアドバイスもある。たとえば、確定拠出型年金には今すぐ加入した方がいいこと。運用はある程度分散させた方がいいこと。株式はほかの資産クラスを長期的にはアウトパフォームすること。一般的には個別銘柄よりインデックスファンド（またはＥＴＦ）の方が運用成績がいいこと。かならず運用手数料に気をつけること。すでに金融に明るい人には当たり前かもしれないが、そうでなければかならず知っておいた方がいいことばかりだ。

著者のベス・コブリナーは、パーソナルファイナイスの専門家としてオバマ大統領の金融教育諮問委員会のメンバーに選ばれた人物だ。本書『「おカネの天才」の育て方　一生おカネに困らないために、親が子供に伝えるべき「おカネの話」』はニューヨーク・タイムズのベストセラーになり、コブリナー氏自身もマスコミにたびたび登場して、いいおカネの習慣を早いうちから身につける重要性を説いている。

本書がご家族のおカネに関する会話のきっかけになれば幸いだ。

翻訳者　関　美和

*The Marshmallow Test: Mastering Self-Control* by Walter Mischel (New York: Little, Brown and Co., 2014) . A fun-to-read exploration by the professor who created the iconic marshmallow experiment decades ago and pioneered work on the importance of delayed gratification.（邦訳『マシュマロ・テスト：成功する子・しない子』）

*Nickel and Dimed: On* (*Not*) *Getting By in America* by Barbara Ehrenreich (New York: Picador, 2011) . A modern classic on the harsh realities of trying to survive on the minimum wage in the United States.（邦訳『ニッケル・アンド・ダイムド -アメリカ下流社会の現実』）

*Nudge: Improving Decisions About Health, Wealth, and Happiness* by Richard Thaler and Cass R. Sunstein (New York: Penguin, 2009) . A fascinating analysis of how small interventions can help you save money, avoid fees, and more, by two distinguished professors.（邦訳『実践 行動経済学』）

*The Only Investment Guide You'll Ever Need* by Andrew Tobias (New York: Mariner, 2016) . A completely updated version of this accessible guide to investing. Still one of the very best.（邦訳『トビアスが教える投資ガイドブック — 賢いお金の使い方、貯め方、増やし方』）

*The Opposite of Spoiled: Raising Kids Who Are Grounded, Generous, and Smart About Money* by Ron Lieber (New York: Harper Paperbacks, 2016) . A New York Times financial journalist uses fascinating case studies to shed light on how to avoid raising entitled kids.

*Paying for College Without Going Broke* by Kalman Chany (New York: The Princeton Review, 2016) . A primer on how families can understand and get the most out of the financial aid process.

*A Random Walk Down Wall Street: The Time-Tested Strategy for Successful Investing* by Burton G. Malkiel (New York: W. W. Norton, 2016) . This updated classic is a must-read for anyone who wants to learn more about investing.（邦訳『ウォール街のランダム・ウォーカー―株式投資の不滅の真理』

*Teach Your Children Well: Why Values and Coping Skills Matter More Than Grades, Trophies, or "Fat Envelopes"* by Madeline Levine (New York: Harper Perennial, 2013) . A clinical psychologist proposes a more balanced definition of parenting "success" in this easily readable guide.（邦訳『親の「その一言」がわが子の将来を決める』）

*Twisdoms about Paying for College* by Mark Kantrowitz (Las Vegas: Edvisors Network, 2015) . Pithy advice on scholarships, student loans, and other financial aid subjects.

*Why Smart People Make Big Money Mistakes and How to Correct Them: Lessons from the Life-Changing Science of Behavioral Economics* by Gary Belsky and Thomas Gilovich (New York: Simon & Schuster, 2010) . One of my favorite books on the psychology of how and why we spend money, this is a fun and informative read.（邦訳『お金で失敗しない人たちの賢い習慣と考え方』）

### 第5章

1　ディックにはスラングで「男性器」など卑猥な意味がある。
2　日本での消費税の使途は、以下から参照できる。
http://www.mof.go.jp/tax_policy/summary/consumption/d05.htm
3　日本では、「婚約指輪は給料の3ヶ月分」というキャッチフレーズが使われたこともある。

## おすすめの本

読む本は多いけど時間がない！！　そんなあなたも、本書で議論したおカネに関するトピックについてさらに深堀りできるように、ここに私のお気に入りの読み物を特別に書き出しておく。

*All Your Worth: The Ultimate Lifetime Money Plan* by Elizabeth Warren and Amelia Warren Tyagi（New York: Free Press, 2006）. This no-nonsense deep dive into personal finance from Senator Warren and her daughter is a call to action.

*The Blessing of a Skinned Knee: Using Jewish Teachings to Raise Self-Reliant Children* by Wendy Mogel（New York: Scribner, 2008）. This book helps parents of all faiths to instill gratitude and respect in their kids, and to avoid the perils of helicopter parenting.

*Filing the FAFSA: The Edvisors Guide to Completing the Free Application for Federal Student Aid* by Mark Kantrowitz and David Levy（Las Vegas: Edvisors Network, 2015）. A step-by-step guide that demystifies this tricky financial aid form.（Free download available at edvisors.com/fafsa/book/user-info.）

*Get a Financial Life: Personal Finance in Your Twenties and Thirties* by Beth Kobliner（New York: Touchstone, 2017）. My updated guide written for younger adults who need to know how to make their own financial decisions.

*Grit: The Power of Passion and Perseverance* by Angela Duckworth（New York: Scribner, 2016）. The definitive book on a character trait that helps kids（and adults）succeed, by the academic who advanced research in the field.（邦訳『やり抜く力 GRIT（グリット）——人生のあらゆる成功を決める「究極の能力」を身につける』）

*Happy Money: The Science of Happier Spending* by Elizabeth Dunn and Michael Norton（New York: Simon & Schuster, 2014）. A collaboration between a psychologist and a Harvard business professor that explores how we can "buy" the most satisfaction in life.（邦訳『「幸せをお金で買う」5つの授業』）

*How Children Succeed: Grit, Curiosity, and the Hidden Power of Character* by Paul Tough（New York: Mariner Books, 2013）. This look into the new science about the traits that help kids thrive is a great read for parents.（邦訳『成功する子 失敗する子——何が「その後の人生」を決めるのか』）

Engaged
in Deceptive and Questionable Marketing Practices," U.S. Government Accountability Office, August 4, 2010.

12 David B. Monaghan and Paul Attewell, "The Community College Route to the Bachelor's Degree," Educational Evaluation and Policy Analysis, vol. 37, no. 1, March 2015, pp. 70-91.

13 "The Four-Year Myth: Make College More Affordable. Restore the Promise of Graduating on Time," Complete College America, December 2014. Jaison R. Abel and Richard Deitz, "Staying in College Longer Than Four Years Costs More Than You Might Think," Liberty Street Economics, Federal Reserve Bank of New York, September 3, 2014.

14 Ethan Senack, "Fixing the Broken Textbook Market: How Students Respond to High Textbook Costs and Demand Alternatives," U.S. PIRG Education Fund and The Student PIRGs, January 2014.

15 David Colander and Daisy Zhuo, "Where Do PhDs in English Get Jobs? An Economist's View of the English PhD Market," Pedagogy, vol. 15, no. 1, January 2015, pp. 139-156.

### 第10章

1 Jesse Bricker et al., "Changes in U.S. Family Finances from 2010 to 2013: Evidence from the Survey of Consumer Finances," Federal Reserve Bulletin, vol. 100, no. 4, September 2014.

2 Annamaria Lusardi, Daniel Schneider, and Peter Tufano, "Financially Fragile Households: Evidence and Implications," Brookings Papers on Economic Activity, The Brookings Institution, Spring 2011.

## 編注

### 第2章

1 日本の場合は、金融機関が破綻したときに一定額の預金等を保護するための預金保険制度がある。詳しくは、以下を参照。
https://www.dic.go.jp/yokinsha/page_000105.html

2 本書における「学資ローン（student loan）」は、学生本人が学費に充てるために借りる学生ローンの総称で、貸与型奨学金と民間学資ローンの両方を含む。ただし、奨学金を明記した方がわかりやすい場合は、「（貸与型）奨学金と学資ローン」のように表記する。

### 第3章

1 日本の場合は、都道府県の平成29年度地域別最低賃金額および発効年月日を以下から参照できる。
http://www.mhlw.go.jp/stf/seisakunitsuite/bunya/koyou_roudou/roudoukijun/minimumichiran/

### 第4章

1 自動車ローンについては、米国と日本で事情はかなり異なる。米国で自動車を買う機会があれば参考になるだろう。

9 Jean Decety et al., "The Negative Association between Religiousness and Children's Altruism across the World," Current Biology, vol. 25, November 15, 2015, pp. 2,951-2,955.
10 Think about what other people really need. This discussion on efficient giving draws on the research and expertise of Katherina Rosqueta, founding executive director at the Center for High Impact Philanthropy at the University of Pennsylvania, who gave generously of her time.
11 Constance A. Flanagan, Taehan Kim, Alisa Pykett, Andrea Finlay, Erin Gallay, and Mark Pancer, "Adolescents' Theories about Economic Inequality: Why Are Some People Poor While Others Are Rich?" Developmental Psychology, vol. 50, no. 11, November 2014, pp. 2,512-2,525.
12 "Volunteering," Child Trends DataBank, December 2015. Edward B. Fiske, "Learning in Deed: The Power of Service Learning for America's Schools," National Commission on Service Learning, January 2002.
13 Sara E. Helms, "Involuntary Volunteering: The Impact of Mandated Service in Public Schools," Economics of Education Review, vol. 36, October 2013, pp. 295-310.
14 Christopher Spera, Robin Ghertner, Anthony Nerino, and Adrienne DiTommaso, "Volunteering as a Pathway to Employment: Does Volunteering Increase Odds of Finding a Job for the Out of Work?" Office of Research & Evaluation, Corporation for National and Community Service, June 2013.

## 第9章

1 Anthony P. Carnavale, Stephen J. Rose, and Ban Cheah, "The College Payoff: Education, Occupations, Lifetime Earnings," Georgetown University Center on Education and the Workforce, 2011. Mary C. Daly and Leila Bengali, "Is It Still Worth Going to College?" FRBSF Economic Letter, Federal Reserve Bank of San Francisco, May 5, 2014.
2 Jaison R. Abel and Richard Deitz, "The Value of a College Degree," Liberty Street Economics, Federal Reserve Bank of New York, September 2, 2014.
3 William Elliott, Hyun-a Song, and Ilsung Nam, "Small-Dollar Children's Savings Accounts and Children's College Outcomes by Income Level," Children and Youth Services Review, vol. 35, no. 3, March 2013, pp. 560-571.
4 "Moving the Goalposts: How Demand for a Bachelor's Degree Is Reshaping the Workforce," Burning Glass Technologies, September 2014.
5 Carnavale et al., "The College Payoff."
6 "AICPA Survey Reveals What Parents Pay Kids for Allowance, Grades," American Institute of Certified Public Accountants, August 22, 2012.
7 Bradley M. Allan and Roland G. Fryer, Jr., "The Power and Pitfall of Education Incentives," The Hamilton Project, Brookings Institution, Discussion Paper 2011.07, September 2011.
8 Leon Festinger and James M. Carlsmith, "Cognitive Consequences of Forced Compliance," Journal of Abnormal and Social Psychology, vol. 58, no. 2, March 1959, pp. 203-210.
9 Allan and Fryer, "The Power and Pitfall of Education Incentives."
10 "Estimating the Payoff to Attending a More Selective College: An Application of Selection on Observables and Unobservables," National Bureau of Economic Research, Working Paper no. 7322, August 1999. "Estimating the Return to College Selectivity over the Career Using Administrative Earning Data," National Bureau of Economic Research, Working Paper no. 17159, June 2011.
11 "For-Profit Colleges: Undercover Testing Finds Colleges Encouraged Fraud and

4 Ben Johnson, Thomas Boccellari, Alex Bryan, Michael Rawson, "Morningstar's Active/Passive Barometer: A New Yardstick for an Old Debate," Morningstar Manager Research, June 2015.
5 Michael Cohn, "Madoff Who? Survey Reveals Shocking Ignorance of Bernie," Accounting Today, May 15, 2014.
6 Burton Malkiel, A Random Walk Down Wall Street（New York: W. W. Norton, 2015）, pp. 258-259.
7 Recent studies have found that young people . . . Morley Winograd and Michael Hais, "How Millennials Could Upend Wall Street and Corporate America," Governance Studies at Brookings Institution research paper, May 2014, pp. 5-6.
8 Hal E. Hershfield et al., "Increasing Saving Behavior Through Age-Progressed Renderings of the Future Self," Journal of Marketing Research, vol. 48, no. SPL, November 2011, pp. S23-S37.
9 "Confessions of a Millennial Who Hasn't Invested a Dime in Stocks," The Week, May 19, 2014.
10 Robert L. Clark, Annamaria Lusardi, and Olivia S. Mitchell, "Financial Knowledge and 401（k）Investment Performance," National Bureau of Economic Research, Working Paper no. 20137, May 2014.
11 Victor Reklaitis, "Warren Buffett's Investing Tip to LeBron James: Stick with an Index Fund," MarketWatch, March 2, 2015.
12 Brad M. Barber and Terrance Odean, "The Behavior of Individual Investors," Social Science Research Network, September 7, 2011.
13 Richard Thaler and Shlomo Benartzi, "Save More Tomorrow: Using Behavioral Economics to Increase Employee Savings," Journal of Political Economy, vol. 112, no. 1, 2004, pp. S164-S187.

## 第8章

1 William T. Harbaugh, Ulrich Mayr, and Daniel R. Burghart, "Neural Responses to Taxation and Voluntary Giving Reveal Motives for Charitable Donations," Science, vol. 316, no. 5,831, June 15, 2007, pp. 1,622-1,625.
2 Christian Smith and Hilary Davidson, The Paradox of Generosity: Giving We Receive, Grasping We Lose（New York: Oxford University Press, 2014）.
3 Rick Weissbourd, Stephanie Jones, Trisha Ross Anderson, Jennifer Kahn, and Mark Russell, "The Children We Mean to Raise: The Real Messages Adults Are Sending About Values," Making Caring Common Project, Harvard Graduate School of Education, 2014.
4 Paul Bloom, Just Babies: The Origins of Good and Evil（New York: Crown Publishers, 2013）, p. 54.
5 Carol Weisman, Raising Charitable Children（St. Louis: F. E. Robbins & Sons Press, 2008）, p. 36.
6 Lara B. Aknin, J. Kiley Hamlin, and Elizabeth W. Dunn, "Giving Leads to Happiness in Young Children," PLoS ONE, vol. 7, no. 6, June 14, 2012.
7 "Does Price Matter in Charitable Giving? Evidence from a Large-Scale Natural Field Experiment," National Bureau of Economic Research, Working Paper no. 12338, June 2006.
8 "Women Give 2013: New Research on Charitable Giving by Girls and Boys," Women's Philanthropy Institute, Lilly Family School of Philanthropy, Indiana University, and the United Nations Foundation.

22 Vanessa Wong, "That Tablet on the Restaurant Table Will Make You Spend More," Bloomberg.com, September 18, 2013.
23 Jerald G. Bachman et al., "What Do Teenagers Do with Their Earnings and Does It Matter for Their Academic Achievement and Development?" Monitoring the Future Occasional Paper Series, Institute for Social Research at the University of Michigan, Paper 78, 2014.
24 Happy Money: The Science of Happier Spending. Elizabeth Dunn and Michael Norton, Happy Money: The Science of Happier Spending (New York: Simon & Schuster, 2014) , p. 52.
25 Drazen Prelec and Duncan Simester, "Always Leave Home Without It: A Further Investigation of the Credit-Card Effect on Willingness to Pay," Marketing Letters, vol. 12, no. 1, 2001, pp. 5-12.
26 Brian Knutson et al., "Neural Predictors of Purchases," Neuron, vol. 53, no. 1, January 4, 2007, pp. 147-156.
27 Nicolas Gueguen et al., "Effect of Background Music on Consumers' Behavior: A Field Experiment in an Open-Air Market," European Journal of Scientific Research, vol. 16, no. 2, 2007, pp. 268-272.
28 "Let Them Compare and Contrast," Daily Blog, Program on Negotiation at Harvard Law School, January 25, 2011.
29 Cynthia E. Cryder et al., "Misery Is Not Miserly: Sad and Self-Focused Individuals Spend More," Psychological Science, vol. 19, no. 6, June 2008, pp. 525-530.
30 Based on a 2013 survey conducted by the American Institute of CPAs and Ad Council.
31 "Wedding Market Summary Report," The Wedding Report, 2016.
32 Tobie Stanger, "Get More Wedding for Your Money," Consumer Reports, April 26, 2016.
33 Maggie Seaver, "Here's Who Paid the Most for Weddings in 2015," TheKnot.com.
34 1.3 Andrew Francis-Tan and Hugo Mialon, " 'A Diamond Is Forever' and Other Fairy Tales: The Relationship between Wedding Expenses and Marriage Duration," Economic Inquiry, vol. 53, no. 4, October 2015.
35 "Businesses Hike Prices for Wedding Bookings," which.co.uk, June 16, 2013.
36 Francis-Tan and Mialon, " 'A Diamond Is Forever' and Other Fairy Tales."

### 第6章

1 Nicole Dussault, Maxim Pinkovskiy, and Basit Zafar, "Is Health Insurance Good for Your Financial Health?" Liberty Street Economics, Federal Reserve Bank of New York, June 6, 2016.
2 Nick DiUlio, "Teen Drivers: Getting Car Insurance for Young Drivers Can Double Your Cost," InsuranceQuotes.com, July 31, 2013.
3 Lydia Saad, "U.S. Smoking Rate Still Coming Down," Gallup, 2008.

### 第7章

1 Alan Feuer, "Thousands Later, He Sees Lottery's Cruelty Up Close," New York Times, August 21, 2008.
2 Lynsey K. Romo and Anita L. Vangelisti, "Money Matters: Children's Perceptions of Parent-Child Financial Disclosure," Communication Research Reports, vol. 31, no. 2, 2014, pp. 197-209.
3 "Wells Fargo Survey: Majority of Millennials Say They Won't Ever Accumulate $1 Million," Wells Fargo, August 3, 2016.

2 Aviva Musicus, Aner Tal, and Brian Wansink, "Eyes in the Aisles: Why Is Cap'n Crunch Looking Down at My Child?" Environment and Behavior, April 2, 2014, pp. 1-19.
3 "Children, Adolescents, and Advertising," Pediatrics, American Academy of Pediatrics policy statement, December 2006, vol. 118, no. 6. Eli A. Rubinstein et al., Television and Social Behavior: Reports and Papers, Vol. IV: "Television in Day-to-Day Life: Patterns of Use," Surgeon General's Scientific Advisory Committee on Television and Social Behavior, 1972, pp. 486-494.
4 John Tierney, "The Voices in My Head Say 'Buy It!' Why Argue?" New York Times, January 16, 2007.
5 Barry Schwartz and Andrew Ward, "Doing Better but Feeling Worse: The Paradox of Choice," in Positive Psychology in Practice, eds. P. Alex Linley and Stephen Joseph (John Wiley & Sons: Hoboken,
New Jersey, 2004) , pp. 86-104.
6 Douglas Van Praet, "7 Unconscious Errors We Make When Buying Brands," Psychology Today blog, January 12, 2014.
7 Based on a 2013 survey conducted by the American Institute of CPAs and Ad Council.
8 Kyle B. Murray et al., "The Effect of Weather on Consumer Spending," Journal of Retailing and Consumer Services, 2010, pp. 512-520.
9 Larissa Faw, "Tween Sensibility, Spending, and Influence," EPM Communications, October 2013.
10 Thomas N. Robinson et al., "Effects of Fast Food Branding on Young Children's Taste Preferences," Archives of Pediatrics and Adolescent Medicine, vol. 161, no. 8, August 2007, pp. 792-797.
11 Kristen Harrison et al., "US Preschoolers' Media Exposure and Dietary Habits: The Primacy of Television and the Limits of Parental Mediation,"Journal of Children and Media, vol. 6, no. 1, 2011, pp. 18-36.
12 101 "The Mobile Device Path to Purchase: Parents & Children," Communicus, August 22, 2014.
13 Pfeiffer, "An Ad or a Show? Some Say YouTube Kids Blurs the Line," Boston Globe, April 21, 2015.
14 Anton Troianovski, "Child's Play: Food Makers Hook Kids on Mobile Games," The Wall Street Journal, September 17, 2012.
15 Susan Linn, Consuming Kids: The Hostile Takeover of Childhood (New York: The New Press, 2004) , pp. 33-34.
16 Holly K. M. Henry and Dina L. G. Borzekowski, "The Nag Factor," Journal of Children and Media, vol. 5, no. 3, August 2011, pp. 298-317.
17 American Academy of Pediatrics, policy statement, "Children, Adolescents, and the Media," Pediatrics, vol. 132, no. 5, November 2013.
18 Amy Bleakley, Amy B. Jordan, and Michael Hennessy, "The Relationship Between Parents' and Children's Television Viewing," Pediatrics, vol. 132, no. 2, July 2013, pp. 365-371.
19 Faw, "Tween Sensibility, Spending, and Influence."
20 Hilke Plassman et al., "Marketing Actions Can Modulate Neural Representations of Experienced Pleasantness," Proceedings of the National Academy of Sciences, vol. 105, no. 3, January 22, 2008.
21 James Painter, and Koert van Ittersum, "Do Descriptive Menu Labels Influence Restaurant Sales and Repatronage?" Cornell Hotel and Restaurant Administration Quarterly, vol. 42, no. 4, December 2001, pp. 68-72.

Employment Status," Youth & Society, vol. 43, no. 1, 2011, pp. 305-332.

16 "Premature Affluence: Do High School Students Earn Too Much?" Economic Outlook USA, vol. 10, no. 3, Summer 1983, pp. 64-67.

17 Gary R. Pike, George D. Kuh, and Ryan Massa-McKinley, "First-Year Students' Employment, Engagement, and Academic Achievement: Untangling the Relationship Between Work and Grades," NASPA Journal, vol. 45, no. 4, 2008, pp. 560-582.

18 Lauren T. Hamilton, "More Is More or More Is Less? Parental Financial Investments During College," American Sociological Review, vol. 78, no. 1, February 2013, pp. 70-95.

19 Phil Gardner, Recruiting Trends 2014-15, Collegiate Employment Research Institute, Michigan State University.

20 Melissa Schorr, "The Revolt of the Unpaid Intern," Boston Globe, January 12, 2014. Phil Gardner, "Reaction on Campus to the Unpaid Internship Controversy," Collegiate Employment Research Institute, Michigan State University, 2012.

21 "Voice of the Graduate," McKinsey & Company, May 2013.

22 Tovia Smith, "Unpaid No More:Interns Win Major Court Battle," All Things Considered, June 13, 2013.

23 Amy Gallo, "Setting the Record Straight on Negotiating Your Salary," Harvard Business Review, March 9, 2015.

24 Christianne Corbett and Catherine Hill, "Graduating to a Pay Gap: The Earnings of Women and Men One Year After College Graduation," American Association of University Women, 2012. Jenna Johnson, "One Year out of College, Women Already Paid Less Than Men, Report Finds," The Washington Post, October 24, 2012.

25 "Employer Costs for Employee Compensation," Bureau of Labor Statistics, June 2016.

26 "Big Demands and High Expectations: The Deloitte Millennial Survey," Deloitte, January 2014.

27 "Entrepreneurship and the U.S. Economy," Bureau of Labor Statistics, April 28, 2016.

28 before setting out on her own. Michael Goodwin, "The Myth of the Tech Whiz Who Quits College to Start a Company," Harvard Business Review, January 9, 2015.

### 第4章

1 "5th Annual Parents, Kids & Money Survey," T. Rowe Price, March 2013, p. 18.

2 Terrie E. Moffitt et al., "A Gradient of Childhood Self-Control Predicts Health, Wealth, and Public Safety," Proceedings of the National Academy of Sciences, vol. 108, no. 7, February 15, 2011, pp. 2,693.2,698.

3 Drazen Prelec and Duncan Simester, "Always Leave Home Without It: A Further Investigation of the Credit-Card Effect on Willingness to Pay," Marketing Letters, vol. 12, no. 1, 2001, pp. 5-12.

4 David R. Just and Brian Wansink, "School Lunch Debit Card Payment Systems Are Associated with Lower Nutrition and Higher Calories," Obesity, vol. 22, no. 1, January 2014, pp. 24-26.

5 Michelle Crouch, "Most Who Ask Get Late Fees Waived, Rates Reduced," CreditCards.com, March 8, 2016. Martin Merzer, "Poll: Asking for Better Credit Card Terms Pays Off," Credit Cards.com, September 24, 2014.

### 第5章

1 Brian Braiker, "The Next Great American Consumer," Adweek, September 26, 2011. "Marketing to Children Overview," Campaign for a Commercial-Free Childhood.

## 第3章


1 Sonja Lyubomirsky, "Happiness at Work," Amazon Exclusive Essay. The Myths of Happiness (New York: Penguin Books, 2013) .

2 Angela Duckworth, David Weir, Eli Tsukayama, and David Kwok, "Who Does Well in Life? Conscientious Adults Excel in Both Objective and Subjective Success," Frontiers in Psychology, vol. 3, Article 356, September 2012.

3 Angela Duckworth et al., "Self-Discipline Outdoes IQ in Predicting Academic Performance of Adolescents," Psychological Science, vol. 16, no. 12, December 2005, pp. 939-944.

4 Angela Duckworth, "Can Perseverance Be Taught?" Big Questions Online, August 5, 2013.

5 Wendy Klein, Anthony P. Graesch, Carolina Izquierdo, "Children and Chores: A Mixed-Methods Study of Children's Household Work in Los Angeles Families," Anthropology of Work Review, vol. 30, no. 3, 2009, pp. 98-109.

6 Research by Marty Rossmann cited in "Involving Children in Chores: Is It Worth the Effort?" ResearchWORKS, College of Education and Human Development, University of Minnesota, September 2002.

7 See "The Job Song" video, part of Sesame Street's Tool Kit "For Me, For You, For Later: First Steps to Spending, Sharing, and Saving."

8 David Glenn, "Carol Dweck's Attitude," The Chronicle of Higher Education, May 9, 2010. Marina
Krakovsky, "The Effort Effect," Stanford Magazine, March/April 2007.

9 "Characteristics of Minimum Wage Workers, 2014," BLS Reports, Report 1054, April 2015.

10 John Robert Warren, Paul LePore, and Robert D. Mare, "Employment During High School: Consequences for Students' Grades in Academic Courses," American Educational Research Journal, vol. 37, no. 4, Winter 2000, pp. 943-969.

11 Charlene Marie Kalenkoski and Sabrina Wulff Pabilonia, "Time to Work or Time to Play: The Effect of Student Employment on Homework, Sleep, and Screen Time," Bureau of Labor Statistics, Working Paper 450, October 2011, p. 22.

12 Beth Kobliner, "Start Early to Raise Money-Savvy Kids," The Wall Street Journal, July 27, 2014. "Programme for International Student Assessment (PISA) Results from PISA 2012 Financial Literacy," Organisation for Economic Co-operation and Development, September 2014.

13 J. H. Pryor, S. Hurtado, L. DeAngelo, L. Palucki Blake, and S. Tran, "The American Freshman: National Norms Fall 2010," Higher Education Research Institute at UCLA, January 2011. Taylor Clark, "It's Not the Job Market," Slate.com, January 31, 2011.

14 Jerald G. Bachman, Patrick M. O'Malley, Peter Freedman-Doan, and Jeremy Staff, "Adolescent Work Intensity, School Performance, and Substance Use: Links Vary by Race/Ethnicity and Socioeconomic Status," Developmental Psychology, vol. 49, no. 11, 2013,pp. 2,125-2,134. Kalenkoski and Wulff Pabilonia, "Time to Work or Time to Play." Jeremy Staff, John E. Schulenberg, and Jerald G. Bachman, "Adolescent Work Intensity, School Performance, and Academic Engagement," Sociology of Education, vol. 83, no. 3, July 2010, pp. 183-200.

15 John Robert Warren and Emily Forrest Cataldi, "A Historical Perspective on High School Students' Paid Employment and Its Association with High School Dropout," Sociological Forum, vol. 21, no. 1, March 2006, pp. 113-143. Ralph B. McNeal, Jr., "Labor Market Effects on Dropping Out of High School: Variation by Gender, Race, and

no. 4414, September 2009.

## 第2章

1 Walter Mischel, The Marshmallow Test: Mastering Self-Control (New York: Little, Brown, and Co., 2014) , p. 24.
2 Angela L. Duckworth, David Weir, Eli Tsukayama, and David Kwok, "Who Does Well in Life? Conscientious Adults Excel in Both Objective and Subjective Success," Frontiers in Psychology, vol. 3, Article 356, September 2012.
3 Henrik Cronqvist and Stephan Siegel, "The Origins of Savings Behavior," Journal of Political Economy, vol. 123, no. 1, February 2015, pp. 123-169.
4 Mischel, The Marshmallow Test. Brian M. Galla and Angela Duckworth, "More Than Resisting Temptation: Beneficial Habits Mediate the Relationship Between Self-Control and Positive Life Outcomes," Journal of Personality and Social Psychology, vol. 109, no. 3, September 2015, pp. 508.525. Catherine Schaefer, "A Different Perspective," Play by Play: The DSCN Lab Newsletter, no. 5, Fall 2014, p. 6.
5 Susan D. Calkins, Susan E. Dedmon, Kathryn L. Gill, Laura E. Lomax, and Laura M. Johnson, "Frustration in Infancy: Implications for Emotion Regulation, Physiological Processes, and Temperament," Infancy, vol. 3, no. 2, 2002, pp. 175-198.
6 Mischel, The Marshmallow Test, p. 56.
7 Paul Bloom, "The Moral Life of Babies," The New York Times Magazine, May 5, 2010. Ariel Starr, Melissa E. Libertus, and Elizabeth M. Brannon. "Number Sense in Infancy Predicts Mathematical Abilities in Childhood," Proceedings of the National Academy of Sciences, vol. 110, no. 45, November 5, 2013, pp. 18,116-18,120.
8 Celeste Kidd, Holly Palmeri, and Richard N. Aslin, "Rational Snacking: Young Children's Decision-Making on the Marshmallow Task Is Moderated by Beliefs about Environmental Reliability," Cognition, vol. 126, no. 1, January 2013, pp. 109-114.
9 Mischel, The Marshmallow Test, p. 57.
10 "6th Annual Parents, Kids & Money Survey," T. Rowe Price, March 2014, p. 19.
11 Rona Abramovitch, Jonathan L. Freedman, and Patricia Pliner, "Children and Money: Getting an Allowance, Credit vs. Cash, and Knowledge of Pricing," Journal of Economic Pricing, vol. 12, no. 1,
March 1991, pp. 27-45.
12 Sarah Brown and Karl Taylor, "Early Influences on Saving Behavior: Analysis of British Panel Data," Journal of Banking and Finance, vol. 62, January 2016, pp. 1-14.
13 Dan Ariely and Jose Silva, "Payment Method Design: Psychological and Economic Aspects of Payments," Massachusetts Institute of Technology Center for Digital Business Paper 196, 2002. Drazen Prelec and Duncan Simester, "Always Leave Home Without It: A Further Investigation of the Credit-Card Effect on Willingness to Pay," Marketing Letters, vol. 12, no. 1, 2001, pp. 5-12.
14 Research by Marty Rossmann cited in "Involving Children in Chores: Is It Worth the Effort?"
ResearchWORKS, College of Education and Human Development, University of Minnesota, September 2002.
15 Laura T. Hamilton, "More Is More or More Is Less? Parental Financial Investments during College," American Sociological Review, vol. 78, no. 1, February 2013, pp. 70-95.
16 "More Is More or More Is Less? Parental Financial Investments during College."
17 Richard Fry, "For First Time in Modern Era, Living with Parents Edges Out Other Living Arrangements for 18- to 34-Year-Olds," Pew Research Center, May 24, 2016.

# 原注・編注・おすすめの本

## 原注

### イントロダクション


1 "7th Annual Parents, Kids & Money Survey," T. Rowe Price, March 2015. Soyeon Shim and Joyce Serido, "Young Adults' Financial Capability: APLUS Arizona Pathways to Life Success for University Students Wave 2,"University of Arizona, September 2011.

2 David Whitebread and Sue Bingham, "Habit Formation and Learning in Young Children," The Money Advice Service, 2013.

3 "2015 Next Generation Reality Report," Haven Life and YouGov, August 2015.

4 Shim and Serido, "Young Adults' Financial Capability: APLUS Arizona Pathways to Life Success for University Students Wave 2."


### 第1章


1 Karen Holden, Charles Kalish, Laura Scheinholtz, Deanna Dietrich, and Beatriz Novack, "Financial Literacy Programs Targeted on Preschool Children: Development and Evaluation," La Follette School Working Paper no. 2009-009,2009.

2 Jennifer A. Kam and Ashley V. Middleton, "The Associations Between Parents' References to Their Own Past Substance Use and Youth's Substance-Use Beliefs and Behaviors: A Comparison of Latino and European American Youth," Human Communication Research, vol. 39, no. 2, April 2013, pp. 208.229.

3 "7th Annual Parents, Kids & Money Survey," T. Rowe Price, March 2015.

4 Adam M. Hancock, Bryce L. Jorgensen, and Melvin S. Swanson, "College Students and Credit Card Use: The Role of Parents, Work Experience, Financial Knowledge, and Credit Card Attitudes," Journal of Family and Economic Issues, vol. 34, no. 4, December 2013, pp. 369-381.

5 One study found that children of divorced parents . . . Dorit Eldar-Avidan, Muhammad M. Haj-Yahia, and Charles W. Greenbaum, "Money Matters:Young Adults' Perceptions of the Economic Consequences of Their Parents' Divorce," Journal of Family and Economic Issues, vol. 29, no. 1, March 2008,
pp. 74-85.

6 "5th Annual Parents, Kids & Money Survey," T. Rowe Price, March 2013.

7 Roland G. Fryer, Jr. and Steven D. Levitt, "An Empirical Analysis of the Gender Gap in Mathematics," National Bureau of Economic Research, NBER Working Paper no. 15430, October 2009.

8 "5th Annual Parents, Kids & Money Survey," T. Rowe Price. "Charles Schwab 2011 Teens & Money Survey Findings," Charles Schwab.

9 Lynsey K. Romo and Anita L. Vangelisti, "Money Matters: Children's Perceptions of Parent-Child Financial Disclosure," Communication Research Reports, vol. 31, no. 2, 2014, pp. 197-209.

10 "5th Annual Parents, Kids & Money Survey," T. Rowe Price.

11 Tanya Somanader, "Chart of the Week: The Persistent Gender Pay Gap," WhiteHouse.gov, September 19, 2014.

12 "The Pay Gap's Connected to the Retirement Gap," The Women's Institute for a Secure Retirement, WISER Special Report, 2015.

13 Andrew E. Clark and Claudia Senik, "Who Compares to Whom? The Anatomy of Income Comparisons in Europe," Institute for the Study of Labor, IZA Discussion Paper

## ［著者］

### ベス・コブリナー（Beth Kobliner）

コメンテーター兼ジャーナリスト。ニューヨーク・タイムズのベストセラーリストに入った『Get a Financial Life:Personal Finance in Your Twenties and Thirties』（未邦訳）の著者であり、アメリカにおける若者向けのパーソナルファイナンスの第一人者である。マネー誌、グラマー誌、レッドブック誌のコラムニストであり、ニューヨーク・タイムズ、ウォール・ストリート・ジャーナル、リーダース・ダイジェスト、オプラ・ウィンフリーが発行するO・マガジンにも寄稿している。ハフィントン・ポスト、シーノーズ・ドットコム、マネー・ドットコムにも記事を書いている。またNBCのトゥデイ・ショー、ABCのグッドモーニング・アメリカ、CBSのアーリー・ショーといった人気テレビ番組に出演し、公共放送のモーニング・エディションなど、ラジオ番組にも登場する。政治経済チャンネルのMSNBC、公共放送のザ・テイクアウェイやマーケットプレースといった経済番組のレギュラー出演者でもある。2010年にバラク・オバマ大統領から金融教育諮問委員会のメンバーに指名され、そこで、マネーアズユーグロー・ドットコムを創立。子供の年齢に合わせた20の教訓を提供するこのサイトには、140万人以上が訪れ、2016年には消費者金融保護局にも採用された。

ブラウン大学卒。現在は家族とニューヨーク在住。

## ［訳者］

### 関美和（せき・みわ）

翻訳家。杏林大学准教授。慶應義塾大学文学部・法学部卒業。ハーバード・ビジネススクールでMBA取得。モルガン・スタンレー投資銀行を経てクレイ・フィンレイ投資顧問東京支店長を務める。翻訳書にリー・ギャラガー『Airbnb Story』（日経BP社）、『お父さんが教える13歳からの金融入門』（日本経済新聞出版社）、ピーター・ティール『ゼロ・トゥ・ワン』（NHK出版）、ほか多数。

# 「おカネの天才」の育て方
## 一生おカネに困らないために、親が子供に伝えるべき「おカネの話」

---


2018年1月17日　第1版第1刷発行
2018年5月9日　第1版第5刷発行

著　者　ベス・コブリナー
訳　者　関 美和
発行者　村上 広樹
発　行　日経BP社
発　売　日経BPマーケティング
〒105-8308 東京都港区虎ノ門4-3-12
http://www.nikkeibp.co.jp/books/
装　幀　小口 翔平＋岩永 香穂（tobufune）
制　作　芹川 千博（明昌堂）
印刷・製本　図書印刷株式会社


---




本書籍に関するお問い合わせ、ご連絡は下記にて承ります。
http://nkbp.jp/booksQA

ISBN 978-4-8222-5549-7
Printed in Japan